中国钱币丛书甲种本之二十六

# 金紫银青

## ——金银钱币的研究与收藏

金德平 著

中华书局

**图书在版编目(CIP)数据**

金紫银青:金银钱币的研究与收藏/金德平著. —北京:中华书局,2014.7
(中国钱币丛书.甲种本;26)
ISBN 978 – 7 – 101 – 09274 – 5

Ⅰ.金⋯　Ⅱ.金⋯　Ⅲ.金属货币 – 收藏 – 研究 – 中国
Ⅳ.G894

中国版本图书馆 CIP 数据核字(2013)第 064780 号

| | |
|---|---|
| 书　　名 | 金紫银青——金银钱币的研究与收藏 |
| 著　　者 | 金德平 |
| 丛 书 名 | 中国钱币丛书甲种本之二十六 |
| 责任编辑 | 陈　乔 |
| 出版发行 | 中华书局 |
| | (北京市丰台区太平桥西里 38 号　100073) |
| | http://www.zhbc.com.cn |
| | E-mail:zhbc@ zhbc.com.cn |
| 印　　刷 | 北京市白帆印务有限公司 |
| 版　　次 | 2014 年 7 月北京第 1 版 |
| | 2014 年 7 月北京第 1 次印刷 |
| 规　　格 | 开本/787×1092 毫米　1/16 |
| | 印张 11¾　插页 32　字数 330 千字 |
| 印　　数 | 1 – 1500 册 |
| 国际书号 | ISBN 978 – 7 – 101 – 09274 – 5 |
| 定　　价 | 168.00 元 |

# 《中国钱币丛书》编辑委员会

# 《中国钱币丛书》编辑缘起

近年来,随着我国钱币收藏、研究活动的日趋繁荣活跃,广大读者对钱币学著作的需要也日益提高。读者既需要高水平的研究著作,也需要深入浅出的普及性读物。为了适应这种形势,中国钱币学会准备编辑一套反映当代钱币学水平的《中国钱币丛书》,中华书局也拟出版面向广大读者的钱币丛书。在这个基础上,双方协议合作,并邀请有关专家,组成编辑委员会,共同编辑出版《中国钱币丛书》,以飨读者。

《中国钱币丛书》分甲种本和乙种本两种:甲种本为高水平的研究著作,力争反映当代钱币学的研究成果。乙种本为高质量的普及性读物,力争融学术性、知识性于一体,深入浅出,雅俗共赏。

《中国钱币丛书》的编辑,尚无经验,在构思选题以及其他方面,必然还会有这样或那样的不足之处。我们诚恳地期望泉界同仁和广大读者的合作与支持,以便能把它办得更好,更能反映当代的学术水平,更能适合广大读者的需要。

《中国钱币丛书》编辑委员会

1993 年 4 月

图1　杨国忠进鄱阳郡采银丁课银银铤正面　　　　图2　杨国忠进鄱阳郡采银丁课银银铤背面

图3　怀集县开十庸调银银饼正面

图4　怀集县开十庸调银银饼背面

图5　涛安县开元十九年庸调银银饼正面

图6　涛安县开元十九年庸调银银饼背面

图7 东市库郝景银饼

图8 陵州井课银银饼

图9　何家村出土"拾两太北　朝"字银板

图10　何家村所出银铤

图11　何家村所出银板

图12　馆藏铤1

图13　馆藏铤2

图14　馆藏铤3

图15　馆藏铤4

图16　馆藏铤5

图17　馆藏铤7

图18　馆藏铤8

图19　永州课度牒银

图20　永州课度牒银（铭文）

图21　汀州余朗银铤（侧面铭文）

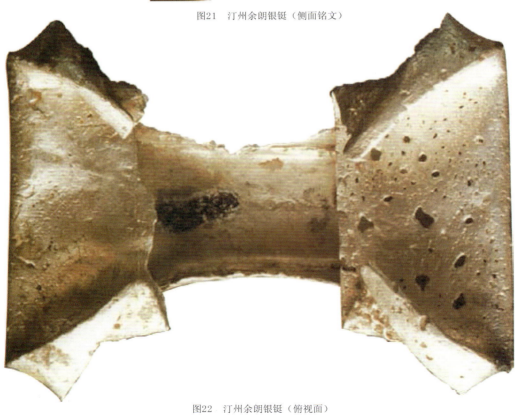

图22　汀州余朗银铤（俯视面）

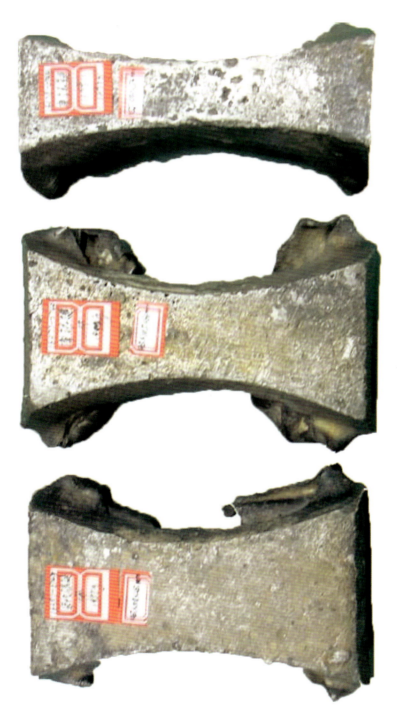

图2-3 船形银链的形态比较

图24 建安军船形银铤

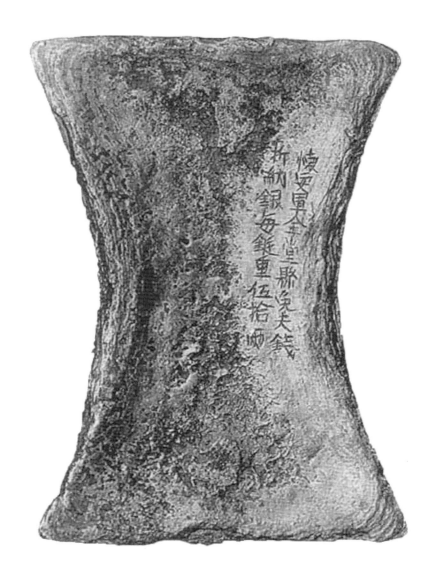

图25　怀安军金堂县免夫钱银铤

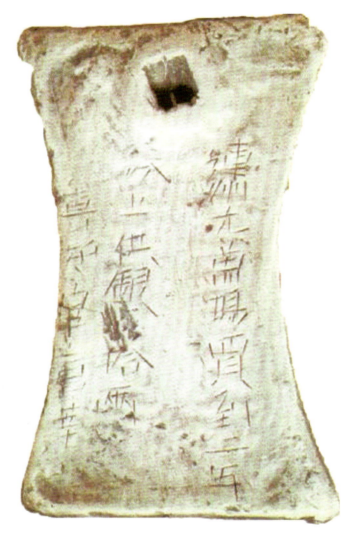

图26　连州元鱼场二年上供银银铤正面

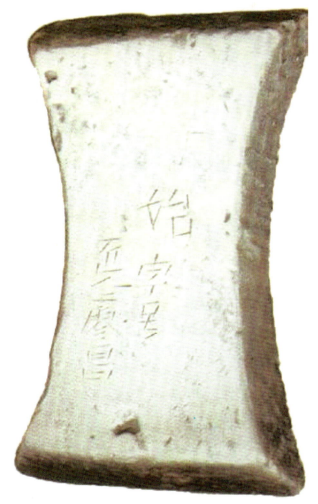

图27 连州元鱼场二年上供银银锭背面

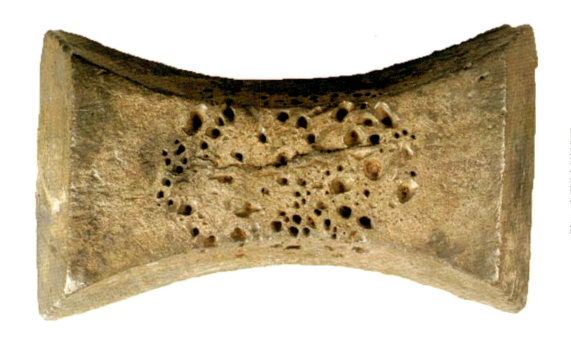

图29　角面并全银铤背面

图28　角面并全银铤正面

图30　承安宝货壹两正面　　　　图31　承安宝货壹两背面　　　　图32　承安宝货壹两半正面

图33　大定二十一年银铤

图34　大定二十九年银铤

图35 "明昌二年"五十两银铤正面          图36 "明昌二年"五十两银铤背面

图37　泰和三年银铤

图38 "泰和七年"五十两银铤正面　　　　　　　　图39 "泰和七年"五十两银铤背面

图40　南京界内银栾一郎行人宋琦银铤

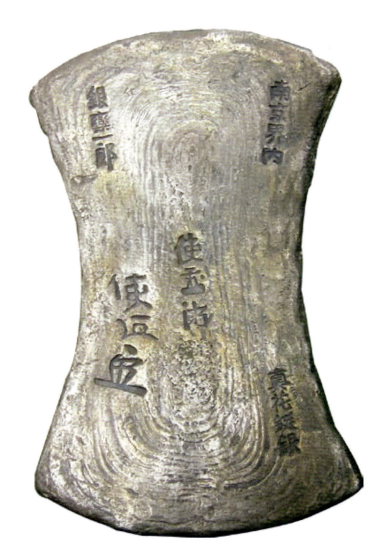

图41　南京界内银栾一郎真花铤银银铤

图42　中国钱币博物馆藏扬州元宝银锭正面

图43  中国钱币博物馆藏扬州元宝银锭背面

图44　中国钱币博物馆藏扬州元宝银锭侧面

图45　上海博物馆藏扬州元宝

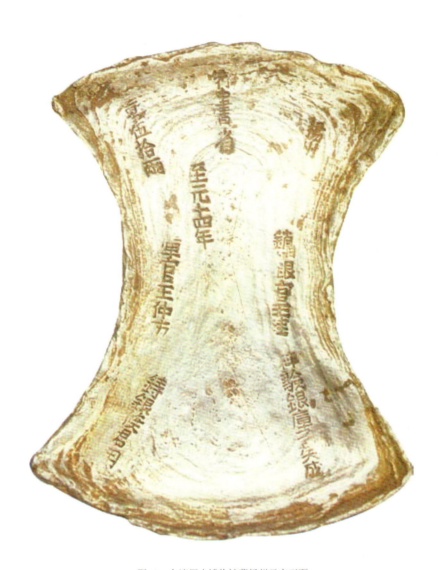

图46　台湾历史博物馆藏扬州元宝正面

图47 台湾历史博物馆藏扬州元宝背面

图48　杭州中国财政博物馆藏扬州元宝正面

图49　杭州中国财政博物馆藏扬州元宝背面

图50　嘉庆年月卢得仁银锭

图51　同治年月吴金银锭

图52 光绪年月樊昌银锭

图53 光绪年月高步蟾银锭

图54　光绪年月高步蟾银锭

图55　光绪年月高步蟾银锭

图56　光绪年月日石玉瑛银锭

图57　光绪年月万盛永银锭

图58　光绪年月德成新银锭

图59　光绪年月积金长银锭

图60　光绪年月兴顺和银锭

图61　光绪年月元成号银锭

图62　宣统年月樊昌银锭

图63　宣统年月黄登仕银锭

图64　宣统年月黄登仕银锭

图65　宣统年月黄登仕银锭

图66　宣统年月马升银锭

图67　宣统年月治成永银锭

图68　宣统年月日德和成银锭

图69　宣统年月德和成银锭

图70　宣统年月德和成银锭

图71　宣统年月德和成银锭

图72　民国年月樊昌银锭

图73　民国年月日新盛恒银锭

图74　中华民国年月马升银锭

图75　阴文银炉标志

图76　戴天源号公议纹银

图77　镕丰范记公议纹银

图78　世有盛记汇号纹银

图79　陈元昌号汇号纹银

图80　童福盛号汇号纹银

图81　福兴祥记汇号纹银

图82　佘庆盛号汇号纹银

图83　雷庆源号汇号纹银

图84　庚戌冬月广盛汇纹

图85　雷庆源号拾月纹银

图86　戴天源号公议纹银

图87　李元盛号公议纹银

图88　万泰朵记公议纹银

图89　咸丰拾年银锭

图90　辛酉年份银锭

图91　光绪二年万顺字号银锭

图92　光绪四年源兴字号银锭

图93　光绪五年福盛字号银锭

图94　光绪柒年裕庆字号银锭

图95　通宝裕记汇号纹银

图96　恒泰正记汇号纹银

图97　雷庆泰号足色盐课

图98　格拉蒂安努斯金币正面

图99　格拉蒂安努斯金币背面

图100　洪诺留金币正面

图101　洪诺留金币背面

图102　狄奥多西斯二世金币正面

图103　狄奥多西斯二世金币背面

图104　狄奥多西斯二世金币正面

图105　狄奥多西斯二世金币背面

图106　朱里安诺斯·马约里安努斯金币正面

图107　朱里安诺斯·马约里安努斯金币背面

图108　阿那斯塔修斯一世金币正面

图109　阿那斯塔修斯一世金币背面

图110　阿那斯塔修斯一世金币正面

图111　阿那斯塔修斯一世金币背面

图112　查士丁尼一世金币正面

图113　查士丁尼一世金币背面

图114　查士丁尼一世金币正面

图115　查士丁尼一世金币背面

图116　福克斯金币正面

图117　福克斯金币背面

图118　赫拉克力斯金币正面

图119　赫拉克力斯金币背面

图120　君士坦斯二世金币正面

图121　君士坦斯二世金币背面

图122　君士坦斯二世金币正面

图123　君士坦斯二世金币背面

图124　西奥菲雷斯金币正面

图125　西奥菲雷斯金币背面

图126　罗曼努斯三世金币正面

图127　罗曼努斯三世金币背面

图128　君士坦丁九世金币正面

图129　君士坦丁九世金币背面

图130　迈克尔七世金币正面

图131　迈克尔七世金币背面

图132 西夏大安宝钱西夏文铜钱正面

图133 西夏元德重宝汉文铜钱正面

图134 齐拓邦长大刀

图135 汉代麟趾金

图136 汉代马蹄金

图137 孙中山像中华民国开国纪念币正面

图138 黎元洪像中华民国开国纪念币正面

图139 黎元洪像免冠中华民国开国纪念币正面

图140 袁世凯像中华民国开国纪念币

图141 袁世凯像中华民国共和纪念币正面

图142 袁世凯像中华民国共和纪念币背面

图143　中国银行共和纪念兑换券壹圆样票正面

图144　中国银行共和纪念兑换券壹圆样票背面

图145　民国五年富滇银行拥护共和壹圆纪念币正面

图146　唐继尧像拥护共和纪念金币正面

图147　唐继尧像拥护共和纪念金币背面

图148　湖南省宪成立当廿铜币正面

图149　湖南省宪成立当廿铜币背面

图150　徐世昌像纪念币正面

图151　徐世昌像纪念币背面

# 目　　录

# 序

戴志强

金德平先生是我二十多年的老同事、老朋友，以"挚友"相称，当不为过。

德平兄是 1990 年 10 月由西安调来北京的，在调入之前，我已阅过他的档案。有两点极平常之处，在我却留下很深印象：一、他的生日和我夫人同年同月；二、他夫人是大学本科历史系毕业，而我也是学历史出身。所以，虽未谋面，已经有了几分亲切。

德平兄是中国钱币博物馆、中国钱币学会的业务骨干，他为人忠厚，办事认真，思路清晰，踏实敬业。他长期从事《中国钱币》杂志的编辑工作，先后担任编辑部主任、杂志副主编。2003 年初改任中国钱币博物馆保管部主任，一直到退休。

他本科学中文，有很好的文字功底。他参加工作之初，从事音韵学研究，是中国语言学会、中国音韵学研究会会员。改投钱币专业以后，因工作的关系，可以接触到有关钱币学、货币史方面的各种信息、实物，经过一段时间的实践和考察，他很快找到了适合自己的学术定位——金银货币，并以银锭作为重点研究的对象。

银锭在一般人眼里，只是一种财富的象征，老一代钱币学家并不重视，也无人专门把它作为文物来收藏研究。如今情况变了，金银锭已经成为钱币学中一门相对独立的新兴学科。只是还处于起步阶段，就研究人员和已经取得的研究成果而言，和其他门类相比，仍然是薄弱的。所以，德平选择的学术定位和研究方向是有眼光、有作为的。

现在，他的《金紫银青——金银钱币的研究与收藏》出版在即，托付我为之序。今年恰好又是中国钱币学会成立三十周年、中国钱币博物馆成立二十周年，读其文，浮想联翩。综观三十多年来，对于银锭的理解和研究，在我的记忆中，有一些故事，兹略述如下：

中国钱币学会从筹建开始，就碰到了对于银锭的调查和研究问题。1982 年 4 月，中国人民银行历史货币组（即中国钱币学会秘书处的前身）为筹备展览，从黑龙江人民银行库房里调来了一枚"承安宝货壹两半"银锭，并在中国历史博物馆（今国家博物馆）举办的"中国历代货币展"中展出。同年 6 月，中国钱币学会在北京成立，钱币界的专家学者云集首都，参观了展览。其间，对"承安宝货"银锭的情况，专门征求过有关专家的意见。因为此前谁都没有见过"承安宝货"银锭的庐山真面目，所以一时难下定论，甚至有人提出异议。为慎重起见，大家建议再作考察，最好能够得到出土资料的佐证。于是便有了更广泛更深入的社会宣传和调查，并于 1985 年 8 月 10 日，在黑龙江省阿城县杨树乡富勤村终于发现了新出土的，也是第五枚"承安宝货壹两半"银锭；1986 年，又在辽宁省人民银行库存杂银中发现了两枚壹两的"承安宝货"银锭，以及 1987 年在内蒙古兴和县又发现了一枚"壹两半"的银锭。经过历时五年的调查,不仅掌握了它们的制作特征,确认了它们是金章宗承安年间铸造的银铤,而且还大致了解到至今遗存的数量和种类。

与此同时,上海、湖北、陕西等地的人民银行也先后对库存金、银做了清理,其中也包括对部分银铤的清理工作。在我的记忆中,我最早见到的唐代五十两笏形银铤和五十两船形银铤是在人民银行上海分行,最早见到的唐代银饼则是在人民银行洛阳中心支行。除了在人民银行系统开展调查之外,也在社会上开展了调查工作。譬如山西钱币学会成立之初,便在全省范围内开展了对钱币的普查和征集工作,并在此基础上编纂出版了《中国山西历代货币》(山西人民出版社 1989 年),其中当然也包括了银铤的内容。

在社会调查的基础上,对银铤做分类整理,于是就诞生了专门的银铤图录。上世纪八十年代末,我在人民银行总行大楼里第一次看到了由陕西分行货币发行处分管金银的张志高送来的《元宝图录》资料照片,它是在人民银行陕西分行库存银铤初步清理的基础上整理而成的。后来以中国钱币学会陕西分会的名义,由三秦出版社于 1991 年正式出版。

有意思的是,在我们开始注意到银铤的时候,海峡彼岸台湾的钱币爱好者、收藏者和研究者也对银铤发生了浓厚的兴趣,而且他们的行动要更快一些。在 1988 年,他们不仅举办了银铤的专门展览,还出版了由陈鸿彬先生收藏并编纂的《树荫堂收藏元宝千种图录》,以及张惠信先生的专著《中国银锭》(两书均由齐格飞出版社出版)。次年,陈鸿彬先生来访,和我交流有关银铤集藏、研究的情况,畅谈甚欢,还赠送我一本他的《树荫堂收藏元宝千种图录》。我要感谢他的情,感谢他的书,是他给予我很多海峡对岸的信息和启示,由此也进一步促动了我们对于银铤收藏和研究的重视。

当时,陕西的《元宝图录》已经成形,云南的《中国历史银锭》正在编纂,于是我把来自台湾的上述信息和《树荫堂收藏元宝千种图录》的内容转告了云南的编纂同志,要求他们重新学习、重新认识,再做深入的调查挖掘。由此,汤国彦主编的《中国历史银锭》略为推迟,至1993 年才由云南人民出版社出版,但书中收集银锭的种类确实丰富了不少,对银锭的认识也有很多进步。

在收集和整理实物资料的基础上,再对照科学考古发掘的资料,结合文献史料的研究,便有了对于银铤历史沿革的重新认识。于是,对于银铤的探索和研究逐步深入,研究的领域也逐步拓宽,有关的著作和专论相继问世。而人民银行对于库存银铤的清理,至今仍在进行,德平兄亦参与了其间的工作。

《金紫银青——金银钱币的研究与收藏》的前六篇,从唐代的"银铤考"到北宋、金代的"银铤考",是德平兄对唐宋时期银铤做出的系统的考证。按他的计划,这样系统的考证还要继续下去,最终将会完成银铤沿革历史考证的系列成果。这本论集的第七至十一篇,则是对元以后银铤的专题讨论文章和有关银铤资料的统计、分析。它们主题集中,资料扎实,立论清新,观点鲜明,是这本论集的一个亮点。

德平兄在《中国钱币》杂志工作期间,关注历史上的钱币杂志和著名钱币著作,撰写的探讨中国钱币学史的文章,以及在担任中国钱币博物馆征集保管部主任期间,就钱币拍卖市场大量基础资料进行了收集和分类,撰写出的建立在调查统计基础上的市场分析文章也有着相当的可读性。

　　德平兄从事钱币工作二十多年,一直全身心地投入钱币事业,投入钱币研究,尤其是对于银锭的研究,付出了大量的心血,《金紫银青——金银钱币的研究与收藏》正是他心血的结晶。

壬辰正月草成于续斋

# 唐代笏形银铤考

白银作为一种贵金属，在中国历史上长期被人们珍视和使用。除制作器饰之外，白银多以银坯料的形式存在。据古籍记载，这些银坯料的形态为铤形和饼形，但至今还未发现能被确认的唐代之前的银铤和银饼的实物。

唐代，白银的货币性不断加强，白银进入货币领域，白银性质具有了两重性：一方面它仍是可制作贵重器饰的有价值的金属材料，另一方面它又成为具有大额支付、贮藏等功能的货币。为了适应其自身性质由坯料向货币的变化，其货币形态也有所调整、规范和区别。

因之，我们今天分析唐宋时代银铤等银货币时，对其类型亦应加以区别、分辨，分析各个类型的形态、时代、地域、作用等状况，以求得清晰完整的认识。

为此，本文特将唐代某些相似形态的银铤归为一类，并名之为笏形银铤。笏形银铤应属于银铤中的一种，是由原料银铤发展而来的一种形态，它有别于唐宋时期形态各异的原料银铤和做货币使用的船形银铤、平头束腰银铤、弧头束腰银铤等。

之所以将笏形银铤专列为银铤的一种形制，是基于文献和实物两方面的原因。

## 一、有关笏形银铤的文献资料

文献方面，自唐代始，唐宋时期有以"笏"为银铤计量单位者，有时并与"铤"字互用。

唐代于狄《灵应录》陈太条：

> ……僧笑曰：我有白金五十铤，酬尔三年供养。因指庭中金樱树曰：此去造一佛堂，当有报应。言讫而去。陈谓之疯狂，故不信。至夜见一白鼠，雪色，缘其树，或上或下，久之挥而不去。陈言于妻子曰：众言有白鼠处即有藏，僧应不妄言。遂掘之，果获五十笏，其僧遂绝踪矣。

南唐刘崇远《金华子杂编》（卷下）：

> ……众情危惧，共请主人，愿以白金十笏赎之，云云。

宋代洪迈《夷坚丁志》（卷五）陈通判女条：

> ……受聘礼，金钗两双，臂缠一双，银十笏，钱千贯。

宋代苏轼《与范子丰书》：

> 纳银一笏，托用买圆熟珠子二千枚。

以上例证均以笏为银之量词，应是此类银铤形状似笏，故以笏为其量词。

那么，笏为何物？何形？

笏是古代臣子朝见君主时所持的手板，《礼记·玉藻》："凡有指画于君前，用笏，造受命于君前，则书于笏。"至唐代笏仍行此类职能，为当时人们所熟悉。唐慧琳《一切经音义》卷九十一释笏为："朝贤所秉手简也，或牙或木，古者以记事，恐有遗忘。"唐韩愈《释言》："束带执笏立士大夫之行，不见斥以不肖，幸矣，其何敢敖于言乎？"至于笏的形态未见前人有明确的记述，目前查到的惟一材料是《礼记·玉藻》："笏度二尺有六寸，中博三寸，其杀六分而去其一。"（按，末句应理解为：次一等级的笏板长度宽度要减去六分之一）又，笏有时又可称版（版与板通），《资治通鉴》（卷二百三十一）唐德宗兴元元年五月："每担夫与白金一版，置腰间。"宋代吴曾《能改斋漫录》（卷二）银版："银笏亦可以称版"，例证即为上所举《资治通鉴》。从这两条史料中，可以大致勾勒出笏形银铤的形态：大型、长条、板状。这形状也成为我们判断银铤实物是否为笏形银铤的前提。

文献为我们提供了一些有关笏形银铤的资料，但又不够充分，所以必须借助于考古发现的实物。

## 二、笏形银铤实物的考古发现资料

对历史事物的考订，往往文献可以给我们提供线索，而更多的则需依仗实物资料。实物，特别是有明确出土记录的考古发现的实物，待积累有一定数量之后，就会将其内涵的许多信息呈现在研究者的面前，等待着被读取、综合、分析、研究。

新中国成立以来，出土发现中不断有古代银铤（锭）涌现，其中即有一些是大型的板状笏形银铤，在此特将此类银铤的发现记录收集、整理如下。

表1：唐代笏版形银铤出土发现资料统计

| 编号 | 名称 | 正面文字 | 背面文字 | 出处 |
|---|---|---|---|---|
| 1 | 天宝十载杨国忠进信安郡税山银 | 专知诸道铸钱使兵部侍郎兼御史中丞杨国忠进 | 中散大夫使持节信安郡诸军事检校信安郡太守上柱国尉迟岩 信安郡专知山官丞（承）议郎行录事参军智庭上 天宝十载正月日税山银一铤五十两正 | 1956年12月西安市八府庄（大明宫遗址）窖藏出土①，现藏陕西省博物馆 |
| 2 | 天宝十载杨国忠进宣城郡和市银 | 专知诸道铸钱使兵部侍郎兼御史中丞知度支事臣杨国忠进 | 宣城郡和市银壹铤伍拾两 专知官大中大夫使持节宣城郡诸军事守宣城郡太守上柱国臣苗奉倩 天宝十载四月二十九日 | 出处同上，现藏中国历史博物馆 |
| 3 | 彭杲进岭南南海郡银铤 | 银五十两　岭南采访使兼南海郡太守臣彭杲进 | | 出处同上，现藏陕西省博物馆 |

---

① 李问渠《弥足珍贵的天宝遗物——西安市郊发现杨国忠进贡银铤》，《文物》1957年4期。

续表

| 编号 | 名称 | 正面文字 | 背面文字 | 出处 |
|---|---|---|---|---|
| 4 | 天宝二年郎宁郡贡银 | 郎宁郡都督府天宝二年贡银壹铤重伍拾两朝议郎权怀泽太守权判太守兼管诸军事上柱国何如璞专知官户曹参军陈如玉陈光远□□仙 | | 出处同上，现藏陕西省博物馆 |
| 5 | 打作匠杨存实银铤 | （面背光素） | （两侧面一侧刻一"杨"字，另一侧刻"打作匠臣杨存实作下作残银"12字） | 1958年西安南郊后村出土① |
| 6 | 广明元年崔焯进容管贺冬银 | 容管经略使进奉广明元年贺冬银壹铤贰拾两 容管经略使招讨处置等使臣崔焯进 | | 1962年陕西省蓝田县南巩村出土。现藏陕西省博物馆② |
| 7 | 天宝十三载宣城郡采丁课银 | 天宝十三载采丁课壹铤伍拾两 | 朝议大夫使持节宣城郡诸军事守宣城郡太守□□副使上干事都尉清水县开国男赵悦 朝议郎守司马□□□ 朝议郎行录事参军□□□ 朝议郎行司士参军李□ 部送纲将仕郎守宣城郡县尉员外置同正员刘铢 | 1963年12月长安县韦曲镇废品收购站收得③ |
| 8 | 天宝十二载杨国忠进安边郡和市银 | 专知采市银使右相兼文部尚书臣杨国忠进 | 安边郡和市银壹铤伍拾两 专知官监太守宁远将军守左司卿率府副率 充横野军营田等使赐紫金鱼袋郭子昂 天宝十二载十二月日 | 1970年春洛阳隋唐宫城遗址出土④ |
| 9 | 天宝十三载杨国忠进伊阳县窟课银 | 河南府伊阳县天宝十二载窟课银壹铤伍拾两 天宝十三载五月日使光禄大夫守司空兼右相文部尚书崇玄馆大学士集贤院学士修国史上柱国卫国公臣杨国忠进 | | 文革期间，在陕西省西安南郊出土⑤ |
| 10 | 岭南道税商银（甲） | 岭南道税商银伍拾两官秤 | （左侧刻"匠黄泰"） | 1977年4月西安市西关潘家村南小巷工地出土。现藏陕西省博物馆⑥ |
| 11 | 岭南道税商银（乙） | 岭南道税商银伍拾两官秤 | | 出处同上 |
| 12 | 乾符六年内库银 | 乾符六年内库别铸重[四十]两 内库使臣王翱 文思使臣王彦珪 文思副使臣刘可濡 | （铤右侧刻有"匠臣武敬容"） | 1977年11月西安市东郊枣园村窖藏出土。现藏西安市文物管理处⑦ |

① 朱捷元等《西安南郊发现唐"打作匠臣杨存实作"银铤》，《考古与文物》1982年1期。
② 朱捷元《陕西蓝田出土唐末广明元年银铤》，《文物资料丛刊》1977年1期。
③ 朱捷元《长安县发现唐丁课银铤》，《文物》1964年6期。
④ 苏健《洛阳隋唐宫城遗址中出土的银铤和银饼》，《文物》1981年4期。
⑤ 秦波《西安近年来出土的唐代银铤、银板和银饼的初步研究》，《文物》1972年7期。
⑥ 刘向前、李国珍《西安发现唐代税商银铤》，《考古与文物》1981年1期。
⑦ 保全《西安东郊出土唐代金银器》，《考古与文物》1984年4期。

| 编号 | 名称 | 正面文字 | 背面文字 | 出处 |
|---|---|---|---|---|
| 13 | 张伯义进广州波斯银铤 | 阿达忽口频陁沙等纳死波斯伊娑郝银壹铤伍拾两官秤 银青光禄大夫使持节都督广州诸军事广州刺史兼御史大夫充岭南节度支度营田五府经略观察处置等副大使知节度事上柱国南阳县开国子臣张伯义进 岭南监军事郡使朝散大夫行内侍省金事员置同正员上柱国赐紫金鱼袋臣刘楚江进 | | 1989年西安西郊沣登路（唐代金胜寺遗址）出土银铤① |
| 14 | 建中二年岭南减判银课银 | 岭南观使判官建中二年二月减判银课料伍拾两官秤 | | 解放前出于西安附近② |
| 15 | 天宝拾年阳朔县限税银 | 阳朔县天拾府口前限税银伍拾两壹铤专知官令裴知言典匠徐延匠吴直 | | 桂林市钱币学会藏③ |
| 16 | 崔慎由进润州端午进奉银 | 端午进奉银壹铤重伍拾两 | 浙江西道都团练观察处置等使太中大夫检校礼部尚书使持节润州诸军事兼润州刺史御史大夫上柱国赐紫金鱼袋臣崔慎由进 | 日本藏家收藏④ |
| 17 | 开元十九年饶州税山课银 | 饶州开十九税山课银壹铤伍拾两 王□□□□ 饶州判官承议郎守长史李进 使银青光禄大夫持节饶州诸军事行饶州刺史事臣郑香 | | 陈仁涛旧藏⑤ |
| 18 | 杨国忠进鄱阳郡采银丁课银 | 专知诸道铸钱使司空兼右相杨国忠进 | 鄱阳郡采银丁课银壹铤伍拾两 专知官乐平县尉卢枳 典程晟匠张洽 | 解放后银行收兑，现中国钱币博物馆收藏（图1、图2） |
| 19 | 墨书银铤 | 其中二笏铤面墨书"重伍拾壹两" | | 1980年12月江苏省丹徒县丁卯桥出土。共出20笏（完整的14笏），铤面平整，有捶打痕。现藏镇江市博物馆⑥ |

　　以上共选取了19项笏形银铤的出土发现记录。对是否为笏形银铤的判断，以前面文献所提供的前提线索为准。这19项资料基本上包括了此类银铤见于著录的内容，而且本文对这些著录力求追溯到最初的记录。其中13项出自于出土资料，有些并有伴出物，更增添了

①　王长启、高曼《西安西郊发现唐银铤》，《中国钱币》2001年1期。

②　师小群《陕西历史博物馆征集一件唐代银铤》，《中国钱币》2000年1期。

③　周庆忠、陈功印《桂林地区发现唐代阳朔县限税银铤》，《中国钱币》2002年3期。

④　张惠信《中国银锭》23页，台湾齐格飞出版社1988年。

⑤　张惠信《中国银锭》22页，台湾齐格飞出版社1988年。

⑥　丹徒县文教局、镇江博物馆《江苏丹徒丁卯桥出土唐代银器窖藏》，《文物》1982年11期。

科学性；前 18 项铤上都刻有铭文，可据以研究许多相关内容，具有很大的价值；第 19 项铤面无铭文，此项内共有 20 笏银铤，其中 2 笏有墨书文字（开始曾有 3 笏有文字之说）。所以利用目前已掌握的这些实物资料对笏形银铤加以综合考察是可行的。

　　一般来说，各种事物都具有各自的存在形态，笏形银铤作为一种银铤特定的形态，也应有各方面的特性需要我们去探究和说明，以下依次对笏形银铤的制作时间、地点、形制等进行分析。

### 三、对笏形银铤制作时间的考察

　　笏形银铤上的铭文多有述及制作年代的，为分析各个笏形银铤的时代提供了方便。特将此类信息制作成表 2。

表 2：笏形银铤的制作时间

| 编　号 | 银　铤　名　称 | 铭文时间（公元纪年） |
|---|---|---|
| 1 | 天宝十载杨国忠进信安郡税山银 | 天宝十年（751） |
| 2 | 天宝十载杨国忠进宣城郡和市银 | 天宝十年（751） |
| 3 | 彭杲进岭南南海郡银铤 | 【开元末天宝初】（740 年左右） |
| 4 | 天宝二年郎宁郡贡银 | 天宝二年（743） |
| 5 | 打作匠杨存实银铤 | 【咸通十三年前后】（872 年前后） |
| 6 | 广明元年崔焯进容管贺冬银 | 广明元年（880） |
| 7 | 天宝十三载宣城郡采丁课银 | 天宝十三年（754） |
| 8 | 天宝十二载杨国忠进安边郡和市银 | 天宝十二年（753） |
| 9 | 天宝十三载杨国忠进伊阳县窟课银 | 天宝十三年（754） |
| 10 | 岭南道税商银（甲） | 【约为中唐】 |
| 11 | 岭南道税商银（乙） | 【约为中唐】 |
| 12 | 乾符六年内库银 | 乾符六年（879） |
| 13 | 张伯义进广州波斯银铤 | 【大历年间】（780 年前后） |
| 14 | 建中二年岭南减判银课银 | 建中二年（781） |
| 15 | 天宝拾年阳朔县限税银 | 天宝十年（751） |
| 16 | 崔慎由进润州端午进奉银 | 【大中末年】（约 858 年前后） |
| 17 | 开元十九年饶州税山课银 | 开元十九年（731） |
| 18 | 杨国忠进鄱阳郡采银丁课银 | 【天宝十三至十五年】（754—755） |
| 19 | 墨书银铤 | 【上元二年】（761） |

**注：表中未铭时间的 8 笏银铤也把推断结果标注于【】内。**

　　3 号铤"彭杲进岭南南海郡银铤"未铭时间，经查史料，在《旧唐书·卢怀慎传》中有："子奂，早修整，历任皆以清白闻……天宝初，为晋陵太守。时南海郡利兼水陆，瑰宝山积，刘巨鳞、彭杲相替为太守、五府节度，皆坐赃巨万而死。乃特授奂为南海太守。"又《新唐书·卢怀慎传》卷第一百一十七中亦有："子奂、弈。奂，早修整，为吏有清白称……天宝初，为南海太守。南海兼水陆都会，物产瑰怪，前守刘巨鳞、彭杲皆以赃败，故以奂代之。"可知卢奂是继刘巨鳞、彭杲为南海太守，前任"坐赃巨万而死"的彭杲即是"进岭南南海郡银铤"的彭杲。卢奂"天宝初，为南海太守"，那么彭杲任南海太守的时间应是开元末、天宝初，此银铤的制作时间约为 740 年前后。

5 号铤"打作匠杨存实银铤"，此铤无年份，虽有人名，却只是一手工匠人，考证的难度原本是很大的。解决的关键是发现了另一件打作匠杨存实制作的银酒注，"银铤制造人'杨存实'与 1979 年 10 月陕西省西安市西郊未央区鱼化寨公社南二府庄发现唐咸通十三年'宣徽酒坊'银酒注之制作人同名"①。所以把此银铤的制作时间大致定为银酒注制作时间唐咸通十三年前后，应无大的问题。

10 号、11 号铤仅铭有"岭南道税商银伍拾两官秤"字样，无年号、无人名。《西安发现唐代税商银铤》一文作者对这二铤考察后，"初步认为，这两笏银铤约为中唐时的税银"②。其看法有一定道理。史书中唐中期对商贾收税的记录不少，随手即可摘出几条：《旧唐书·德宗本纪上》建中三年（782 年）九月条（判度支赵赞）："乃于诸道津要置吏税商货，每贯税二十文，竹木茶漆皆什一税一，以充常平之本。"《旧唐书·穆宁传》广德（763—764 年）初，"时淮西节度使李忠臣贪暴不奉法，设防戍以税商贾，又纵兵士剽劫，行人殆绝"。《新唐书·代宗本纪》大历四年（769 年）三月，"遣御史税商钱"。由以上史料，可以认为这两笏银铤约为中唐时的税银。

13 号"张伯义进广州波斯银铤"的断代需从进献人广州刺史张伯义入手。唐史未见张伯义其人，再查曾进献此铤的广州刺史、岭南节度使，《旧唐书·代宗本纪》大历十二年（777 年）五月甲戌条有："以前安南都护张伯仪为广州刺史兼御史大夫，充岭南节度使。"故银铤之张伯义实应为张伯仪，银铤制作应在其任内，故可将此铤的制作时间定为 780 年前后。

16 号"崔慎由进润州端午进奉银"银铤亦无时间，而崔慎由史书有记载。《资治通鉴》卷第二百四十三："太和二年甲午，贤良方正裴休、李郃、李甘、杜牧、马植、崔玙、王式、崔慎由等二十二人中第，皆除官。"《旧唐书》："崔慎由，大中初入朝，为右拾遗、员外郎、知制诰，正拜舍人，召充翰林学士、户部侍郎。再历方镇，入朝为工部尚书。十年，以本官同平章事，兼集贤殿大学士，转监修国史、上柱国，加太中大夫、兼礼部尚书。"其太中大夫、礼部尚书、上柱国等官职与银铤所记相同，书中与银铤所指崔慎由应是同一人，以上三职衔是大中十年（856 年）时所加，故此银铤的制作时间应在此年之后。

18 号铤"杨国忠进鄱阳郡采银丁课银"（图 1），此铤图片虽曾发表，但本文在表 4 首次报道了重量和尺寸等数据。铤上无年号铭文，利用银铤上的其他文字，比照表 1 其他杨国忠银铤，可以判断出此铤的大致制作时间。天宝十载进献 1、2 号铤时杨国忠的官职是"专知诸道铸钱使兵部侍郎兼御史中丞"；天宝十二载进献 8 号铤时杨国忠的官职是"专知采市银使右

---

① 朱捷元等《西安南郊发现唐"打作匠臣杨存实作"银铤》，《考古与文物》1982 年 1 期。
② 刘向前、李国珍《西安发现唐代税商银铤》，《考古与文物》1981 年 1 期。

相兼文部尚书";天宝十三载进献 9 号铤时杨国忠的官职是"司空兼右相"。可看出杨国忠的职位在逐年升高,至天宝十三载杨国忠方有司空之职。以 18 号铤所书杨国忠官职"专知诸道铸钱使司空兼右相"看,显然 18 号铤的主要官职"司空兼右相"与 9 号铤相同,故其制作当在天宝十三年之后。而天宝十四年(755 年)安史之乱发生,杨因马嵬兵变而死,其后杨国忠已不可能再行进献之事了。此铤的制作时间故应是天宝十三年至十四年(754—755 年)之间。

19 号这批银铤只有墨书重量,制作时间从银铤本身难以判断,但出土地点的丹徒丁卯桥在"唐代是漕运北上的咽喉要冲……航运发达,为富商官宦乐居之地。银器埋藏的地点,似是唐代官宦或富商住宅遗址"。润州唐代后期曾遭到刘展和田神功先后洗劫,"丁卯桥银器可能就是持有者在这次战争中仓促埋藏的"。"银器窖藏地处唐代居住遗址之内,这一居住点至宋代则已荒废。"[①]从出土遗址提供出的时代线索,还是可以帮助我们将 20 号这批银铤时代定位唐代,田神功平定刘展是在上元二年(761 年),银铤应制于此前不久。

将 19 项材料的制作时间一一考订后,从表 2 整理出的笏形银铤制作的时间跨度就呈现在面前了。这批笏形银铤制作最早的时间是 731 年(开元十九年),最晚的是 880 年(广明元年),其间约延续 150 年左右。唐王朝始于 618 年,终于 907 年,故其制作时间基本位于唐代的中期至晚期。笔者尚未见有唐中、晚期以外制作的笏形银铤出土或传世的报道,宋代书籍中时有使用的银铤量词"笏",应是沿用前代用法。

所以,笏形银铤大致制作、使用于唐代的中期至晚期,即中唐开元时期至唐代末期。

## 四、对笏形银铤制作地点的考察

表 3 所示 19 项笏形银铤中有 16 项注有地点,经查对后,在表中注出了这些历史地名的今地名,原地名范围大的注明今区域,原地名范围小的注明的是其治所的今地名。5、12、19 号银铤上未标示地名,特试作考求,并将结果加括号补入表中。

表 3：笏形银铤的制作地点

| 编号 | 银 铤 名 称 | 铭文所示制作地点 | 今所在地 | 发现地点 |
| --- | --- | --- | --- | --- |
| 1 | 天宝十载杨国忠进信安郡税山银 | 信安郡 | 浙江衢州 | 陕西西安 |
| 2 | 天宝十载杨国忠进宣城郡和市银 | 宣城郡 | 安徽宣州 | 陕西西安 |
| 3 | 彭杲进岭南南海郡银铤 | 南海郡(天宝元年广州改名南海郡) | 广东广州 | 陕西西安 |
| 4 | 天宝二年郎宁郡贡银 | 郎宁郡 | 广西邕州 | 陕西西安 |
| 5 | 打作匠杨存实银铤 | (长安) | (陕西西安) | 陕西西安 |

① 丹徒县文教局、镇江博物馆《江苏丹徒丁卯桥出土唐代银器窖藏》,《文物》1982 年 11 期。

| 编号 | 银铤名称 | 铭文所示制作地点 | 今所在地 | 发现地点 |
|---|---|---|---|---|
| 6 | 广明元年崔焯进容管贺冬银 | 容管（容州管内经略使所辖14州） | 广西北流、容州及广东化州等地 | 陕西蓝田县 |
| 7 | 天宝十三载宣城郡采丁课银 | 宣城郡 | 安徽宣州 | 陕西长安县 |
| 8 | 天宝十二载杨国忠进安边郡和市银 | 安边郡 | 河北涞源 | 河南洛阳 |
| 9 | 天宝十三载杨国忠进伊阳县窟课银 | 洛州伊阳县 | 河南嵩县旧县镇 | 陕西西安 |
| 10 | 岭南道税商银（甲） | 岭南道 | 辖今广东、广西、海南 | 陕西西安 |
| 11 | 岭南道税商银（乙） | 岭南道 | 辖今广东、广西、海南 | 陕西西安 |
| 12 | 乾符六年内库银 | （长安） | （陕西西安） | 陕西西安 |
| 13 | 张伯义进广州波斯银铤 | 广州 | 广州 | 陕西西安 |
| 14 | 建中二年岭南减判银课银 | 岭南 | 辖今广东、广西、海南 | 陕西西安 |
| 15 | 天宝拾年阳朔县限税银 | 桂州阳朔县 | 广西阳朔县 | 广西桂林？ |
| 16 | 崔慎由进润州端午进奉银 | 润州 | 江苏镇江市 | |
| 17 | 开元十九年饶州税山课银 | 饶州 | 江西波阳县 | |
| 18 | 杨国忠进鄱阳郡采银丁课银 | 鄱阳郡（天宝元年饶州改名鄱阳郡） | 江西波阳县 | 上海① |
| 19 | 墨书银铤 | （润州？） | （江苏镇江市丹徒县） | 出土于唐代润州，今江苏镇江市丹徒县 |

　　5号铤"打作匠杨存实银铤"，铤有人名而无地点，可通过制作者所在部门来了解制作银铤的地点。1979年西安西郊二府庄出土了一件银酒注，器底刻铭文7行61字，为"宣徽酒坊咸通十三年六月廿日别敕造七升地字号酒注壹枚重壹百两匠臣杨存实等造监造番头品官臣冯金泰都知高品臣张景谦使高品臣宋师贞"。制作此银器的匠人亦名杨存实，此人与制作银铤的打作匠杨存实应是同一人。从这银酒注铭文可知此酒器是奉敕为宣徽酒坊制作，参与监造的有一些具有"高品"和"品官"身份的人，"高品"和"品官"是宫廷宦官的级别。所以制作部门应是为宫廷、官署等生产金银器的内廷或官营作坊，宣徽酒坊银酒注"应该是少府中尚署所属的'金银作坊院'制作的"②。制作银酒注的杨存实既然是长安宫廷或官营作坊的人，他的另一件作品银铤的制作地点似也可定在长安。

　　12号铤铤身铭文为"乾符六年内库别铸重四十两内库使臣王翱文思使臣王彦珪文思副使臣刘可濡"，此应是皇家内库所铸之银铤，监铸此铤的使臣中有两位是文思使臣和文思副

---

　　①　此银铤原不知来源，但近日读沈鸣镝《白银》一文（刊于学林出版社1998年出版的《上海钱币十五年纵横》），有"上海近期发现杨国忠向唐明皇进贡的银锭……"之语，铭文及所刊图片正与中国钱币博物馆所藏笏形银铤相一致，故知此铤应发现于上海。又见到董文超主编《中国当代金银管理通览》（中国金融出版社1994年）所附彩图第61即为此铤正背图，得知此银铤是由上海上交至中国人民银行总行当时的货币金银司，再转至中国钱币博物馆。

　　②　卢兆荫《关于法门寺地宫金银器的若干问题》，《考古》1990年第7期。

使臣，他们应是制作部门文思院的官员。"唐代金银器制作还有一个重要场所，即都城长安内的文思院"，"唐代皇室和中央官府制作金银器的场所有三个，即中央政府管辖的少府监掌冶署和少府监中尚署所属的金银作坊院，以及直接隶属皇室的文思院。掌冶署和金银作坊院，唐初已置，以后延续。文思院则兴盛于晚唐"①。从参与制作者的身份追至制作的部门，从此部门位置在长安即可得知此银铤制作于长安。

19号铤没有推断制作地点的直接线索，但从旁边出土的那批银器看，"多未经使用"，所以当地制作的可能性较大。这批银器和银铤出土于镇江，制作于镇江的可能性也是较大的。

整理了这些银铤的制作地点后，可以进一步分析唐代笏形银铤的制作地域了。

之所以关注笏形银铤的制作地域，是因为笏形银铤是较早从白银的坯料形态中分离出来的一种形态，是为适应白银用于大额支付而使用的形态，了解哪些地域铸行这种形态的货币，就可大致了解唐代中、晚期哪些地域已在使用这种大额的白银货币。

唐代产、贡银的州府共有67处，其中大多数位于岭南道，其次是江南西道（主要在今江西一带），再次是江南东道，其他地区则只有六七处，查对表3的1—19号银铤地域的对应分布如下：岭南道：3、4、6、10、11、13、14、15；江南西道：2、7、17、18；江南东道：1；都畿道洛州：9；京畿道长安：5、12；河东道安边郡：8；江南东道润州：16、19。

从上面的笏形银铤分布看，制作地点已不限于岭南地区，其他许多地区，包括并不产银的京畿道长安、河东道安边郡、江南东道润州等也在制造、使用笏形银铤。可以推断唐代的中晚期在非五岭以南的很多地区，笏形银铤也在行使着货币的大额支付的功能。

## 五、笏形银铤的形制

1. 笏形银铤的重量。表4的19项记录里第6项重二十两，第12项重四十两，其他17项都是重五十两，所以笏形银铤重量一般重五十两，个别有二十两、四十两者。各铤的实际重量与铭文自注的重量并不完全一致，多少略有差异。按实测重量看，各铤每两的重量，计算下来范围在39.2—43.6克之间，而特别注明"官秤"的4项每两重42克左右。因笏形银铤属称量货币，一般使用中需称重复核，铭文只需注明大致重量即可。

2. 笏形银铤的尺寸。综观表4的各项尺寸数据，笏形银铤的大小并无一定之规，五十两铤的长度是247—366毫米，宽度是55—77毫米，厚度是5—13.7毫米，虽无标准，但总体都呈长而宽的笏板形状；因浇铸有厚薄，厚度的量度数据可能会偏薄处或偏厚处，但总体厚度是在10毫米左右。这基本符合根据文献资料得出的笏形银铤的形态特征："笏形银铤的形态：大型，长条状，板状。"

需要指出两点。第一，笏形银铤通常为板状长方体，各个角为直角，但有个别例外，如8号铤是"长条板状，上端呈弧形，下端两角近似直角"。第二，一些具有坯料性质的银铤虽也有重量在五十两左右的，但它们形状多样，制作粗率，不具有笏形银铤特征，不应与笏形银铤相混淆。

---

①　齐东方《唐代金银器研究·（陆）唐代金银器制作作坊》，中国社会科学出版社1999年5月。

**表 4：笏形银铤的形制**

| 编号 | 名称 | 尺寸① (毫米) | 铤注重量 | 实测重量 (克) | 每两折重 (克) | 制作特点 |
|---|---|---|---|---|---|---|
| 1 | 天宝十载杨国忠进信安郡税山银 | 320×72×11（厚度约一分许） | 五十两正 | 2102 | 42.04 | 中厚边薄 |
| 2 | 天宝十载杨国忠进宣城郡和市银 | 366×75（厚度约一分许） | 伍拾两 | 2112 | 42.24 | 中厚边薄 |
| 3 | 彭杲进岭南南海郡银铤 | 255×70×12 | 五十两 | 1960 | 39.2 | |
| 4 | 天宝二年郎宁郡贡银 | 247×60（厚度为市尺3分5厘） | 伍拾两 | 2030 | 40.6 | |
| 5 | 打作匠杨存实银铤 | 263×68×12 | | 2382 | | 两面光素 |
| 6 | 广明元年崔焯进容管贺冬银 | 220×58×5 | 贰拾两 | 806 | 40.3 | |
| 7 | 天宝十三载宣城郡采丁课银 | 300×80×5 | 伍拾两 | 2100 | 42 | |
| 8 | 天宝十二载杨国忠进安边郡和市银 | 300×55×9 | 伍拾两 | 2055 | 41.1 | 长条板状，上端呈弧形，下端两角近似直角 |
| 9 | 天宝十三载杨国忠进伊阳县窟课银 | 287×59×13.7 | 伍拾两 | 2180 | 43.6 | |
| 10 | 岭南道税商银（甲） | 250×71×12 | 伍拾两官秤 | 2107 | 42.14 | 表面捶击光滑，但不见锤痕 |
| 11 | 岭南道税商银（乙） | 264×67×11 | 伍拾两官秤 | 2115 | 42.3 | 表面捶击光滑，但不见锤痕 |
| 12 | 乾符六年内库银 | 275×70×9 | 四十两 | 1625 | 40.625 | |
| 13 | 张伯义进广州波斯银铤 | 274×61 | 伍拾两官秤 | 2130 | 42.6 | |
| 14 | 建中二年岭南减判银课银 | 314×68×9.8 | 伍拾两官秤 | 2100 | 42 | 浇铸成型，表面锤槌整平，略显锤痕 |
| 15 | 天宝拾年阳朔县限税银 | 284×69×10 | 伍拾两 | 2020 | 40.4 | 表面锤槌平整，略显锤痕 |
| 16 | 崔慎由进润州端午进奉银 | | 伍拾两 | | | |
| 17 | 开元十九年饶州税山课银 | 300×65×12 | 伍拾两 | 重约五十两 | | |
| 18 | 杨国忠进鄱阳郡采银丁课银 | 310×61×9 | 伍拾两 | 2046 | | 铸造成型，有拔模斜度，不平整，厚薄不匀 |
| 19 | 墨书银铤 | 359×77×7 | 重伍拾壹两 | 单重2050—2060 | | 长方形，铤面平整，有捶打痕迹 |

3. 笏形银铤的制作人与制作方法。笏形银铤的制作人应是银匠，如 5 号铤侧刻"打作匠臣杨存实作下作残银"、10 号铤侧刻"匠黄泰"、12 号铤铤侧刻"匠臣武敬容"等可作证明。第 19 号铤出土地点旁边还出有多件银器，也可为笏形银铤出自银匠之手作一佐证。对于笏形银铤的制作方法，凡在报道文章中涉及此点的，口径基本一致，认为是"浇铸成型"，后经"表

---

① 银铤尺寸除依据原出土发现报道外，并参考《中国钱币大辞典·唐五代十国编》（中华书局 2003 年 1 月）和《唐代金银器》（文物出版社 1985 年 12 月）资料。

面捶槌整平"，这无疑是笏形银铤的主要制作方法。9号、13号、18号铤浇铸成型的特点尤其明显，像18号铤铤身有拔模斜度，表面不平整，厚薄不匀，甚至显出白银冷凝时的排气特征等，都显示了是由高温熔化的银水浇铸入模成型的。

　　笏形银铤的用途主要用于货币的大额支付，从实物上的文字材料看，主要是官府用在税收、进奉等方面，相关内容，已有不少文章作了论说，本文不再赘述，有兴趣者可参阅各铤的出土发现报道，还可参看万斯年[①]、秦波[②]、朱捷元[③]、韩保全[④]、李晓萍[⑤]等先生的相关论述。

洛阳隋唐宫城遗址出土的银铤

（本文原载《中国钱币论文集》第五辑，中国金融出版社2010年1月）

①　万斯年《关于西安市出土唐代天宝间银铤》，《文物参考资料》1958年5期。
②　秦波《西安近年来出土的唐代银铤、银板和银饼的初步研究》，《文物》1972年7期。
③　朱捷元《唐代白银地金的形制、税银与衡制》，《唐代金银器》文物出版社1985年12月。
④　韩保全《金银器与唐代进奉之风》，《唐代金银器》文物出版社1985年12月。
⑤　李晓萍《金银流霞》13—18页，浙江大学出版社2004年3月。

# 唐代银饼考

唐代以前，白银的计量多用斤、两等重量单位，也有用白银的坯料形态"铤"为单位者，间或还有以坯料形态"饼"为计量量词者，如：

《三国志·魏书·三少帝纪(齐王芳)》：

> 赐银千饼，绢千匹，以光宠存亡，永垂来世焉。

《南史》卷五三《武陵王纪传》：

> 黄金一斤为饼，百饼为篋，至有百篋；银五倍之。

时至今日，唐代以前之银饼一直未见实物，而随着近年的考古出土发现，唐时期的银饼陆续有所发现，为我们了解唐代银饼的作用、时代、地区、类别、制作等提供了难得的实物资料。

根据笔者的统计，唐代银饼被公布的出土发现共有四则。最重要的是 1970 年 10 月陕西西安南郊何家村的一次发现。何家村遗宝发现地是在唐长安城的兴化坊，应该说这是 20 世纪唐代考古的一次划时代重大发现。最初认为："这批文物的时代下限应在盛唐晚期"[1]，后认为何家村遗宝的埋藏时间为德宗建中四年(783 年)，即泾原兵变爆发之时[2]。何家村出土的银饼共 22 块，其中小型银饼有 10 块(内刻字银饼 4 块)，还有 12 块银饼是大型的，有的上面有墨书字迹。第二项是 1970 年春季在洛阳市隋唐宫城西北角，今金谷园路以东、塘沽路以北的化学制药厂地下出土的一块"通州税口银"银饼，"应为隋唐宫城遗物"，可能与安史之乱有关[3]。第三项发现是 1991 年 3 月，洛阳市人民银行收兑到的一块银饼，据调查是解放前一农民在洛阳近郊挖掘出土后保存流传下来的[4]。第四项发现为唐代罗江县庸调银饼，见于《元宝收藏与鉴赏》一书的第 11 页[5]，并见于嘉德钱币拍卖会[6]。

---

① 陕西省博物馆、文管会写作小组《西安南郊何家村发现唐代窖藏文物》,《文物》1972 年 1 期。
② 齐东方《何家村遗宝猜想》,《文物天地》2005 年 1 期。
③ 苏健《洛阳隋唐宫城遗址中出土的银铤和银饼》,《文物》1981 年 4 期。
④ 李运兴、黄士斌《"陵州井课银"银饼考略》,《洛阳钱币》中国社会科学出版社 1993 年 1 月。
⑤ 李晓萍《元宝收藏与鉴赏》,浙江大学出版社 2006 年 3 月。
⑥ 唐代罗江县庸调银饼,见于《嘉德钱币拍卖会目录》2004 年春拍 3502 号,流拍;2004 年秋拍为 3954 号,中途撤拍;2006 年春拍为 3154 号,成交价 132000 元。

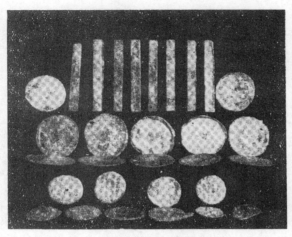

何家村出土的银饼、银铤

　　欲考证唐代银饼相关问题，需先对这四项材料作一了解和审核。第一、第二两项实物材料见于文物考古部门的发现，有具体的出土地点，有唐代入藏的考证。特别是何家村出土银饼上的铭文即有"开元十九年"、"开十"等年号；与第二项材料洛阳通州税口银银饼同时出土的还有两笏银铤，其中一笏上有"专知采市银使右相兼文部尚书臣杨国忠进"、"天宝十二载十二月　日"字样，亦可作为此银饼时代的佐证；第三项材料是银行以白银价收兑而来，收时关心的是银质问题，没有文物方面的考虑，卖者也无需在文物方面作伪，这保证了材料的真实性。发现其文物价值后，银行同志多次对其出土地点和流传情况进行了调查，笔者也曾当面向参与收兑和调查的李运兴先生、吕宁生先生（他们两位先后任洛阳市钱币学会秘书长）了解情况，此项实物是可靠的，无作假之虞。对此银饼时代，李运兴、黄士斌文章考证后提出，"'陵州'是指今四川仁寿县在唐代设置的陵州"，"井课银当为盐井的课税银，由于是陵州征收的，故称'陵州井课银'"①，其看法是言之有据的；第四项材料是传世品，认定须慎重。为此笔者特借嘉德 2006 年春季钱币拍卖会预展之机，仔细观察了这块银饼。此银饼的造型、银色、包浆、文字，以至于背面的蜂窝等都自然、无异常感，其造型与何家村所出土的大型银饼基本相同。看后感到它应是真品，其铭文有"天宝五年"字样，可将之归属唐代银饼。

　　将以上四次唐代银饼的出土发现加以整理，列出一览表如下。

**唐代银饼一览表**

| 编号 | 名　称 | 数量 | 直径尺寸<br>（毫米） | 重量<br>（克） | 铭　文 | 出土地点 | 备注 |
|---|---|---|---|---|---|---|---|
| 1 | 怀集县开十庸调银银饼 | 1 | 106 | 445 | 怀集县开十庸调银拾两专当官令王文乐典陈友匠高童 | 西安何家村② | 凿刻（图3、图4） |

---

　　①　李运兴、黄士斌《"陵州井课银"银饼考略》，《洛阳钱币》中国社会科学出版社 1993 年 1 月。

　　②　此表参考了《花舞大唐春——何家村遗宝精粹》（文物出版社 2003 年 5 月）287 页《陕西历史博物馆藏何家村遗宝一览表》、陕西省博物馆文委会革委会写作小组《西安南郊何家村发现唐代窖藏文物》（《文物》1972 年 1 期）和《中国钱币大辞典·唐五代十国编》（中华书局 2003 年 1 月）464、465 页制作。

| 编号 | 名　称 | 数量 | 直径尺寸（毫米） | 重量（克） | 铭　文 | 出土地点 | 备注 |
|---|---|---|---|---|---|---|---|
| 2 | 洊安县开元十九年庸调银银饼 | 3 | 99—108 | 428，475,433 | 洊安县开元十九年庸调银拾两专知官令彭崇嗣典梁海匠王定① | 西安何家村 | 凿刻（图5、图6） |
| 3 | 小银饼 | 6 | 90—120 | | | 西安何家村 | 无字 |
| 4 | 东市库郝景银饼 | 1 | 160（厚30） | | 东市库郝景五十两四钱 | 西安何家村 | 墨书（图7） |
| 5 | 东市库赵□银饼 | 1 | 165 | | 东市库赵□五十两半 | 西安何家村 | 墨书 |
| 6 | 东市库银饼 | 1 | 156 | | 东市库□□卅五两半 | 西安何家村 | 墨书 |
| 7 | 库字银饼 | 1 | 158（厚23） | | 库 | 西安何家村 | 墨书 |
| 8 | 四十七两银饼 | 1 | 153 | | 卅七两□□ | 西安何家村 | 墨书 |
| 9 | 吴锐银饼 | 1 | 160 | | 吴锐卅七两半 | 西安何家村 | 墨书 |
| 10 | 宋字银饼 | 1 | 152 | | 宋□卅九两半 | 西安何家村 | 墨书 |
| 11 | 郝字银饼 | 1 | 156 | | 郝□□ | 西安何家村 | 墨书 |
| 12 | 希字银饼 | 1 | 160 | | □希(?)五十两 | 西安何家村 | 墨书 |
| 13 | 大银饼 | 3 | 145—155 | | | 西安何家村 | 无字 |
| 14 | 通州税口银银饼 | 1 | 140 | 940 | 通州税口银纳官朱义云贰拾叁两 | 洛阳隋唐宫城遗址② | 凿刻 |
| 15 | 陵州井课银银饼 | 1 | 140（厚10—15） | 780 | 陵州井课银壹,专 | 洛阳人民银行收兑③ | 凿刻,下部 1/3 弱被切掉（图8） |
| 16 | 罗江县庸调银饼 | 1 | 115（厚28） | 1560 | 罗江县天宝五年庸调银肆拾两专知官张喆李德银匠王远④ | 见于嘉德钱币拍卖会 | 凿刻 |
| 共计 | | 25 | | | | | |

上表所列是目前已知四处发现的 25 块银饼,其中无字银饼 9 枚,有字银饼 16 枚(内 7 枚凿刻文字,9 枚墨书文字)。虽然这些银饼的数量不大,但为我们了解唐代银币提供了极为宝贵的第一手实物资料,依据这些银饼可以做一些初步探究。

1. 银饼的用途

从银饼铭文看,这些银饼被用作庸调银(编号 1、2、16 共 5 块)、税口银(编号 14)、井课银(编号 15)等。

---

① 此 3 块银饼之中有一块最后"匠王定"作"匠陈宾",其他文字与另两块相同。
② 苏健《洛阳隋唐宫城遗址中出土的银铤和银饼》,《文物》1981 年 4 期。
③ 李运兴、黄士斌《"陵州井课银"银饼考略》,《洛阳钱币》中国社会科学出版社 1993 年 1 月。
④ 罗江县庸调银饼,见于《嘉德钱币拍卖会目录》2006 年春拍 3154 号,铭文被释为"罗江县天宝五年庸调银肆拾两专管张语李德银匠主造",本表对释文有校正。本项引用了《元宝收藏与鉴赏》(浙江大学出版社 2006 年 3 月)11 页数据。

东市库郝景银饼

　　所谓庸调银与唐代的赋税制度相关。唐在实行两税法之前,赋税制度实行的是租庸调制度。租指纳税户每丁每年交粟二石,调指各户每年所要交纳的一定数量的布帛,每丁每年需为官家服二旬力役,若不服役则可按每日三尺布帛折收,所收即为庸。"《旧唐书·食货志》、《唐六典》载,在开元、天宝时,'凡金银宝货绫罗之属皆折庸调以造焉'。这种把庸调所收之布帛,折变成轻货,运到京师国库的制度,叫做'变造'。因此,洊安、怀集刻有'庸调银'的四块银饼,可能是洊、怀两县的庸调布帛,折变为银,冶铸成饼,送交到京师国库的东西。"①

　　"税口"是指官府按丁口向百姓征收的田租户调等赋税,银饼刻有"税口银"字样,表明此银饼性质是把地方上征收的口税折变为白银转输而来。

　　"井课"应是因井课税而得名。此井指的是产盐的盐井,《旧唐书·地理志》剑南道陵州条:"隋隆山郡,武德元年改为陵州,领仁寿、贵平、井研、始建、隆山五县。"其地多盐井,陵州有纵广约 100 米、深约 200 多米的"陵井"盐井,贵平县有"平井"盐井,井研县有"井研"盐井等。唐政府对矿产采掘是要征收赋税的,在唐代的笏形银铤中,有一条刻有"河南府伊阳县天宝十二载窟课银壹铤伍拾两"字样,即是对采矿征税所得。陵州井课银饼当是唐代征收的陵州地区盐井税变造为轻货铸成而来。

　　东市库银饼,东市是唐代首都长安有名的两市之一,或认为:"墨字'东市库银饼'……它可能是唐代商业税收的实物证据。"②或认为:"贵族还多于通都大邑建筑店铺,赁租取利。京都之内,比比皆是……将'东市库'银饼定位为经营邸舍、店铺的收入较为恰当。"③两种看法均认为银饼具有支付功能。

　　因此说,从以上用法来看,唐代这些银饼是已具有大额支付功能的货币,多用为税银、库银。

　　2.银饼使用的时代和地区

　　限于以上不多的银饼实物资料,在此只能谈目前所知的这些银饼反映的时、地情况。

　　上述银饼虽有不少属官府税收方面的白银货币,但明确标注年月的并不多,计有 1 号怀集庸调银饼,铭文有"开十",2 号 3 枚洊安庸调银饼铭文有"开元十九年",16 号罗江县庸调

　　① 秦波《西安近年来出土的唐代银铤、银板和银饼的初步研究》,《文物》1972 年 7 期。
　　② 陕西省博物馆文委会革委会写作小组《西安南郊何家村发现唐代窖藏文物》,《文物》1972 年 1 期。
　　③ 朱捷元《关于唐"东市库"银饼及税银的一些问题》,《文博》1987 年 6 期。

银饼铭文有"天宝五年"等字样。此五枚银饼制作上缴时间都在唐玄宗时期,分别相当于717年、731年和746年,这几枚银饼的使用时间基本处于唐代中期。将唐代笏形银铤和唐代银饼综合起来,仅据目前已知的实物材料而言,白银充当货币的时期似是从8世纪初开始的(是尚不具备计价和流通功能的不完全货币),初期这种银货币的形态有饼形和铤形,继而在税收等用途中多使用规范度较高的笏形银铤。

此批银饼的使用地点,铭文注明的有怀集县、浈安县、通州、陵州、罗江县等。怀集县治所在今广东怀集县,唐时属岭南道广州管辖。浈安县与怀集县相邻,唐时亦属岭南道广州。唐时通州属山南西道,辖境相当于今四川达川、达县、宣汉、开江、万源、城口等县市。唐时陵州属剑南道,治所在今四川仁寿县,辖境相当于今四川仁寿、井研。罗江县唐时也属剑南道,治所在今四川德阳市罗江镇。

唐代产、贡银的州府共有67处,其中大多数位于岭南道。如果说位属岭南的怀集县、浈安县是因在产银地区而以银纳税,那么通州、陵州、罗江县等都不产银却也以银纳税,应如何解释?再考虑到与长安东市库相关的那些银饼,应理解为白银已在更广泛的地区用作大额货币为宜。至于为何在总数不多、注明地区者更少的银饼中,竟有三块出于四川,银饼的使用是否有地域因素,尚待今后进一步考察。

### 3. 银饼的重量规格

唐代银饼的使用有无一定的重量规格?银饼的一些铭文记录了它们的重量信息。

4号、5号、6号、8号、9号、10号、12号银饼分别标注了五十两四钱、五十两半、卅五两半、卅七两、卅七两半、卅九两半、五十两的重量。16号银饼标注了肆拾两的重量(1560克)。14号银饼标注了贰拾叁两的重量(940克),15号银饼未标注重量,下部1/3弱被切掉后重780克。1号(422克)、2号共4枚银饼标注的都是十两。

从以上记录看,何家村出土的银饼清楚地分为两类:小银饼铭刻的重量都是十两,另外6块小银饼虽未铭重量,但从公布的尺寸看与拾两银饼相似,1号银饼上还有打补丁补银的现象,应是为凑到一定重量,故有十两这一种规格;何家村所出大银饼有铭重的7块中,4块基本是五十两,另外3块接近五十两,还有5块未铭重量大银饼的尺寸也与7块铭重的五十两大银饼相似,所以大银饼的规格应是大致五十两。

何家村另外出土的3块银饼分为二十两左右和四十两两种(15号银饼如未被切掉实际重量也应是二十多两),因其数量太少,目前无法对银饼是否有二十两和四十两两种规格作出论断,且待以后续有发现再作讨论。

白银属称量货币,即使存在规格,也只是一种大致重量,在浇铸成型时,很可能发生浇入银液偏多或偏少的情况。即使铭文记有重量,也需知其记重大多表示的只是个概数,实际点收、使用时是要重新复核的。何家村出土的铭刻十两重量的四块小银饼,实际称重重量为445克、428克、475克、433克。

### 4. 银饼的制作

开始承担某些货币功能的唐代银饼,源自于制造器饰的坯料银饼,其制作,特别是小型银饼的制作较为粗疏,在用作货币上缴税款等之后,唐政府有了一些制作方面的要求[①],促使银饼形态制作有所规范。

朱捷元对十两、二十两小银饼的制作有以下描述:怀集县、浛安县庸调银饼"均作圆形扁平状,边缘不甚规整[②]"。洛阳市隋唐宫城出土的"通州税口银"银饼,"银饼为不规则圆形"[③];洛阳发现的陵州井课银,"银饼呈不规则的圆饼形……饼周边薄,中间厚……饼面上有凸起浇铸流银数块……从其形状看,银饼的铸造方法是用散碎银铸成,尚有少数没有完全融化的碎块,倾倒在已成饼状的面上,形成不规则的块状凸起。铸造似没有用范,只是将熔化后的银液倾注在平物上。饼中间是倾倒银液处则厚,周边是银液流动到的则薄"[④]。从以上记述并参考这些银饼图片,我们可以了解到此类唐代银饼的制作特点:采用了浇铸工艺;银饼形状多不规则,说明浇铸时没有使用范,从银饼的背图看,是浇铸于平面之上的;熔炼温度有高有低,温度低者(通州税口银、陵州井课银)银熔化不彻底,浇铸时流动性差,形成中间厚,周边薄,表面有块状凸起的状态,温度高者(怀集县、浛安县庸调银)银熔化彻底,浇铸时流动性好,形成银饼厚度均匀、表面相对平整的状态。

考古发现对大银饼只有以下简单的描述:"这些银饼均作椭圆形,中部稍凸起,表面多有蜂窝孔,边缘不甚规整。"[⑤]在此结合所见银饼照片,有必要适当加以解读。"表面多有蜂窝孔",是指白银由液态凝结为固态时释放出氧气形成的气孔,有气孔说明是浇铸成形,大银饼也是采用浇铸工艺制作;"边缘不甚规整",是自然冷却形成的一种边缘状态,说明制造时未经锻打;"银饼均作椭圆形","中部稍凸起",再参考《花舞大唐春——何家村遗宝精粹》203页东市库郝景银饼剖面图,可知大银饼的制作是采用了范铸的方法,将熔化的银液浇入一个椭圆形(可能还有圆形的)并弧形下凹的铸范之中,故冷凝后面呈椭圆,中部形成凸起(东市库郝景银饼厚度达30毫米);查看重四十两的唐代罗江县庸调银饼,可见它的正面周围有一道边棱,大银饼的边棱在秦波《西安近年来出土的唐代银铤、银板和银饼的初步研究》图二"西安何家村出土的唐代银铤、银饼"中也曾见到,只是有的明显一些,有的则不很明显,边棱应是范铸时有意制作的,是一种制作工艺上的进步。

银饼的制作总体而言处于由坯料向货币演化时期,制作比较粗糙,规范程度不高,制作精准度不如笏形银铤和再后来的船形银铤。其制作采用的是铸造工艺,按浇铸时是否用范而分为范铸和非范铸两种类型。

(本文原载《中国钱币》2007 年第 3 期)

① 《唐六典》卷二十左藏令条记:"凡天下赋调先于输场,简其合尺度斤两者,卿及御史监阅,然后纳于库藏。皆题以州县年月,所以别粗良,辨新旧也。"
② 朱捷元《关于唐"东市库"银饼及税银的一些问题》,《文博》1987 年 6 期。
③ 苏健《洛阳隋唐宫城遗址中出土的银铤和银饼》,《文物》1981 年 4 期。
④ 李运兴、黄士斌《"陵州井课银"银饼考略》,《洛阳钱币》中国社会科学出版社 1993 年 1 月。
⑤ 朱捷元《关于唐"东市库"银饼及税银的一些问题》,《文博》1987 年 6 期。

# 唐代银板小考

在西安南郊何家村唐代窖藏出土报告中,除 8 笏银铤之外,另单独列有 60 块银板[①]。这 60 块银板中,有的上端有一个穿孔,有的上端没有穿孔;刻"五两、朝"字的银板有 55 块,刻"伍两太北、朝"字的砝码银板有 2 块,刻"拾两太北、朝"字砝码银板有 1 块,刻"叁宅"字银板有 1 块,另有无字银板 1 块。

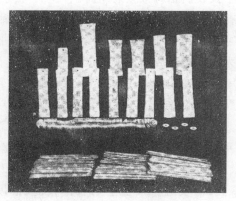

西安何家村出土的唐代银板[②]

但《花舞大唐春——何家村遗宝精粹》[③]204 页将银板统一计于银铤之内,说:"银铤共计 68 件。"应该说《西安南郊何家村发现唐代窖藏文物》的报导和对物品的直观分类是对的,《花舞大唐春——何家村遗宝精粹》所附《陕西历史博物馆藏何家村遗宝一览表》中也是将此 60 块明确称为银板,与 8 笏银铤区分排列。

以往因银板出现不多,人们对其重视不够,故未注意将银板与其他类型白银货币加以区分,实际应将唐时的银板单列为有别于银铤的另一类。

与同出的银铤相比较,银板"锻造成长方形薄版,表面有锤揲痕迹,打造规整"。而银铤则是"浇铸成型,呈条状长方体,表面边缘粗糙不齐"[④]。两者的区别之一是厚度,银板薄,多呈长方形薄板状,银铤则厚度大,呈长方体状。以"拾两太北 朝"字银板为例,它长 24.2、宽

① 陕西省博物馆文委会革委会写作小组《西安南郊何家村发现唐代窖藏文物》,《文物》1972 年 1 期。
② 此图原载秦波《西安近年来出土的唐代银铤、银板和银饼的初步研究》一文图三,《文物》1972 年 7 期。
③④ 齐东方、申秦雁主编《花舞大唐春——何家村遗宝精粹》,文物出版社 2003 年 5 月。

7.3、厚0.3厘米（图9），而银铤一般厚2厘米左右（图10），与银板厚度相差很大；两者的区别之二是重量，上举银板的重量是428克，银铤的重量是1977克，两者的长、宽并无很大的差别，但重量差别则很大，一为十两左右，一为五十两左右，60块银板中绝大多数仅重五两左右；两者的区别之三是制作方法，银板是锻造成型，银铤是浇铸成型，因此两者形态、精致程度、不同制法的制作痕迹有很大不同。区别不但存在于银板与坯料银铤之间，也存在于银板与笏形银铤、船形银铤之间。

何家村发现的银板之中也存在着形状的不同（有略束腰与不束腰之别）、大小的不同（尺寸范围是：长13.8—24、宽3.7—7.2厘米）、重量的不同（五两、十两）（图11）。

"拾两太北　朝"字银板

此类银板并非仅见于何家村唐代窖藏中，日本加藤繁曾述及[①]，明治七年（1874年）十月在奈良兴福寺须弥坛下发现4枚古银板（藏东京帝室博物馆），同出的还有铜开珍钱140个，这几枚古银板应是和同三年（710年）建寺时埋藏进去的。它们可能是当年从唐朝运来，也可能是从唐朝学得银板制作的方法，按照唐朝的银板形状，由当时的日本制造的。总之这4枚古银板源于唐朝。关于形状，加藤繁介绍说："所掘得的古银板中，有长秤锤形者（按：即束腰形）二枚，长方形者二枚。"（见本文附图）关于制作方法，"此4枚古银板似为槌所打成，盖尚留有槌的痕迹。""轮廓平整，面部亦平滑。"关于重量尺寸，这4枚古银板，其一，"重百十钱二分（相当约十一两），长五寸三分，端宽一寸八分，厚一分四厘至二分，最薄部分一分四厘许"；其二，"重百十钱六分，长五寸四分，端宽一寸七分五厘，中央厚二分，两端稍薄"；其三，"重百十钱四分，长六寸十分五厘，宽一寸六分，中央厚一分五厘，两端薄不满一分"；其四，"重百十二钱一分，长六寸一分五厘，宽一寸六分，最厚处一分五厘，薄处不满一分"[②]。从这几枚古银板的形状、尺寸、重量、制作看，与何家村唐代窖藏出土的拾两银板极为相似，它们佐证了唐代曾有过一种白银的特有形态——银板。

关于银板的性质。这些银板不似坯料，坯料浇铸出粗糙的形态即可，无需锻打做细致加工，且坯料一般重量较大，不会制作出大量五两、十两的银板待用；从其形态来看，显然这些银板也不是器饰。其上并刻有重量，故可能是唐代白银初为货币时的一种形态。

关于银板的使用时间。此类银板未在唐时代以外的遗址、窖藏中见到，应是使用时间不长，使用范围不大的物品。具体使用时间可据何家村窖藏时间推测，现在人们倾向于将何家村窖藏的埋藏时间定为德宗建中四年（783年），即泾原兵变爆发之时，银板又与银饼同出，银饼有"开元十九年"（731年）、"开十"等明确的年代，故将之定为8世纪之物应无大的问题。

---

① 加藤繁《唐宋时代金银之研究》244页，台湾新文丰出版股份有限公司1974年。
② 加藤繁书中所说长、宽、厚尺寸应指中国市制尺寸，其度制关系是1丈＝10尺，1尺＝10寸，1寸＝10分；与公制关系大致是3尺＝1米。以"其一"为例，折合公制后，长为177毫米，宽为60毫米，厚为0.5—0.7毫米。

日本奈良兴福寺出土的古银板

（本文原载《中国钱币》2007 年第 3 期）

# 船形银铤考

船形银铤是白银货币的一种早期形态。

船形银铤形状如船,倒置似小案。以往船形银铤的形态判断标准不统一,故一些论著、资料涉及到船形银铤时常出现一些混乱[①]。在此,特明确本文所论船形银铤形态为:下部为板状、平头、弧腰,两头向上起翼。由于船形银铤体积一般较大,携带、存放不便,常有船形银铤两端之翼被敲扁、敲卷。

尚未在古籍中见到船形银铤的相关记载。

## 一、对所见船形银铤材料的统计

新中国成立以来陆续有一些船形银铤的出土消息见诸报道,并有一些船形银铤的资料、照片公布于图录等书,对这些散见于各处的材料本文做了收集、整理,并将中国钱币博物馆馆藏的船形银铤补充加入,制作了以下的一览表。

**船形银铤一览表**

| 编号 | 名称 | 铭文 | 尺寸(毫米):长×宽×高 | 重量(克) | 资料来源 | 备注 | 图号 |
|---|---|---|---|---|---|---|---|
| 1 | 馆藏铤1 | | 185×108×67 | 1650.4 | 中国钱币博物馆藏 | | 图12 |
| 2 | 馆藏铤2 | | 181×105×68 | 2022.9 | 同上 | | 图13 |
| 3 | 馆藏铤3 | | 145×108×45 | 1955 | 同上 | | 图14 |
| 4 | 馆藏铤4 | | 186×109×110 | 1973.5 | 同上 | 又见《元宝图录》古代船形银锭2号 | 图15 |
| 5 | 馆藏铤5 | □□州银铤伍拾两官监□ | 160×135×44 | 1952 | 同上 | 已断,又见《元宝图录》古代船形银锭8号 | 图16 |
| 6 | 馆藏铤6 | | 145×105×63 | 1992 | 同上 | | |
| 7 | 馆藏铤7 | | 155×80×54 | 1293 | 同上 | | 图17 |
| 8 | 馆藏铤8 | | 117×65×15 | 873 | 同上 | | 图18 |

---

① 《元宝图录》(张志高主编,三秦出版社1990年3月)一书古代船形银锭9、10号,以及蓝田发现的第三枚银铤从图看都不属于船形银铤。

| 编号 | 名称 | 铭文 | 尺寸(毫米)：长×宽×高 | 重量(克) | 资料来源 | 备注 | 图号 |
|---|---|---|---|---|---|---|---|
| 9 | 长兴县铤1 | | 182×71×30(12) | 1795 | 1975年12月浙江长兴县出土① | 洁白发光,卷腿 | |
| 10 | 长兴县铤2 | | 137×68×28(24) | 1300 | 同上 | 洁白发光,卷腿,截断部分 | |
| 11 | 长兴县铤3 | | 117×89×61(17) | 915 | 同上 | 洁白发光,截断部分 | |
| 12 | 蓝田铤1 | | 180×70×44(16) | 1825 | 1980年12月出土② | 卷腿 | |
| 13 | 蓝田铤2 | | (无数据)×70×16 | 950 | 同上 | 卷腿,拦腰截半截 | |
| 14 | 镇江铤1 | | 160×102×48 | 2075 | 1984年11月江苏镇江市出土③ | 卷足 | |
| 15 | 镇江铤2 | | | 1800 | 同上 | 卷足,少量被截 | |
| 16 | 镇江铤3 | | | 1350 | 同上 | 卷足,被截去小半段 | |
| 17 | 西安大学东路铤1 | | 160×100×70 | 2000 | 1955年西安大学东路出土④ | | |
| 18 | 西安大学东路铤2 | | 160×100×70 | 1656 | 同上 | | |
| 19 | 西安文艺路铤1 | 田□ | 215×110×70 | 1907 | 1960年7月西安文艺路出土⑤ | | |
| 20 | 西安文艺路铤2 | 田 | 220×115×70 | 1812 | 同上 | | |
| 21 | 西安文艺路铤3 | 田 | 210×115×70 | 1840 | 同上 | | |
| 22 | 西安文艺路铤4 | 田 | 190×110×70 | 1531 | 同上 | | |
| 23 | 西安文艺路铤5 | | 210×100×70 | 1840 | 同上 | | |
| 24 | 西安文艺路铤6 | | 185×110×70 | 1840 | 同上 | | |
| 25 | 西安文艺路铤7 | | 106×110×70 | 1807 | 同上 | | |
| 26 | 西安文艺路铤8 | | 210×110×70 | 1812 | 同上 | | |
| 27 | 西安文艺路铤9 | | 200×110×70 | 1840 | 同上 | | |
| 28 | 西安文艺路铤10 | | 200×110×70 | 1656 | 同上 | | |
| 29 | 西安文艺路铤11 | | 200×110×70 | 1907 | 同上 | | |
| 30 | 西安文艺路铤12 | | 210×110×70 | 1907 | 同上 | | |
| 31 | 西安文艺路铤13 | | 200×110×70 | 1656 | 同上 | | |
| 32 | 西安文艺路铤14 | | 190×105×65 | 1625 | 同上 | | |
| 33 | 西安韩森寨铤 | | 210×100×60 | 1716 | 1956年5月西安韩森寨出土⑥ | | |

① 夏星南：《浙江长兴县发现一批唐代银器》,《文物》1982年11期。
② 樊维岳《陕西蓝田发现一批唐代金银器》,《考古与文物》1982年1期。
③ 季长隽《镇江出土唐代"卷足银锭"》,《江苏钱币》1994年第1期。
④⑤⑥ 朱捷元、黑光《西安南郊出土一批银锭》,《文物》1966年1期。

| 编号 | 名称 | 铭文 | 尺寸(毫米)：长＊宽×高 | 重量（克） | 资料来源 | 备注 | 图号 |
|---|---|---|---|---|---|---|---|
| 34 | 柳大吉铤 | 柳，大吉 | 186×57×76 | 1900 | 《树荫堂收藏元宝千种图录》12 页① | | |
| 35 | 永州度牒银铤 | 永州课伍拾两度牒银刺史崔沇佳 | 175×75(50)×50 | 1938 | 《元宝收藏与鉴赏》7 页② | | |
| 36 | 古代船形银铤1号 | | 186×57×76 | 1900 | 《元宝图录》29 页③ | | |
| 37 | 古代船形银铤3号 | | 131×73 | 750 | 《元宝图录》30 页 | | |
| 38 | 古代船形银铤4号 | | 132×38×75 | 760 | 《元宝图录》31 页 | | |
| 39 | 古代船形银铤5号 | | 190×105 | 1950 | 《元宝图录》32 页 | | |
| 40 | 古代船形银铤6号 | | 198×104 | 1840 | 《元宝图录》33 页 | | |
| 41 | 古代船形银铤7号 | | 147×45(31) | 1150 | 《元宝图录》34 页 | | |
| 42 | 汀州余朗铤 | 余朗 汀州 伍拾壹两 知州孙用和通判朱正彝知录谢鉴 | 160×(46)×(28) | 2095.8 | 《中国钱币大辞典·宋辽西夏金编·辽西夏金卷》160 页④ | | |

说明：()内为其他数据，如铤身头宽之外的腰宽，翼高之外的底板高之类。数据缺项者是因资料来源未提供。

## 二、船形银铤的铸行时代

讨论船形银铤遇到的首要问题是船形银铤铸行于什么时代？以往对这个问题的认识是模糊的，也未见有结论。船形银铤上很少有文字，且基本未见于著录，这是难以考定的主要原因。

曾有人对西安南郊出土银锭的时代作出探讨。"这批银锭的形制都作船形……这种船形银锭，虽其本身未有刻文可从稽考其时代，但与这种形制相同的银锭，在《尊古斋所见吉金录》卷四曾著录过。仰面似船，复置似案，与今西郊出土者完全一样。其中一件底面刻文三行：'上□ 贰拾叁两 专副夏政'，一侧刻'府子赵赞'（按：'府子'疑应为'库子'），一侧刻'五月谭雅'，一端刻'程□□□'，一端刻'盐务银'。据其铭文考释，无疑为宋代盐务银锭……此银锭是北宋商人交纳盐钞的银子。今西安郊区出土的这批银锭与此银锭的形制完全相同，亦似属宋代的遗物。"⑤据一件船形银铤的文字，考其为宋代的银铤，进而将同类形态银铤的时代都归于宋，这是以往对船形银铤断代的判断。但是，将船形银锭完全断定为宋代遗物的看

① 陈鸿彬《树荫堂收藏元宝千种图录》，台湾齐格飞出版社 1988 年。
② 李晓萍《元宝收藏与鉴赏》7 页，浙江大学出版社 2006 年 3 月；此件度牒银见于北京诚轩拍卖有限公司 2008 年钱币春拍之中，编号 1245，其拍品介绍"尺寸：179 毫米，宽 88 毫米，腰宽 50 毫米，高 53 毫米，重量：1860.3 克"。两处所记重量尺寸略有不同。
③ 张志高主编《元宝图录》，三秦出版社 1990 年 3 月。
④ 中国钱币大辞典编纂委员会《中国钱币大辞典·宋辽西夏金编·辽西夏金卷》，中华书局 2005 年 12 月。
⑤ 朱捷元、黑光《西安南郊出土一批银锭》，《文物》1966 年 1 期。

法有待商榷。

船形银铤应是在唐代即已产生,之所以这样说,根据是上世纪七八十年代的几次出土发现。

发现之一,1975年12月,浙江长兴县下箬公社下莘桥桥南东侧发现一批(100余件)唐代银器,有餐具、饰物等。内有银铤3件,皆为束腰、船形、洁白发亮、无铭文,其中2件是卷腿银铤,另1件翼部高挺,有明显的截取痕迹。"这批银器的器物造型、纹饰图案和制作技法与各地出土的唐代金银器相比较,具有唐代的风格和特色","长兴出土的银器,充分反映了唐代晚期金银器制作工艺技术的高度发展水平"[①]。

发现之二,1980年12月,陕西蓝田县汤峪公社杨家沟农民在平整土地时,发现了一批窖藏金银器。其中有船形卷腿银铤2件,一件完整,一件截去一半,拦腰截去半截的残铤,有整齐的截取痕迹,显系使用时截断。同出的还有盘底圈足内錾"桂管臣李杅进"的鸳鸯绶带纹银盘等金银器11件,其中一件凤衔绶带五瓣银盒并錾有"内园供奉盒 咸通七年十一月十五日造 使臣田嗣莒 重一十五两五钱"等字[②]。桂管是指唐代岭西地区的桂管经略使辖区,咸通是唐懿宗李漼的年号(860—874年)。

发现之三,1984年11月,江苏镇江市为铺设下水管道,挖至三米多见到灰黄土层,此地层是"唐代文化层,厚约1—1.4米,其中含大量唐和五代的陶瓷残片和遗物"。在此唐代文化层出土3件卷足银锭,形态是"头尾平,两侧由头至尾呈弧形收缩,四角有四足卷起"[③],1只完整,2只被凿截。

综合这三次船形银铤的出土,从伴出物的时代风格、铭刻年号文字以及船形银铤的出土地层看,将这些船形银铤的时代定为唐代应无问题。

从上面的一览表看,出土于西安的船形银铤达3批17枚。西安是唐代的都城,曾出土大量唐代的遗物,内中包括了唐代的白银货币——笏形银铤、银饼等。西安在宋代已非都城,宋以后西安的政治、经济地位已大大下降,西安出土宋代有价值遗物亦少,仅从船形银铤大量出土于西安而言,判断这些船形银铤时代,其属唐代的可能性也是远远大于宋代。

说船形银铤始于唐代,还有一个证据可作参考,即是35号永州课度牒银铤。李晓萍先生指出,该铤"应该是晚唐时期的永州将卖度牒所得的钱,折换成白银铸成铤,上缴国库的财物"[④]。度牒是政府发给僧尼的身份证明,执此可免除租税徭役,唐官府有卖度牒的弊政,安史之乱后尤甚。对此枚面文原被释读为"刺史崔沆佳"的银铤,笔者根据所得到的银铤原照[⑤](图19、图20),感到永州课伍拾两度牒银"崔沆佳"应释读为"崔沆进",唐代银铤上多有"杨国忠进"、"彭杲进"、"崔焯进"、"刘楚江进"等字样,以"佳"释读为"进"不但合于字形,且合

① 夏星南《浙江长兴县发现一批唐代银器》,《文物》1982年11期。

② 樊维岳《陕西蓝田发现一批唐代金银器》,《考古与文物》1982年1期。

③ 季长隽《镇江出土唐代"卷足银锭"》,《江苏钱币》1994年第1期。

④ 李晓萍《元宝收藏与鉴赏》7页,浙江大学出版社2006年3月;此件度牒银见于北京诚轩拍卖有限公司2008年钱币春拍之中,编号1245,其拍品介绍"尺寸:179毫米,宽88毫米,腰宽50毫米,高53毫米,重量:1860.3克"。两处所记重量尺寸略有不同。

⑤ 施诚一先生提供了此件船形银铤的原照,使我得以重做释读,特此致谢。

于唐进奉银铤的行文；再者释为"崔沆进"后，崔沆成为一个人名。此件度牒银后来出现于北京诚轩拍卖有限公司2008年钱币春拍之中，编号1245，其拍品介绍说："根据《[康熙]永州府志》卷七记载，崔沆在唐宪宗元和年间（806—820年）任永州刺史。"如果《[康熙]永州府志》记载无误，崔沆做官时代在9世纪初期，明确记载的任职永州刺史的崔沆是此件度牒银的相关责任人，所以此件度牒银的制作时间也应大致在9世纪初期。释读为崔沆，并据以考出银铤时代，为李晓萍先生认为此为唐晚期铤提供了证据，也进一步说明了唐代即有此类船形银铤。

那么，能否说船形银铤仅仅是唐代之物呢？不能，这一方面是我们并无否定宋代使用船形银锭的充分理由；另一方面还考虑到42号铤"汀州余朗银铤"（图21、22）的存在。铭文"知州孙用"的"知州"是宋朝吸收了唐末藩镇割据的教训，委派文职京官为州一级的地方行政长官，称"权知某军州事"，简称"知州"；铭文"通判朱正彝"的"通判"也是宋初开始设于州、府的地方长官副职，有监督知州之职能，一切州事须知州、通判联合签署方为有效。所以从古代职官制度说，唐、五代并无此两个官职，出现知州、通判官称的船形银铤应是宋代银铤。又1959年5月内蒙古巴林左旗白音沟乡古井子村出土了两枚银铤，其一为平板平头束腰形银铤，正面刻有"荆南军资库元祐四年，兴龙节银每铤□拾两，司录参军监杨"。兴龙节是北宋哲宗的寿诞节日，所以这枚铤为北宋物。同出的另一枚银铤为"板凳银铤"，其形态"两端平直，中间束腰。另外，其两端部还卷曲垂下，呈板凳形，铤的边缘也呈翻卷沿，属浇铸成形。长14、两端宽8.5、腰宽5、两端高5厘米，重2050克，无鏨文。据其形制应断为北宋铤"[1]。发现这两枚银铤的巴林左旗白音沟乡古井子村距原辽上京临潢府遗址25公里。918年契丹人在今赤峰市巴林左旗林东镇南建立了辽上京都城，1120年被金攻占。这一地区出现北宋遗物应与当年辽金对北宋的劫掠、索求岁贡相关。此枚"板凳银铤"据文字描述和原文所附图看，即是船形银铤。这也为北宋时期船形银铤仍有使用提供了佐证。

因此，可以说船形银铤是产生于唐代，至五代、北宋仍在使用的一种白银货币。

### 三、船形银铤的形制

关于重量。船形银铤是一种白银称量货币，需称重行用，而非计枚行使，故浇铸时并无准确的标准重量要求，但是我们仍有必要了解船形银铤的大致重量情况。经对42枚银铤重量情况统计，船形银铤重量分布情况如下：

1800克以上：2、3、4、5、6、12、14、17、19、20、21、23、24、25、26、27、29、30、34、35、36、39、40、42号（另有被截的一些银铤，估计如未被截取时，重量也应在此范围的有10、11、13、15、16号）。1500—1800克：1、9、18、22、28、31、32、33号。1200—1500克：7号。900—1200克：41号。750—900克：8、37、38号。

从统计看，1800克以上的银铤占到了29枚，达总数的69%，而重量略低的第二档，也有

---

① 王未想《辽上京临潢府及其附近发现的银铤概说》，《内蒙钱币专刊》1996年2期。

8枚之多；从出土看，它们又是与第一档银铤混合在一起共出的，只是略有减重而已，这两档加起来达37枚，达总数的88%。重量低于1500克的其他银铤则仅有5枚，占总数的12%。所以可以这样说，船形银铤一般制作为1800克左右的大铤，相当或相近于当时五十两的重量；另750—900克的3铤分别重873克、750克、760克，接近大铤之半，可能这些"中铤"有铸为约"五十两之半"银铤的考虑。

关于形态。船形银铤的形态应是本文开始就明确的：下部为板状、平头、弧腰，两头向上起翼，翼高而薄的形态。随时代、地点的不同，以及银匠铸模、倾倒手法、定型后是否加工的不同，船形银铤的形态又有所差异。差异主要表现在铤的宽度、腰的弧度和翼的高度（图23）。就五十两左右的大铤而言，大多长度在180—200毫米左右（25号铤公布的长度疑有误），宽度在100—110毫米左右（也有很窄的，如36号铤等），高度在60—70毫米左右，也有个别高的，如4号铤高达110毫米。一些翼高的多较薄，往往使用、携带不便，双翼被弯曲，成为有些人称作的"卷腿"、"卷足"银铤。船形银铤双翼高耸导致存放、携带不便，又使制作复杂化，久而久之，制作者逐渐简化掉了起翼的操作环节，银铤向底板略厚、平头、束腰、无翼的形态转变，8号铤应是由前者向后者转化中的银铤。

## 四、船形银铤的使用

从前面所举三项明确的出土发现和大量出土于西安的情况来看，船形银铤的使用主要在唐代，特别是唐晚期。因为通过对35号银铤崔沆其人的考订，大致可定为唐晚期；同时，还要考虑同时代其他形态白银货币的行使。白银在唐代方才成为货币，但只用于大额支付、贮藏等功能，初为货币的白银尚无很规范的货币形态。现在来看，主要的形态有三种——唐代银饼、笏形银铤、船形银铤。唐代银饼的使用时间基本是唐代中期[①]，笏形银铤制作时间是唐代的中期至晚期[②]。唐代银饼和笏形银铤是直接由制作器饰的坯料银饼、银铤演变而来，船形银铤则脱离了坯料的形态，具有较为特殊、张扬的形态，制作也较为复杂，应是为"货币"性白银特地制作的。故推测船形银铤行用时间要稍晚于前二者，它应是产生、行用于唐晚期，后一直沿用至北宋前期。在我们的推断中，笏形银铤和船形银铤都曾使用于唐晚期，有一项出土发现可作此佐证。1990年4月，山西繁峙县曾发现一批唐代金银器，从出土报告所附照片看，其中即有笏形银铤四件（"每块约重2千克"）和船形银铤一件。同出的一件鎏金大银碗口沿刻"诸道盐铁转运等使臣高骈进"，一件圆盘上有"咸通十三年，文思院造一尺二寸银白成盒盘一具……"的铭文，咸通十三年是872年，高骈担任诸道盐铁转运使是在中和二年（882年）正月至五月之间，"这批银器不是同一时间制造的。其时间从872年到882年，前后达10年之久"[③]。

---

①　金德平《唐代银饼考》，《中国钱币》2007年第3期。
②　金德平《唐代笏形银铤考》，载《中国钱币论文集》第五辑，中国金融出版社2010年1月。
③　李裕民、李宏如《繁峙上狼涧村发现一批唐代金银器》，《文物世界》2006年5期。

在一些船形银铤上可以看到明显的切割痕迹,出土报告有以下表述:表中 10 号铤、11 号铤"截断部分",13 号铤"拦腰截半截",15 号铤"少量被截",16 号铤"被截去小半段"。这些切割痕迹是出土发现时的记录,应是当年为支付一定重量的白银货币而出现的情况。反过来说,如果不是为了支付、使用,这些船形银铤不会被费力地切割凿断。出现切割现象的这 5 枚银铤分别出土于今浙江长兴县、陕西蓝田县和江苏镇江市,说明船形银铤的切割现象不是个别的,可能带有一定的普遍性。因此说船形银铤是一种正式的白银称量货币银铤,使用中常有被切割的情况。

从唐代银饼、笏形银铤、船形银铤的存世数量看,据笔者统计,见于著录的银饼共 25 枚①,银饼上大多有文字,多为官府的贡银和库银;见于著录的笏形银铤有凿刻文字的共 18 枚②,亦多为官府的贡银和库银;另有镇江出土的无凿刻文字的 20 枚(两枚有墨书),它们出土于大批未经使用的银器旁,是货币还是制作银器的坯料尚待考察。本文所列有据可查的船形银铤共 42 枚,其中 3 枚从刻字看为地方进奉的官银,其他 39 枚无文字(个别有"田"字者,疑"田"仅与制作的银铺或匠人有关)。这种情况与银饼、笏形银铤差别很大,似是说明船形银铤的主要作用并非是官府的贡银和库银,而是已被民间用作大额支付的白银货币。在以上的几个统计数字中,船形银铤的数量虽略高于银饼、笏形银铤,但是估计当年行用和当今留存于世的船形银铤数量应远远高于银饼、笏形银铤。作者曾在多处见到未经著录的船形银铤实物和照片,但因船形银铤多无文字,研究价值不高,故多不见诸论著之中,因而也难于被统计。

以上通过对已知船形银铤材料的收集、整理和分析,认为船形银铤产生并主要行用于唐晚期,沿用至五代、北宋前期的一种白银货币形态;船形银铤一般为重五十两左右的大铤和约大铤之半的中铤;船形银铤常有被切割使用的情况;船形银铤主要作用并非官府的贡银和库银,而是已被民间用作大额支付和贮存的白银货币。

(本文原载《中国钱币》2008 年第 3 期)

补记:笔者于 2011 年 11 月参观国家博物馆钱币展览时,见到展柜中的一件建安军船形银铤(图 24),此件为真品无疑。铤侧凿有"建安军"等文字,展览说明牌是"建安军权务方槽银锭 南宋",这说明文字有些问题:"权务"似应释读为"榷务";宋代一般称"银铤"不称"银锭";方槽多指明代以后的某类银锭,此展品的银锭类型应为船形银铤。值得注意的是此铤的断代,此铤是与建安军相关的物品,建安军是北宋乾德二年(964 年)建置,治所在今江苏仪征市,大中祥符六年(1013 年)建安军升为真州。所以建安军只在北宋前期存在了 50 年,故这件船形银铤应是北宋前期物品,而不是南宋物。此铤也为本文前面所说,船形银铤"一直沿用至北宋前期"提供了又一佐证。

① 金德平《唐代银饼考》,《中国钱币》2007 年第 3 期。
② 金德平《唐代笏形银铤考》,载《中国钱币论文集》第五辑,中国金融出版社 2010 年 1 月。

# 北宋银铤考

宋代白银货币的使用比唐代有了较大的发展,使用数量加大,国内政府的税收、开支、民间的宝藏和大额支付、国际贸易交往等,都广泛使用了白银,但是对于宋代白银货币形态、文字、制作等诸方面的特点目前尚缺乏较深入的探讨。对我国历史上这一时段白银使用的探索,不但应包括北宋、南宋,还应包括同时期的、较多地使用白银的金代。本文仅就北宋时期的银铤加以考察。

白银货币属称量货币,历来多为民间分散制作,缺少统一的规范,故而今天难以找到北宋银铤的制作规范,也难以找到那时民间分散制作的文字记录。所以利用文献记录考察北宋银铤几乎没有可能,只能收集其时的实物,通过实物整理、归纳,以分析出北宋银铤的诸项特征,因此银铤实物的收集即成为考察的基础。北宋银铤相对于南宋银铤、金代银铤而言,发现数量要少得多。对北宋时期银铤的研究第一步必须首先收集历年发表、公布的银铤的出土、发现消息,从这些材料中甄别出哪些是北宋时期的银铤,依据此才能归纳了解北宋银铤的形态特点和其他信息。

## 一、北宋银铤的出土发现和考订

### 1. 福州同天节银铤

1958 年春季,内蒙古昭乌达盟巴林左旗毛布力格村附近出土了五件银铤[①],出土这批银铤的地点是在毛布力格村旁的山坡上,可能是一处窖藏。这五件银铤皆刻有文字。其中一枚银铤正面刻有"福州进奉同天节银伍拾两",宋代将在位皇帝生日定为节日,各冠以不同的节庆名称,同天节为北宋神宗的圣节。此类节日皇亲、百官都要上寿,"文武群臣、方镇州军皆有贡礼","神宗以熙宁元年四月十日为同天节"[②]。宋神宗 1068—1085 年在位,此银铤是此期间福州地方官祝寿用的贡礼,其制作时间必然是北宋。

### 2. 杭州都税院郊禋银银铤

此铤亦出土于内蒙古昭乌达盟巴林左旗毛布力格村附近[③],正面刻有"杭州都税院买发转运衙大观元年郊禋银壹阡两,每挺伍拾两,专秤魏中应等,监,匠"。背面刻"左班殿直监杭

①③　李逸友《内蒙古巴林左旗出土北宋银铤》,《考古》1965 年 12 期。
②　《宋史(第八册)·礼志》2673 页,中华书局 1985 年 6 月。

州都税院郭立"。禋是古代祭天的祭名，郊禋是冬至日天子在京城南郊祭祀上天的重大祭祀典礼，诸路州军要进献金银钱帛助祭。根据铤上文字，大观元年杭州都税院进献的郊禋银多达壹仟两，此铤是进献的银铤之一，大观是北宋徽宗的年号，大观元年即 1107 年。

3. 虔州瑞金县天宁节银铤

此铤也是 1958 年春内蒙古巴林左旗毛布力格村出土五件银铤之一[①]，正面刻有"虔州瑞金县纳到政和四年分奉进天宁节银□□□，本县典书袁，丰银行汤□□□验行银田六田五，专副梁开□等"。天宁节是北宋徽宗的寿诞节名称，"徽宗以十月十日为天宁节"[②]，此铤是北宋政和四年（1114 年）虔州瑞金县进献的祝寿银。

4. 荆南军资库兴龙节银铤

此铤 1959 年 5 月在内蒙古巴林左旗白音沟乡古井村出土（距辽上京城址 25 公里）[③]，正面刻有"荆南军资库元祐四年，兴龙节银每铤伍拾两，司录参军监杨"。兴龙节是北宋哲宗寿诞节，"哲宗即位，诏以太皇太后七月十六日为坤成节。宰臣请以十二月八日为兴龙节。哲宗本七日生，以避僖祖忌，故后一日"[④]。北宋元祐四年即 1089 年，该铤是荆南军资库这一年为兴龙节进奉的。

5. 京西北路天宁节银铤

此铤 1971 年春在内蒙古巴林左旗林东镇东南的辽上京汉城遗址出土[⑤]，正面刻有"京西北路提举学事司，进奉崇宁肆年，天宁节银每铤伍拾两"。此铤与虔州瑞金县所进同为北宋徽宗寿诞天宁节祝寿银，区别只是这枚银铤是由京西北路提举学事司在崇宁四年（1105 年）进献的。

6. 福州折博银银铤

此铤 1985 年 5 月在巴林左旗花加拉嘎乡伙力伙村（距辽上京城址 25 公里）出土[⑥]，正面刻有"王镒，福州绍圣二年，折博银伍十两，专典许特"，背铸阴文"王镒"。宋代在一些地方设有官方的折博务、折博仓，其收取的赋税财物折变为银即为折博银，这枚银铤是北宋哲宗绍圣二年（1095 年）福州官府进奉而来的。王镒可能是铸铤银匠的名字。

7. 英州年额银银铤

此铤也是 1985 年 5 月在巴林左旗花加拉嘎乡伙力伙村出土[⑦]，正面刻有"崇宁四年分年额银伍拾两，专副严面曹伸，行人李诚，将仕郎司户参军监宋一凤"，背面刻"英州年额银"。年额银是地方按"年额上供"的银铤，崇宁四年是北宋徽宗的年号，即 1105 年。

8. 英州军资库银铤

中国财政博物馆收藏。正面刻有"英州军资库，绍圣二年银拾二两[⑧]，匠王平"，背面刻有

① 李逸友《内蒙古巴林左旗出土北宋银铤》，《考古》1965 年 12 期。
② 《宋史·礼志》2674 页，中华书局 1985 年 6 月。
③ 金永田《巴林左旗出土一件北宋银铤》，《中国钱币》1988 年 3 期。
④ 《宋史·礼志》2673 页，中华书局 1985 年 6 月。
⑤⑥⑦ 金永田《内蒙古巴林左旗出土三件宋代银铤》，《内蒙古钱币专刊》总 5 期。
⑧ 李晓萍《元宝收藏与鉴赏》14 页，浙江大学出版社 2006 年 3 月。

"司录参军监杨晏"。绍圣二年为 1095 年,为北宋哲宗年号,故此为北宋铤。

### 9. 邵武军银铤

此铤 1983 年 8 月 12 日出土于内蒙古巴林右旗上石村大营子[①],出土地层距地表 45 公分,其正面刻有"邵武军银□□两,专副朱孛姜,录事参军刘",背面有"朱华"二字。此铤既无北宋年号,又无北宋皇帝特有的圣节名称,定其为北宋物主要是考虑到银铤所刻铭文。据《宋史·地理五》:"邵武军,同下州。太平兴国五年(980 年)以建州邵武县建为军,仍以归化、建宁二县属。"因此此枚邵武军银铤所属时间上限应不早于北宋太平兴国五年;其铤之上又有"专副朱孛姜"的铭文,本文考订为北宋的 1 号铤、3 号铤、7 号铤上也有"专副陈轸"、"专副梁开"、"专副严面曹伸"的铭刻,"专副"应为宋时所设的官职名称。但至北宋末年,"专副"之类的官称即已取消,先是文官正使改称大夫,副使改称郎,接着武官亦改称,"政和末,自从政至迪功郎,又改选人三阶,文阶始备;而武阶亦易正使为大夫,副使为郎"[②]。因此此枚"邵武军"银铤所属时间下限应不晚于政和末年,即此铤是太平兴国五年至政和末年之间的物品,可以判定它是北宋银铤。

### 10. 汀州余朗银铤[③]

此铤是下部为板状、弧腰、平头、两头向上起翼(双翼被弯曲)的船形银铤,银铤上刻有"余朗 汀州 伍拾壹两 知州孙用和通判朱正彝知录谢鉴"等文字。"知州"是宋朝吸收了唐末藩镇割据的教训,委派文职京官为州一级的地方行政长官,称"权知某军州事",简称"知州";"通判"也是宋初开始设于州、府的地方长官副职,有监督知州之职能,一切州事须知州、通判联合签署方为有效。从古代职官制度说,唐、五代并无此两个官职,所以出现知州、通判官称的船形银铤应是宋代银铤。而且史书上还可查到朱正彝其人,《宋史》卷一百九十八朱昂条下,有"朱昂,字举之,其先京兆人……宋初,为衡州录事参军","子正彝、正辞并登进士第"之语,此朱正彝应即是银铤上的汀州通判。因此说,这枚银铤是北宋铤。

以上 10 枚银铤据铤上的铭刻文字知其为北宋时期物,特将相关论著之中对此 10 枚银铤的铭文、重量、尺寸、形态特点、出处、附图图号等内容,整理列于表 1。

表 1

| 编号 | 名称 | 正面文字 | 背面文字 | 重量(克) | 尺寸(毫米) | 形态特点 | 出处 | 图号 |
|---|---|---|---|---|---|---|---|---|
| 1 | 福州同天节银铤 | 郑佑,福州进奉同天节银伍拾两,专副陈轸等,监,匠 |  | 1993 | 140×83～95×33(底面 108×60,面腰 52,腰厚 30) | 两端宽厚平直,束腰式,表面微凹,正面较背面宽大 | 1958 年春内蒙古昭乌达盟巴林左旗毛布力格村 |  |
| 2 | 杭州都税院郊禋银银铤 | 杭州都税院买发转运衙大观元年郊禋银壹阡两,每挺伍拾两,专秤魏中应等,监,匠 | 左班殿直监杭州都税院郭立 | 2000 | 152×90×23(底面 129×70,面腰 53,底腰 45) | 两端宽厚平直,束腰式,表面深凹,正面较背面宽大,已残损为两段 | 1958 年春内蒙古昭乌达盟巴林左旗毛布力格村 |  |

① 韩仁信《内蒙古巴林右旗上石村出土北宋银铤》,《内蒙古钱币专刊》总 6 期。
② 《宋史·职官志》4007 页,中华书局 1985 年 6 月。
③ 见《中国钱币大大辞典·宋辽西夏金编·辽西夏金卷》160 页,中华书局 2005 年 12 月。

| 编号 | 名称 | 正面文字 | 背面文字 | 重量<br>(克) | 尺寸<br>(毫米) | 形态特点 | 出处 | 图号 |
|---|---|---|---|---|---|---|---|---|
| 3 | 虔州瑞金县天宁节银铤 | 虔州瑞金县纳到政和四年分奉进天宁节银□□□,本县典书袁,丰银行汤□□验行银田六田五,专副梁开□等 | | 2003 | 142×87～91×33(底面123×70～72,面腰70,底腰45,腰厚24) | 两端宽厚平直,束腰式,表面微凹,正面较背面宽大,已残损为两段 | 1958年春内蒙古昭乌达盟巴林左旗毛布力格村 | |
| 4 | 荆南军资库兴龙节银铤 | 荆南军资库元祐四年,兴龙节银每铤伍拾两,司录参军监杨 | | 2000 | 140×90(87)×25(底面120×70,面腰71,底腰52) | 两端平直,微束腰式 | 1959年5月内蒙古巴林左旗白音沟乡古井村出土 | |
| 5 | 京西北路天宁节银铤 | 京西北路提举学事司,进奉崇宁四年,天宁节银每铤伍拾两 | | 1950 | 197×84×2～2.5(底面175×60～63,面腰60,底腰33) | 两端圆弧束腰式,表面微凹 | 1971年春内蒙古巴林左旗林东镇东南辽上京汉城遗址出土 | |
| 6 | 福州折博银银铤 | 王镒,福州绍圣二年,折博银伍十两,专典许特 | 背铸阴文"王镒" | 2000 | 135×82～86×25～30(底面114×60～62,面腰53,底腰35) | 两端平直束腰式,表面微凹 | 1985年5月巴林左旗花加拉嘎乡伙力伙村(距辽上京城址25公里)出土 | |
| 7 | 英州年额银银铤 | 崇宁四年分年额银伍拾两,专副严面曹伸,行人李诚,将仕郎司户参军监宋一风 | 英州年额银 | 2000 | 145×87～92×22～27(底面120×64,面腰74,底腰52) | 两端平直腰微束,右上角有一马蹄状斜洞(15×12) | 1985年5月巴林左旗花加拉嘎乡伙力伙村(距辽上京城址25公里)出土 | |
| 8 | 英州军资库银铤 | 英州军资库,绍圣二年银拾二两,匠王平 | 司录参军监杨晏 | | 83×52(33)×28 | | 中国财政博物馆收藏 | |
| 9 | 邵武军银铤 | 邵武军银□拾两,专副朱字姜录事参军刘 | 朱华 | 2001,一侧面有"补量"银楔 | 145×85×91(底面142×73,面腰60,底腰55) | 两端呈平齐状,中间为束腰形。正面不甚平整,棱角不够整齐,在长边束腰部位稍下的边棱,有向上凸起并往里翻卷的现象,表面色泽不泛银白 | 1983年8月12日内蒙古巴林右旗上石村大营子,距地表45公分深处出土 | |
| 10 | 汀州余朗银铤 | 余朗 汀州 伍拾壹两 知州孙用和通判朱正彝知录谢鉴 | | 2095.8 | 160×(46)×(28) | | 见《中国钱币大辞典·宋辽西夏金编》160页 | 图21<br>图22 |

注:尺寸列第一铤140×83～95×33之140为铤面长,83～95为铤面不同部位的宽,33为高。其他类推即可。

福州同天节银铤

杭州都税院银铤

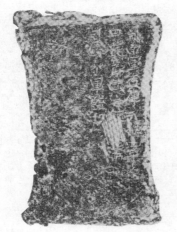

荆南军资库兴龙节银铤

京西北路天宁节银铤

福州折博银银铤

英州年额银银铤

通过公布的材料和图片,可以观察、分析这些北宋银铤的形态类型和特征。在 10 枚银铤中,有两枚具有与大多数银铤不同的形态,其第 5 枚京西北路天宁节银铤是圆头束腰型,两端不是微有弧度,而是弧度很大,近于半圆形;其第 10 枚汀州余朗银铤下部为板状、平头、弧腰,两头向上起翼。其他 8 枚银铤特征则较为相似,多是板状、两端平直、中间束腰、总体宽厚,铤面略有冷凝形成的凹形,铤面较铤背宽大,制作略显粗糙。可以认为这 8 枚银铤的形状特点应是北宋银铤的主流形态、典型形态,此类形态在北宋之前和北宋之后的银锭中基本未见到。这种平头束腰形态的北宋银铤应是由船形银铤发展而来。此 8 枚银铤中第 4、第 7 铤形状又略有区别,铤面较宽,腰部也较宽,制作相对粗率,其他 6 枚则更显典型、一致。

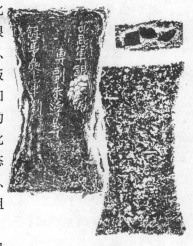

邵武军银铤

至于第 5 枚圆头束腰型和第 10 枚弧腰、平头、两头向上起翼的银铤是个别、偶然的形态,还是属于北宋时期银铤的另两种类型呢?笔者认为第 10 枚汀州余朗银铤实际是船形银铤,同样形态的银铤还曾与第 4 枚荆南军资库兴龙节银铤同出[①],北宋的船形银铤应是前代银铤类型的延续。笔者在另一文《船形银铤考》中说过"船形银铤是产生于唐代,至五代、北宋仍有使用的一种白银货币"[②]。另一种圆头束腰型银铤可能也不是个别、偶然的形态。王未想先生在《辽上京临潢府及其附近发现的银铤概说》[③]一文中谈到,他们曾对巴林左旗一带出土后流散的银铤做过一些调查:"本旗一些年纪大的老农民,对银铤出土传闻较多。称其形状为'拨锤宝、鞋底银'等。"又述及"1967 年 5 月 1 日,小辛庄农民刘树生、张汉祥、胡玉芳给小队打墙时,在上京汉城发现过银铤两件,呈鞋底形"(王文对京西北路天宁节银铤形状的描述即为"略呈鞋底形,其两端半圆,中间束腰")。可以初步认定,虽然目前我们能见到的圆头束腰型银铤仅一件,但它可能代表着一种类型。

10 枚北宋银铤的形态有所区别的原因可以这样理解:由于时间和地域跨度大、民间银铺分散制作,造成了银铤形态的不统一,制作技术亦显粗疏。故北宋存在着平头束腰型银铤、圆头束腰型银铤、船形银铤等形态。但此时期,银铤是在向便于存放、携带方向发展,已有了约定成俗的板状平头束腰型主流形态。

至今发现、公布的北宋银铤数量不大,但除了以上 10 枚之外,还存在一些单从铭文看不出具体年代的北宋银铤,这就可以借助以上得出的北宋银铤的主流形态特点来分析,从而认为还有一些银铤应列入北宋银铤之中,但为慎重起见,特将之列为北宋银铤的参考品,兹将这些北宋银铤参考品分述如下。

①③　王未想《辽上京临潢府及其附近发现的银铤概说》(《内蒙钱币专刊》1996 年第 2 期)同出船形银铤形态,"两端平直,中间束腰。另外,其两端部还卷曲垂下,呈板凳形,铤的边缘也呈翻卷沿,属浇铸成形。长 14、两端宽 8.5、腰宽 5、两端高 5 厘米,重 2050 克,无錾文。据其形制应断为北宋铤"。

②　达津《船形银铤考》,《中国钱币》2008 年 3 期。

11. 潭州刘阳县永兴银场进奉银银铤

此铤也是 1958 年春与第 1、2、3 铤同出于内蒙古巴林左旗毛布力格村[①]，正面刻有"监银□阮，监镣□唐"，背面刻"潭州刘阳县永兴银场□□□进奉银伍拾两"（左侧铭文"专知王钊"）。出土报道对其形态描述为："两端宽厚平直，束腰式，表面略凹，表面较背面宽大，已残损为两段。"形制为前述北宋银铤的主流形态。

12. 信州铅山场银铤

此铤与第 1、2、3、11 铤同出[②]。正面刻有"信州银伍拾"，背面铸大字"铅山场"，刻"郑渐"。其形态被描述为："两端宽厚平直，束腰式。"11、12 号铤与明确为北宋时代的第 1、2、3 铤同出，且形制特征相似，故应列为北宋铤。

13. 潭州酒务银银铤

此铤 1974 年内蒙古辽上京汉城址出土[③]，正面刻有"潭州酒务抵当所准提举司指挥支常平坊场积剩钱买到银壹铤【伍拾】两，专称库蔚明等，行人李经，官"等字。其形态为"两端平直，中部束腰"。

14. 尉氏直首无铭文银铤（2 枚）

1980 年河南尉氏城内军犯街出土[④]。正背素面无文字。出土的形态说明为："直首束腰……束腰处较窄，面大背小。"亦为北宋银铤参考品。

15. 南剑州银锭

1987 年 5 月新疆哈日布呼古城出土[⑤]，正面素面无文字，背铸"南剑州"三字。形态为平首束腰，正面较背面宽大，正面形态略似前述之第 4、7 铤。

16. 姜堰平头无铭文银铤（4 枚）

1999 年 12 月 29 日江苏省姜堰市三里泽村出土[⑥]。正背素面无文字。四铤系用同一范具浇铸而成，皆两端平头，束腰，合于北宋银铤主要区别性特点。

17. 怀安军金堂县免夫钱银铤（图 25）

原载 1944 年美国钱币学会《钱币杂志》[⑦]。正面刻有"怀安军金堂县免夫钱折纳银每铤重伍拾两"。形态为两端平直，束腰。

18. 连州元鱼场二年上供银银铤（图 26、27）

据说出自冀东的卢龙一带[⑧]。正面刻有"连州元鱼场买到二年，（钱）上供银伍拾两，专知官唐荦"。其形态为束腰、两端平直的线版式，一端有冲凿验孔一。

19. 角面并全银铤（图 28、29）

中国钱币博物馆藏。正面刻有"监，角面并全，权通判军事叶□，军事推官□□，司户参

①② 李逸友《内蒙古巴林左旗出土北宋银铤》，《考古》1965 年 12 期。
③ 项春松《内蒙古赤峰发现的五件宋代银铤》，《文物》1986 年 5 期。
④ 驻马店钱币学会《河南省出土银铤研究》，《中州钱币》总 7 期。
⑤ 韩雪昆《新疆博州出土的两件宋代银铤》，《中国钱币》1992 年 3 期。
⑥ 窦亚平《江苏姜堰三里泽出土的银铤》，《中国钱币》2005 年 3 期。
⑦ 见李晓萍《元宝收藏与鉴赏》16 页，浙江大学出版社 2006 年 3 月。
⑧ 王雪农、赵全明《"连州上供银伍拾两"银铤》，《中国钱币》1998 年 1 期。

军□□,行人黄十八,范三十九"。外形特点是两端平直,束腰,面大背小,面微凹,周边略有波纹,制作较粗。

以下特将这 9 项北宋银铤的参考品用表 2 列出。

表 2

| 编号 | 名称 | 正面文字 | 背面文字 | 重量(克) | 尺寸(毫米) | 形态特点 | 出处 | 图号 |
|---|---|---|---|---|---|---|---|---|
| 11 | 潭州刘阳县永兴银场进奉银银铤 | 监银□阮,监铸□唐 | 潭州刘阳县永兴银场□□□进奉银伍拾两(左侧铭文为:"专知王钊") | 2006.25 | 145×85～87×26(底面 123×66～68,面腰 56,底腰 45,腰厚 22) | 两端宽厚平直,束腰式,表面略凹,表面较背面宽大,已残损为两段 | 1958 年春内蒙古昭乌达盟巴林左旗毛布力格村 | |
| 12 | 信州铅山场银铤 | 信州银伍拾 | 铅山场,郑渐 | 2006.25 | 147×92×20(底面 133×75～68,面腰 70,底腰 57,腰厚 19) | 两端宽厚平直,束腰式,表面略平 | 1958 年春内蒙古昭乌达盟巴林左旗毛布力格村 | |
| 13 | 潭州酒务银银铤 | 潭州酒务抵当所准提举司指挥支常平坊场积剩钱买到银壹铤伍拾两,专称库蔚明等,行人李经,官 | | 2002 | 长 140,最宽处 100,腰宽 60,厚 23 | 整体长条形,两端平直,中部束腰,表面微凹,周沿起突棱 | 1974 年内蒙古辽上京汉城址出土 | |
| 14 | 尉氏直首无铭文银铤(2枚) | | | 1958,1956 | (1)长 145,面宽 100,底宽 94.9,厚 22.3～23.6。(2)长 144.3,面宽 99.8,底宽 94.4,厚 22.1～23.7 | 直首束腰,面较平,有渣瘤状物,无波纹,无蜂窝状气孔,束腰处较窄,面大背小 | 1980 年河南尉氏城内军犯街出土 | |
| 15 | 南剑州银锭 | | 南剑州 | 1850 | 正面长 140,两端分别宽 100 和 80,腰宽 50;背面长 115;端宽 77,腰宽 42;厚 20 | 平首束腰,正面周缘起棱,布面平直,布满蜂窝状气孔 | 1987 年 5 月新疆哈日布呼古城出土 | |
| 16 | 姜堰平头无铭文银铤(4枚) | | | 2080×2,2085×2 | 正面长 160,端宽 80,腰宽 55;背面长 146,端宽 65,腰宽 45;厚 24 | 四铤系用同一范具浇铸而成,皆两端平头,束腰,面略凹,背很平整,密集分布蜂窝状气孔 | 1999 年 12 月 29 日江苏省姜堰市三里泽村出土 | |
| 17 | 怀安军金堂县免夫钱银铤 | 怀安军金堂县免夫钱折纳银每铤重伍拾两 | | | | 两端平直,束腰,面微凹,周边有波纹 | 原载 1944 年美国钱币学会《钱币杂志》 | 图 25 |
| 18 | 连州元鱼场二年上供银银铤 | 连州元鱼场买到二年,(钱)上供银伍拾两,专知官唐莘 | 始字号,匠人廖昌 | 1977 | 140×91(底面 117×69,面腰 62.5,底腰 49)厚 19.5～26.5,大略两端比中间厚 | 束腰、两端平直的线版式,面微凹,一端有冲凿验孔一,深不透背,一角有切削痕迹 | 据说出自冀东的卢龙一带 | 图 26图 27 |

| 编号 | 名称 | 正面文字 | 背面文字 | 重量（克） | 尺寸（毫米） | 形态特点 | 出处 | 图号 |
|---|---|---|---|---|---|---|---|---|
| 19 | 角面并全银铤 | 监,角面并全,权通判军事叶□,军事推官□□,司户参军□□,行人黄十八,范三十九 | | 1968.2 | 面长 135,面宽 80,腰宽 55,高 28,底长 110,底宽 58 | 两端平直,束腰,面大背小,面微凹,周边略有波纹,制作较粗 | 中国钱币博物馆藏 | 图 28 图 29 |

　　以往对于北宋银铤多是零散的出土发现报道,或限于简略的一带而过的说明,因此,很有必要集中以上北宋银铤资料,对其进行多方面的综合分析,以加深对北宋银铤的认知。

信州铅山场银铤正面

信州铅山场银铤背面

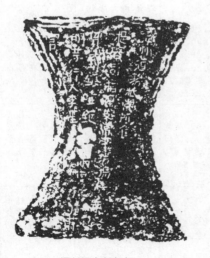

潭州酒务银银铤 1

潭州酒务银银铤 2

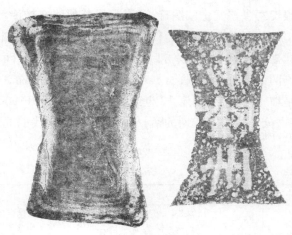

南剑州银铤

## 二、北宋银铤的重量和尺寸

从表 1 和表 2 可见,在 19 项共 23 枚银铤中,银铤本身文字注明重量的有 14 项 14 枚,能得知实测重量的有 17 项 21 枚:

1. 伍拾两 (1993 克);2. 伍拾两 (2000 克);3. (2003 克);4. 伍拾两 (2000 克);5. 伍拾两 (1950 克);6. 伍十两 (1993 克);7. 伍拾两 (2000 克);8. 拾二两;9. □拾两 (2001 克);10. 伍拾壹两 (2095.8 克);11. 伍拾两 (2006.25 克);12. 伍拾两 (2006.25 克);13. 伍拾两 (2002 克);14. (1958 克、1956 克);15. (1850 克);16. (2080 克×2,2085 克×2);17. 伍拾两;18. 伍拾两 (1977 克);19. (1968.2 克)。

除第 5、第 10 铤,就平头束腰北宋铤而言,铭有重量的 12 个银铤中,仅有 1 个为十二两铤,有 11 个为五十两铤,另 5 项 9 枚未铭重量者,实测重量在 1850—2080 克之间,也属五十两类型的大铤(宋代 1 斤约为 640 克,1 两约为 40 克)。所以根据目前发现的材料而言,北宋银铤基本上都是五十两的大铤,各铤大多重量在 2000 克上下。应该说此时这类大铤的斤两是比较足的,在第 9 铤的一侧还可看到三块捶入银铤的"补量"银楔,应是为补足重量而在铸成后补入的。

平头束腰大铤的长、宽、高尺寸并无统一、标准的规格,检视它们的制作数据又可看到这些银铤有着大致的尺寸范围,其铤面长度在 135—160 毫米之间,以 145 毫米左右为多;其铤面最宽处宽度在 80—100 毫米之间,以 85—90 毫米左右为多;厚度多在 20—30 毫米之间。

## 三、北宋银铤的制作时间、铸造地点、出土发现地区

### 1. 银铤制作时间

银铤制作时间较为明确的集中在前 9 枚银铤之中,查询典型的北宋平头束腰银铤的制作时间(除去第 5、第 10 铤),时间清晰的有 6 枚,分布在 1089—1114 年这不长的 25 年中。

另 2 枚的时间并非是银锭本身铭文记载明确,而是根据其他铭文推测的制作时间段,而非制作的时间点。其中第 1 锭的时间跨度不长,1068—1085 年基本与那 6 枚的时间相衔接,另外的第 9 枚因以邵武军建立时间至副使改称郎时间定其时间段,故时间跨度过长,980—1117 年的时段很难判断此锭的制作时间。因此,据现有材料,目前只能说平头束腰类型的北宋银锭其主要的制作时间是在 11 世纪后期至 12 世纪初期,北宋建立于 960 年,灭亡于 1126 年,历时近 150 年,如果将之分为早中晚三期的话,目前明确知道年代的北宋典型银锭基本都是北宋晚期物。

**表 3**

| 编号 | 名称 | 制作年代 | 铸造地点 | 发现地点 |
|---|---|---|---|---|
| 1 | 福州同天节银锭 | 1068—1085 | 福州,宋福建路治所,位置在今福州福建市闽县,《元和志》卷 29 福州:"因州西北福山为名" | 内蒙古昭乌达盟巴林左旗毛布力格村 |
| 2 | 杭州都税院郊禋银银锭 | 1107 | 杭州,为北宋两浙路治所 | 同上 |
| 3 | 虔州瑞金县天宁节银银锭 | 1114 | 虔州,治所在今江西赣州市,南宋绍兴二十三年,改名赣州 | 同上 |
| 4 | 荆南军资库兴龙节银锭 | 1089 | 荆南,原为唐、五代方镇名,治所在荆州(今湖北省荆沙市故江陵县城) | 内蒙古巴林左旗白音沟乡古井村出土 |
| 5 | 京西北路天宁节银锭 | 1105 | 京西北路,北宋熙宁五年分京西路北部地置,治所在河南府(今河南洛阳) | 内蒙古巴林左旗林东镇东南辽上京汉城遗址出土 |
| 6 | 福州折博银银锭 | 1095 | 同第 1 锭 | 内蒙古巴林左旗花加拉嘎乡伙力伙村(距辽上京城址 25 公里)出土 |
| 7 | 英州年额银银锭 | 1105 | 英州,治所在浈阳县(今广东英德市),北宋宣和二年改称真阳郡 | 同上 |
| 8 | 英州军资库银锭 | 1095 | 同上 | |
| 9 | 邵武军银锭 | 980—1117 | 邵武军,北宋太平兴国五年以建州邵武县升为邵武军,治所在邵武县(今福建邵武市) | 内蒙古巴林右旗上石村大营子 |
| 10 | 汀州余朗银锭 | | 汀州,治所在长汀县(今福建长汀县) | |
| 11 | 潭州刘阳县永兴银场进奉银银锭 | | 潭州,治所在长沙(今湖南长沙市),浏阳县为其属县 | 内蒙古昭乌达盟巴林左旗毛布力格村 |
| 12 | 信州铅山场银锭 | | 信州,治所在上饶县(今江西上饶市西北) | 内蒙古昭乌达盟巴林左旗毛布力格村 |
| 13 | 潭州酒务银银锭 | | 同第 12 锭 | 内蒙古辽上京汉城址出土 |
| 14 | 尉氏直首无铭文银锭(2 枚) | | | 河南尉氏城内军犯街出土 |
| 15 | 南剑州银锭 | | 南剑州,北宋太平兴国四年置,治所在剑浦县(今福建南平市),宋时有银场十多处 | 新疆哈日布呼古城出土 |
| 16 | 姜堰平头无铭文银锭(4 枚) | | | 江苏省姜堰市三里泽村出土 |
| 17 | 怀安军金堂县免夫钱银锭 | | 怀安军,北宋乾德五年置,治所在金水县(今四川金堂县) | |
| 18 | 连州元鱼场二年上供银银锭 | | 连州,治所在桂阳县(今广东连州市) | 据说出自冀东的卢龙一带 |
| 19 | 角面并全银锭 | | | |

2. 银锭的制作地区

在 19 项银锭所铭文字内，可考出制作地的有 16 项。这些地区是：福州(1、6)、杭州(2)、虔州(3)、荆南(4)、京西北路(5)、英州(7、8)、连州(18)、邵武军(9)、汀州(10)、潭州(11、13)、信州(12)、南剑州(15)、怀安军(17)，共计 13 个地区。

在《宋史·地理志》中列有宋代 99 处银矿，它们分布于：唐州、秦州、凤州、陇州、越州、处州、信州、虔州、建昌军、潭州、衡州、郴州、桂阳监、福州、建州、南剑州、汀州、漳州、邵武军、广州、韶州、循州、潮州、连州、端州、康州、梅州、英州、惠州、贺州、宜州、高州等 32 处州府军监[1]。

经对比铸造银锭地区与出产银矿地区，竟发现在 13 个铸造银锭地区中有 9 个位于产银区，另外 4 个铸造银锭地区则不在产银地区，这说明北宋时期白银货币的使用尚不广泛，其生产制作受白银产地的影响还较大。这种情况与南宋和金朝大量使用白银货币，白银货币在流通使用之中被各地银铺落炉重铸，以至多显现不出银锭与白银产地间联系的情况明显不同。

3. 银锭发现地点

从表 3 银锭出土地点看，19 项中有出土发现地点的是 14 项，在这 14 项中出土发现于内蒙古的即占 11 项！而且它们被发现时期较早(多为上世纪 50 至 70 年代，最晚发现于 1985 年)，多经文博部门人员考察报道，现保存于文博部门。故内蒙古出土发现的这些北宋银锭资料价值高，是我们考证、了解北宋白银货币情况的基础。

为何今天在当时广博的北宋疆域很少见到北宋银锭的出土，反而北宋银锭多出于当时异族统治的地区？要搞清这一问题，需注意所出土银锭的制作时代和出土银锭的具体地点。在内蒙古出土的北宋银锭集中出于巴林左旗毛布力格村、巴林左旗白音沟乡古井村、巴林左旗林东镇东南辽上京汉城遗址、巴林左旗花加拉嘎乡伙力伙村、巴林右旗上石村大营子等几处，这些地点都与辽国的上京相关。

据《辽史·兵卫志下》："辽建五京……太祖建皇都于临潢府。太宗定晋，晋主石敬瑭来献十六城，乃定四京，改皇都为上京。有丁一十六万七千二百。"又《辽史·地理志》："上京临潢府……神册三年城之，名曰皇都。天显十三年，更名上京，府曰临潢……户三万六千五百，辖军、府、州、城二十五，统县十。"当时此处是辽太祖建都之所，上京一带曾非常重要、繁荣。

巴林左旗毛布力格村位于距辽上京南 35 公里处，巴林左旗白音沟乡古井村位于距辽上京东 25 公里处，巴林左旗林东镇东南辽上京汉城遗址，其地本身就是辽上京临潢府所在地，巴林左旗花加拉嘎乡伙力伙村位于距辽上京北 25 公里处，巴林右旗上石村大营子位于距辽上京西南 51 公里处，这些地点都是在辽国的上京临潢府附近。辽上京临潢府在 1120 年被金国所占领，但出土的北宋银锭的年代都在此之前，所以，它们是北宋流入辽国的银锭，而与金国并无直接的关系。北宋在"澶渊之盟"后，自 1005 年起向辽国每年输送岁币银 10 万两

① 参阅王菱菱《宋代矿冶业研究》16 页，河北大学出版社 2005 年 1 月。

（1043 年起又增至 20 万两），北宋交付的这些岁币银有的来自宋辽边境榷场贸易所得，有的来自"内帑"和国库，这些"内帑"和国库银铤源于北宋各地的进奉、税收，这就是北宋银铤流入内蒙古地区，并在当代不断有所发现的原因。

## 四、所见北宋银铤的性质和用途

上述所见到的北宋银铤数量不大，又多为交与辽国的岁币银，故无法全面反映北宋银铤的性质和用途，仅就目前所见的这些银铤上的文字看，这些银铤基本都是官铤，而铤上无文字者或文字过于简单者其性质和用途则难判断。

这些官铤用途又有所区别。有的是各地州军为皇家祝寿进献的祝寿银（第 1、3、4、5铤）；有的是各地官府的税银，其中许多是以税钱、赋课折买为白银而来（第 2、6、7、11、17、18铤）；也有的是军资银（第 8 铤）；有的是以地方掌握的常平钱折买的（第 13 铤）；还有的从铭文上看不出用途，但却注明经办官员职务、姓名，故此也应归入官银之内（第 9、10、19 铤）。

北宋官铤的铭文很不规范，个体之间差别较大。但检点这些官铤的铭文，综合分析其总体内容，可了解，这些铭文的内容基本分两部分，前一部分是解说此银铤的性质，包括银铤上交地——所交银铤所属进献和税收种类和年份——所交银铤重量；后一部分是解说此一银铤的相关责任人。如第 7 铤英州年额银银铤之"崇宁四年分年额银伍拾两"，即是将年份、税种、银铤重量交代清楚，背面"英州年额银"则点明上交地。"专副严面曹伸，行人李诚，将仕郎司户参军监宋一风"则是相关责任人。

前一部分对银铤的解说与唐代官铤差别不大，但后一部分对相关责任人的表述则有较大差别。如 1970 年春洛阳隋唐宫城遗址出土的"天宝十二载杨国忠进安边郡和市银"中，责任人是"专知采市银使右相兼文部尚书臣杨国忠进"和"专知官监太守宁远将军守左司卿率府副率 充横野军营田等使赐紫金鱼袋郭子昂"，以此类为常见，多为上交银铤地方或部门的长官，可以说是欲使皇帝和上级官员记住的进献人。个别银铤虽也有具体办事人员列名的情况，但不多见，而北宋铤上少见主要官员列名银铤之上者，列名的都是具体办事人员。

而且北宋银铤具体办事人员责任分工细化，唐代官铤上即使个别有具体办事人员也仅限于专知官、匠人，如："专知官乐平县尉卢枳 典程晟匠张洽"（见中国钱币博物馆收藏鄱阳郡采银丁课银铤），北宋银铤则有专门负责此官铤事务的专知官："专知官唐莘"（第 18 铤）、"专副陈轸"（第 1 铤）、"专副朱孛姜"（第 10 铤）；有监督办理此事的监督人员："将仕郎司户参军监宋一风"（第 7 铤）、"司录参军监杨"（第 4 铤），有的还进一步分工，"监银□阮，监镕□唐"（第 11 铤）；有检验银铤成色质量的，"验行银田六田五"（第 3 铤）、"行人李经"（第 13铤）；有专门称量银铤重量的，"专秤魏中应"（第 2 铤）、"专称库蔚明"（第 13 铤）；还有铸做此银铤的银匠，匠王平（第 8 铤）、匠人廖昌（第 18 铤）。以上这些分工名目显示了各负其责的责任人，有利于保证银铤的质量，方便于出现问题时的责任追究。北宋银铤上所镌责任人的变化显示了对银铤制作质量的重视。

银铤文字中表现出的一些信息也是值得重视的。银铤多是官府以钱买来，即是将铜钱折变为价值高、便于携带的白银上交,如第 2 铤"杭州都税院买发转运衙大观元年郊禋银壹阡两",第 13 铤"潭州酒务抵当所准提举司指挥支常平坊场积剩钱买到银壹铤伍拾两",第 18 铤"连州元鱼场买到二年上供银伍拾两"。

购买银铤时,要对所购银铤加以检查,第 19 铤"角面并全"应是对银铤外形的检查,所铭"行人黄十八,范三十九"的"行人"是负责对银铤成色、质量做检查的人。

"行人"一词在唐代的笏形银铤、银饼,以及稍后的船形银铤上都未曾见到,直至北宋的白银货币上方才见有铭刻。唐刚卯先生曾考证过唐宋时的"行人"的身份,认为:"'行人'来源于官府组织的用以供应官物的商人组织——行,由商人充当。但行铺商人一旦充当'行人'便具有一定的官方身份,承担辅佐官府进行商务活动或商业管理的责任和义务。"[1]"行人"身份姓名刻于银铤之上,是在官府购买银铤时,起到协助、检验的作用。一旦其后银铤质量发现问题,可以追究行人的责任。

## 五、北宋银铤文字制作的特点

北宋银铤除具有其典型形态外,还具有一些其他的制作特点。

银铤背面出现铸成的文字。在这些平头束腰的北宋银铤中,可以发现有的背部出现了铸成的阴文,如第 6 铤铤背的"王镒",第 12 铤铤背的"铅山场",第 15 铤铤背的"南剑州"等,以前的其他银铤虽有背面有字的,但字都是凿刻而成,银铤铸字应是始于北宋。这些字字体宽大,字痕较深,标示着制作银铤的人或地点。凿刻文字者,是在制作完成的银铤上凿以成字,铸作文字者,是在铸模上刻出阴文,以此模翻制出阳文的银铤范具,再以此范浇铸,即成有阴文的银铤。随银铤成型时一同铸出的文字可免除一枚枚去凿刻的麻烦。背铸文字银铤的出现,说明了某地或某匠人银铤制作已达到了一定的量,才需示以共同的标识,也可减少重复刻字的麻烦,这也显示了银铤制作技术的提高。

部分北宋银铤铸成后仍有背面锻打加工、刻字的现象。银铤因成色和制作工艺问题,铸成后背、侧多有大小蜂窝。唐代银铤铸成后大多再作锻打,消除这些孔洞,有的还凿刻文字,在部分北宋银铤上沿用了这种做法,如第 2、7、8、9、11、18 诸铤。但也有一些银铤背面则已不做加工(船形银铤已有这种情况),发展到南宋、金朝银铤铸后背部一般都不再锻打加工、刻字。

北宋银铤铤面文字为阴文,多为凿刻而成。在南宋和金代银铤上多见有戳印打制的文字,用以表示制作银铤的地点、制作者、银铤的成色等,这些戳印文字多为阴文,而在所见的北宋银铤上,还是沿袭了唐铤的做法,不见戳印文字,皆以凿、锤凿出阴文。文字竖行书写,由右向左排列。凿刻文字与戳印文字表面上看是文字制作方法的不同,实际反映出的是银铤制作和使用中数量的不同,银铤数量增加才有必要使用相同的文字制作和戳印,以提高效率。北宋银铤出现背铸文字而未见戳印文字,应是与其制作和使

---

[1] 唐刚卯《"行人"考释》,《中国钱币》1997 年第 1 期。

用的数量相适应的。

## 小　结

　　通过对时代考订为北宋的一些银锭的分析，认为北宋银铤的典型形态呈板状、两端平直、中间束腰、总体宽厚、制作略显粗糙；目前发现的北宋银铤主要出土于内蒙古原辽上京故地一带，可考的制作时间大多是北宋晚期，其铸造地点多为当时的产银地区；北宋银铤主要是皇家、各级政府用的官锭，并能见到银铤铭文述及官铤由来的一些购买纪录；北宋银铤铭文所述人员基本已由唐铤的进献人转变为具体办事人员，且办事人员责任分工细化；银铤背部铸字始于北宋，北宋银铤铤面文字多为凿刻而成的阴文，尚未见戳印文字。

（本文原载《中国钱币》2008 年第 3 期）

# 金代银铤考

　　中国历史上,1115 年女真族完颜部的阿骨打称帝,国号大金,1127 年灭北宋,占领原宋、辽大片疆土,金历时 120 年以后,为蒙古大军所灭。金代是我国历史上的一个重要朝代,货币使用铜钱、铁钱、纸币和银铤。

　　《金史·食货一》中曾略述金代使用货币的情况:"初用辽、宋旧钱,虽刘豫所铸,豫废,亦兼用之。正隆而降,始议鼓铸……若钱法之变,则鼓铸未广,敛散无方,已见壅滞……州县钱艰,民间自铸,私钱苦恶特甚。乃以官钱五百易其一千,其策愈下。及改铸大钱,所准加重,百计流通,卒莫获效。济以铁钱,铁不可用,权以交钞,钱重钞轻,相去悬绝,物价腾踊,钞至不行。权以银货,银弊又滋,救亦无策,遂罢铜钱,专用交钞、银货。然而二者之弊乃甚于钱……已而恐民用银而不用钞,则又责民以钞纳官,以示必用……先造二十贯至百贯例,后造二百贯至千贯例,先后轻重不伦,民益眩惑……讫无定制,而金祚讫矣。"[①]

　　此段记载道出了金代的货币使用概况,金域内的铜矿产铜不多,使铜钱铸造有限,其大量发行的纸币又不断贬值,而由于金入侵北宋与辽时掠得了大量白银,又不断从南宋取得岁币,后再把刘豫伪齐的大量白银收入囊中,几方面的原因造成金府库积存了巨额白银,使金政府得以利用白银缓解其通货不足,使银货币在官方和民间较多地得到使用。金朝的白银被用于赋税、军资、赏赐、薪俸和商业活动等,白银货币成为金国重要的大额支付和贮藏手段。

　　《金史·食货三·钱币》有一段关于金代用银的珍贵记录:"(承安二年)十二月,尚书省议,谓时所给官兵俸及边戍军须,皆以银钞相兼,旧例银每铤五十两,其直百贯,民间或有截凿之者,其价亦随低昂,遂改铸银名'承安宝货',一两至十两分五等,每两折钱二贯,公私同见钱用。"[②]在中国各时代的正史中对白银货币作如此明晰记载的还不多见。从此段话中可以看到,金政府对支给官员的官俸和士兵的兵饷,以及戍边军队的军需有相当部分使用白银,这应是一个较大的使用量;其时白银货币一般铸造成五十两的大铤,民间为方便使用,常有截凿大锭的情况;白银与铜钱在流通使用中,有一个比价,五十两铤其直百贯,即一两白银值两贯铜钱;为方便使用,金承安年间特铸承安宝货银铤,一两至十两分五等,承安宝货可在官方和民间与铜钱同样使用。这段话也明确了金代银铤分为两类:惯常使用的五十两的大铤系列和承安年间制造的承安宝货银铤系列。在此,很有必要将金代白银货币的这两个系

---

　　① 《金史·食货志》1028 页,中华书局 1975 年 7 月。
　　② 《金史·食货志》1076 页,中华书局 1975 年 7 月。

列进行较全面的整理分析。

<h2 style="text-align:center">一、承安宝货银铤系列</h2>

### 1. 白银货币化程度

《金史·食货三》注明承安宝货是将银铸为五等重量的货币,每枚有大致的重量;"公私同见钱用",即作流通使用;"每两折钱二贯",与钱有明确比价。所以,金政府是正式明确以银为货币的,且银币小型化、等级化、规定兑换比率,这些政府规定显示了金代白银货币化程度的进步。

### 2. 承安宝货银铤的具体制作时间

承安二年"十二月己巳朔,敕御史台纠察谄佞趋走有实迹者……己卯,始铸承安宝货[①]"。从这段话可以将承安宝货银铤开始制作的时间具体推断到某一天,此处用的是干支纪日法,承安二年十二月己巳为朔日,即己巳为初一,则己卯日为阴历承安二年十二月十一日,此日始铸承安宝货。关于其废止时间,至(承安)五年十二月,宰臣奏:"比以军储调发,支出交钞数多。遂铸宝货,与钱兼用,以代钞本,盖权时之制,非经久之法。遂罢承安宝货。"[②]所以承安宝货的制作流通时间是从承安二年十二月至承安五年十二月,总共约三年的时间。

### 3. 承安宝货银铤的兴废原因

按金政府的说法,其始铸承安宝货是因支给官员的官俸和士兵的兵饷、戍边军队的军需有相当部分使用白银,原白银货币一般铸造成五十两的大铤,民间因不方便使用,常有截凿的情况,故要铸造一些较小额的银币;又说是因"比以军储调发,支出交钞数多。遂铸宝货,与钱兼用,以代钞本"。这些也可说是理由,但根本的恐怕还是承安元年金朝与辽发生大规模战事,支出大增,因而大量印制纸币,造成纸币,特别是大额纸币的贬值和流通不畅。为保证官兵的收入和军用,故考虑部分使用较为保值的白银,为发放和使用的方便故而制造承安宝货。及至三年后承安宝货的废止,除了发行之初是"盖权时之制,非经久之法"的官方说法外,主要还是"时私铸'承安宝货'者多杂以铜锡,浸不能行,京师闭肆"[③],大量掺假的劣质银币充斥市场,造成市肆不愿接受承安宝货,影响了承安宝货的流通。另一个原因,恐怕还是多少与金政府仍坚持大力推行纸币有一定关系,"恐民用银而不用钞",因而停用承安宝货。

### 4. 承安宝货银铤的重量等级

承安宝货银铤的重量等级载明是"一两至十两,分五等",现见到的实物是一两和一两半两种,其他三等未见实物,也没有见到相关重量记载。五等之中肯定有十两,还有一种应重五两,另一种则所见意见不尽一致,有说重二两半的,有说重七两半的,尚无定论。

所知发现的较为可靠的一两和一两半承安宝货实物,有 1981 年中国人民银行黑龙江分行在清理收兑到的库存杂银时发现的四枚一两半承安宝货,1985 年 8 月 10 日阿城县杨树乡(金故都上京会宁府所在地)一农民在地里挖土豆时挖出的一枚一两半承安宝货,1987 年 6

①　《金史·章宗本纪》243 页,中华书局 1975 年 7 月。

②③　《金史·食货志》1077 页,中华书局 1975 年 7 月。

月内蒙古兴和县又有一枚一两半的承安宝货被发现；1986 年中国人民银行辽宁分行在他们的库存中又发现两枚一两重承安宝货。此 8 枚中一两和一两半承安宝货各两枚现藏中国钱币博物馆（图 30、图 31、图 32）。其他三个等次的承安宝货一直未见实物，这三个等次当时是否实施了制造，目前不能确定。

有人曾认为承安宝货的重量分等，是白银货币向计枚行使的铸币方向的一种发展，笔者认为恐怕还不能这样看，中国的旧式银铤基本性质是称量货币，支付使用时交易双方要称量重量，并不能仅按重量类型或所铭文字标示的重量纪值。与金代同时期的南宋银铤许多铭有伍拾两、贰拾伍两、拾贰两半的，但使用时仍要称重，这些重量铭文标示的只是银铤的重量类型，而并非实际的准确重量。银铤制造与机制银元不同，机制银元使用重量相对固定的银饼，模压成型，银铤则用手工将熔化的银水浇入明模成型，浇出的银铤重量必然有一些差异，以中国钱币博物馆所藏两枚一两承安宝货为例，其一重 40.2 克，另一枚重 42.1 克，同标识重一两却相差近 2 克，使用时自不应无视。

## 二、金代大银铤系列——金代大银铤的特点与辨识

新中国建立以来，承安宝货之外的金代大银铤有不少发现，如在陕西临潼相桥、内蒙古巴林左旗和科尔沁右翼中旗、甘肃省武威市、青州市城西前营子、天津武清县等处的出土，解放以来银行收兑金银所得，以及流散于民间的近年来逐渐面世。仅就笔者目前收集到的相关金代大银铤资料，可利用文、图对比查核者即有一百多件，这为我们今天了解金代大银铤的状况，提供了可贵的实物材料。

由于文献资料不足，欲详实了解、分析金代大银铤的特点，必须更多的从实物出发；欲从实物出发，必须保证所据实物的可靠性。

金代大银铤可大致区别为与官府相关的官铤和民间使用的商民用铤。官铤上的铭文往往记录有此铤由来的时间、地点、责任人，以便有关方面核查、追究。其时间性内容多使用金代的纪年年号，一旦发现银铤上有金代年号，并排除后代伪作因素，那么这枚银铤就可断定是金代银铤。以下特将所收集到的此类银铤资料整理如下，所做整理中，注意了以考古出土的为主，以改革开放之前发现的为主，以保证了基础资料的可靠性。

以下表 1 收录整理了 30 枚金代年号银铤，作为考察金代大银铤的基础。同时，本文还选择整理了 19 枚非年号银锭，多为出土品，列于表 2，作为考察金代大银铤的辅助参考。

**表 1**

| 编号 | 银锭年号 | 铭 文 内 容 | 铤长（毫米） | 铤首宽（毫米） | 铤厚（毫米） | 重量（克） | 出 处 |
|---|---|---|---|---|---|---|---|
| 1 | 正隆二年 | 邠州进奉正隆二年分　金吾卫上将军静难军节度使臣完颜宗垣进上　正旦银壹铤重伍拾两 | 157 | 92 | 20 | 1711.9 | 北京市内工地① |

---

① 鲁琪《北京出土金正隆二年银锭》，《文物》1980 年 11 期。

续表

| 编号 | 银锭年号 | 铭　文　内　容 | 锭长（毫米） | 锭首宽（毫米） | 锭厚（毫米） | 重量（克） | 出　　处 |
|---|---|---|---|---|---|---|---|
| 2 | 正隆二年 | 正隆二年　郡守都交纳茶课银贰锭　重叁拾肆两肆钱　行人王镒　秤子刘琦 | 136 | 86 | | | 茶课银锭① |
| 3 | 大定二十一年 | 提举解盐司大定廿一年十一月廿三日店户薛□客人王义　□上等银五十两每两七十□陌钱式□式佰□□　行人王□称子宋□□　□当官昭信王大任昭信萧豫之　史张家。"使司"押印一个,葫芦形"使"押印两个 | 142 | 90 | 19 | 1989.8 | 1987 年,山西省人民银行从回收的杂银中拣选出,现中国钱币博物馆藏品(图 33)② |
| 4 | 大定二十三年 | 提举解盐司大定廿三年正月二五日店户马鸣靖客人□□　□上等银肆玖两玖钱每两七十□陌钱式□□壹佰玖拾伍文行人郭智　称子宋士显　□当官昭信王大任　昭信萧豫之。葫芦形"使"押印等 | 150 | 89 | 19 | 1988 | 1988 年,山西省人民银行从回收的杂银中拣选出③ |
| 5 | 大定二十九年 | 行人王公全解泽秤　闰字号大定二十九年三月三日将相坊王荣　徐信行人马益行人李朴□百顺秤　□州　□州□四十九两七钱行人宋珪　司吏任□秤子梁林秤子贾辉□　郎使□□ | 147 | 88 | 20 | 1988.5 | 中国钱币博物馆藏品(图 34) |
| 6 | 明昌元年 | 解盐使司明昌元年六月□日店户□□店户□□□□□□伍拾两贰钱每两□□□贰贯文　行人　秤子王□立　□□□□□济仁 | 146 | 90 | 21 | 2025 | 1974 年 12 月陕西临潼相桥出土第 5 号锭④(图 35、图 36) |
| 7 | 明昌二年 | 解盐司监盐官五拾两,明昌二年五月十一日匠张德□ | 145 | 85 | 20 | 1986.2 | 中国钱币博物馆藏品⑤ |
| 8 | 明昌三年 | 解盐使司明昌三年六月一日引领客人李忠□中上花银五十两三钱　行人王复称子任仲　□□□解盐判　河中税□ | | | | 1990 | 嘉德 2004 秋拍⑥ |
| 9 | 泰和三年 | 解盐使司□泰和三年五月十三日□□□□上等银伍拾两每两□□□　行人□□□佳□佳政　行人王吉使司库子贾信 | 147 | 88 | 25 | 1980.1 | 中国钱币博物馆藏品(图 37) |
| 10 | 泰和四年 | 分司泰和四年五月十二日店户周文柳李栋　五韩家　又一钱(横书)行人马义肆拾玖两柒钱半　又一钱(横书)　秤子李沂　田克巳(倒书)　行人王琮　盐判苑正　使司(倒书) | 139 | 88 | 24 | 1980 | 陕西省博物馆征集品⑦ |
| 11 | 泰和四年 | 分司泰四五廿六日店户王忠沏(?)　肆拾玖两肆钱半　行人尹珎等　秤子李沂　使司(倒书)　五韩家　田克巳(倒书)　盐判判正 | 140 | 88 | 24 | 1960 | 陕西省博物馆征集品⑧ |

①　祁兵《从金"茶课银锭"看金朝早期课税的发生》,《广西金融研究》1998 年增刊。

②③　王重山、阎鸿禧、祁生《山西发现金元时代的银锭》,《中国钱币》1988 年 3 期。

④　赵康民、韩伟、尚志儒《关于陕西临潼出土的金代税银的几个问题》,《文物》1975 年 8 期。

⑤　郁祥桢《金明昌二年解盐银锭》,《中国钱币》1993 年第 1 期。

⑥　嘉德 2004 秋拍第 3941 号拍品(后又在嘉德 2007 秋拍的古钱金银锭场作为第 5466 号拍品重拍)。

⑦⑧　朱捷元《介绍三笏金泰和年间的盐税银锭》,《考古与文物》1982 年 1 期。

续表

| 编号 | 银铤年号 | 铭 文 内 容 | 铤长(毫米) | 铤首宽(毫米) | 铤厚(毫米) | 重量(克) | 出 处 |
|---|---|---|---|---|---|---|---|
| 12 | 泰和四年 | 分治司泰四六月一十九日店户□信 三天 行人□□义方 □拾玖两玖千 秤子荆崇 监判苑正 银货□ | 145 | 87 | 24 | 1980 | 山东青州前营子出土① |
| 13 | 泰和四年 | 分治司泰四七月十七日店户李琇 肆拾玖两陆钱又伍钱 行人赵澄 盐判苑 秤子荆显 又二钱 田克□ | 143 | 82 | 22 | 2000 | 1974年12月陕西临潼相桥出土第6号铤② |
| 14 | 泰和五年 | 申五十六 分治司泰五五月六日店户刘□昌 肆拾玖两伍钱半 每两一贯八百文□ 行人马□ 秤子杨济 泰五东盐判苑 又二钱 □李三记 巨 | 148 | 82 | 24 | 2000 | 1974年12月陕西临潼相桥出土第7号铤③ |
| 15 | 泰和六年 | 解盐使司泰和六年三月十四日 引领阎太 客人王正 中纳银肆拾柒两叁钱足 秤子田政 行人□□ □ 盐判李 又一两 每两二贯文 六任家记 | 139 | 82 | 18 | 1862 | 西峡县奎岭村出土④ |
| 16 | 泰和六年 | 泰和六秋税银伍拾两叁□ 秤子许彦行人钱(?)谦 田家记 任理验 又二钱 | 143 | 88 | 25 | 2025 | 1974年12月陕西临潼相桥出土第1号铤⑤ |
| 17 | 泰和六年 | 泰和六秋税银伍拾两贰□ 秤子许彦行人钱(?)谦 元□□ 任理验 又二钱 | 143 | 85 | 23 | 2000 | 1974年12月陕西临潼相桥出土第2号铤⑥ |
| 18 | 泰和六年 | 赵彦 泰六秋税银伍拾两贰钱足 秤子许彦行人钱(?)谦 何立本 任理验 又三钱 周成 匕罢 王德理 校明 胡温信 张德温 | 145 | 86 | 24 | 2000 | 1974年12月陕西临潼相桥出土第3号铤⑦ |
| 19 | 泰和六年 | 唐仲仁 泰六秋税银伍拾两贰钱足 秤子许彦 行人陈□ 杨彦忠 任理验 又三钱 胡温信 王德理 张德温 罢 | 143 | 85 | 24 | 2025 | 1974年12月陕西临潼相桥出土第4号铤⑧ |
| 20 | 泰和六年 | 泰和六年七月十七日引领石灏客(店?)人丁□ 肆拾捌两伍钱 每两钱贰贯 秤子□□ 行人陶宽 盐判王□ 又一钱 肆拾捌两陆钱半 河中库子左□□宅 家 李□冬 □府十九□ | 142 | 78 | 23 | 1950 | 1974年12月陕西临潼相桥出土第8号铤⑨ |
| 21 | 泰和六年 | 分治司泰六七月…肆拾…银行人□琇 秤子杨 承直郎判判…郭元实 | 残长60 | 83 | 24 | 900 | 1974年12月陕西临潼相桥出土第9号铤⑩ |
| 22 | 泰和六年 | 地卅号分治司泰和六年八月廿三日店户□□□秤子王仲 行人张彦 肆拾玖两捌钱足 又一钱每两□□□贯 文林郎盐判张 | 140 | 74 | 23 | 2000 | 1974年12月陕西临潼相桥出土第10号铤⑪ |

① 李光林《山东青州出土宋金银铤》,《中国文物报》1994年1月16日。

②③⑤⑥⑦⑧⑨⑩⑪ 赵康民、韩伟、尚志儒《关于陕西临潼出土的金代税银的几个问题》,《文物》1975年8期。

④ 陈娟《金代解盐使司银铤浅析》,《中原文物》2006年第2期。

续表

| 编号 | 银锭年号 | 铭　文　内　容 | 锭长<br>（毫米） | 锭首宽<br>（毫米） | 锭厚<br>（毫米） | 重量<br>（克） | 出　　处 |
|---|---|---|---|---|---|---|---|
| 23 | 泰和六年 | 解盐使司泰和六年八月廿八日　引领闫太　店户中白银每两一贯九百四十文　秤子魏珍　行人苏安肆拾玖两玖钱半榷盐判管勾王□　又一钱　王守信 | 140 | 74 | 23 | 2000 | 1974 年 12 月陕西临潼相桥出土第 11 号锭① |
| 24 | 泰和七年 | 昆三十六　分治使司泰和七年二月十六日店户王□　肆拾玖两伍钱半　银行人赵澄　秤子王安　每两钱贰贯文　承直郎盐判张　又一钱　任理验　面 | 140 | 78 | 24 | 2000 | 1974 年 12 月陕西临潼相桥出土第 13 号锭② |
| 25 | 泰和七年 | 菜五十二　分治使司泰和七年五月初九日店户陈彦　肆拾玖两叁钱　每两贰贯文　承直郎盐判张　银行人师珍　秤子钱林　任理验　又一钱 | 138 | 80 | 24 | 1962.3 | 中国人民银行陕西省分行征集品，现中国钱币博物馆藏品③ |
| 26 | 泰和七年 | 重四十四　分治使司泰和七年九月初九日　店户岳　伍拾两　银行人师珍　秤子刘砺　每两钱贰贯文　承直郎盐判张　又一钱　任理验 | 139 | 81 | 24 | 2000 | 1974 年 12 月陕西临潼相桥出土第 14 号锭④（图 38、图 39） |
| 27 | 泰和七年 | 解盐使司泰和七年十月卅一日引领候浩□□□□　中上花银肆拾捌两伍钱足行人王□　秤子□□　盐判李　又一钱任理验 | 140 | 79 | 25 | 1950 | 1974 年 12 月陕西临潼相桥出土第 15 号锭⑤ |
| 28 | 泰和七年 | 分治使司泰和七年…肆拾…银行人师珍秤子杨…承直郎盐判… | 半块残长 72 | 85 | 22 | 1000 | 1974 年 12 月陕西临潼相桥出土第 16 号锭⑥ |
| 29 | 泰和年间 | 分治司泰和□□八月□□　店户张彦（?）肆拾捌两　每两计八十陌钱贰贯行人马任□□　秤子王用　支出　官 | 141 | 83 | 21 | 1900 | 1974 年 12 月陕西临潼相桥出土第 12 号锭⑦ |
| 30 | 大安三年 | 解盐使司大安三年二月十二日引领牛淮朝　客人石顺　中纳银肆拾玖两柒钱行人陶实城　秤子魏直　□　文林盐判张　每两八十陌钱二贯　字七　又一钱。 | 145 | 86 | 22 | 1930 | 西峡县奎岭村出土⑧ |

表 2

| 编号 | 铭　文　内　容 | 锭长<br>（毫米） | 锭首宽<br>（毫米） | 锭厚<br>（毫米） | 重量<br>（克） | 出　　处 |
|---|---|---|---|---|---|---|
| 31 | 肆拾玖两陆钱 行人王公全 王监让秤 温家真花银 | 152 | 95 | 20 | 1973 | 科右中旗白音胡硕镇⑨ |
| 32 | 杨琮 重伍拾两 行人卫均 葛永秤 | 144 | 87 | 20 | | 天津武清县小河村⑩ |
| 33 | 重肆拾玖两玖钱，行人石永、李仁通秤 | 146 | 87 | 23 | 2007 | 天津武清县小河村⑪ |

①②③④⑤⑥⑦　赵康民、韩伟、尚志儒《关于陕西临潼出土的金代税银的几个问题》，《文物》1975 年 8 期。

⑧　陈娟《金代解盐使司银锭浅析》，《中原文物》2006 年第 2 期。

⑨　钱玉成、哈斯《议科右中旗出土银锭和银锭》，《内蒙钱币专刊》总 58 期。

⑩⑪　纪烈敏《天津武清县出土金元银锭》，《内蒙钱币专刊》总 17 期。

续表

| 编号 | 铭 文 内 容 | 铤长（毫米） | 铤首宽（毫米） | 铤厚（毫米） | 重量（克） | 出 处 |
|---|---|---|---|---|---|---|
| 35 | 秤子刘政　肆拾玖两叁钱 | 153 | 87 | 22 | 1997 | 天津武清县小河村① |
| 36 | 榷场银　行人陈圭　十 | 151 | 89 | 20 | 1975 | 天津武清县小河村② |
| 37 | 大名府张二郎　花行街西　上京王二郎家腰花银铺　真花银　使□ | 148 | 85 | 20 | | 黑龙江阿城新乡公社③ |
| 38 | □□肆拾玖两陆钱　行人王公全　王监让秤　温家真花银 | 152 | 95 | 20 | 1973 | 科尔沁右翼中旗前德门山南④ |
| 39 | 杨琮　伍拾两三钱　行人王智　宋□(栋)秤　使司 | 138 | 84 | | 2000 | 河北省平泉县二道河子村⑤ |
| 40 | 肆拾玖两玖钱　又壹分　行人郭义　王均一秤　□秤　使司　金银梁铺 | 141 | 94 | | 2000 | 河北省怀来县小南门⑥ |
| 41 | 肆拾玖两伍钱半　金花□ | 142 | 80 | 24 | 1963 | 内蒙古兴和县陶卜窑村⑦ |
| 42 | 郑公甫　伍拾两一钱　行人杨琳　王永吉秤　使司 | 147 | | | 1975 | 江苏省丹阳县毛庄⑧ |
| 43 | 四十六两六钱四铢　□□运司　□佰□秤　贰拾伍两捌钱 | 113 | 77 | 16 | 950 | 1987年18月，甘肃省武威市城内署东巷⑨ |
| 44 | 解盐使司入纳银计重伍拾两□□□五禾库官王武□行人李中 | 146 | 88 | 25 | 1850 | 成都市双流县加禾村⑩ |
| 45 | □伯元伍拾两八钱　行人郑公甫　广俭秤 | 150 | 86 | | | 赤峰辽上京汉城址出土⑪ |
| 46 | 王公全肆拾玖两玖钱　行人王公全　解泽秤 | 77 | | | | 赤峰喀喇沁旗头道营子乡⑫ |
| 47 | 宋琦　行人宋琦　肆拾□□两肆钱　□昌秤　银栾一郎　南京界内　重伍拾两　使司 | 142 | 85 | 19 | 1952 | 中国钱币博物馆藏品（图40） |
| 48 | 南京界内　银栾一郎　真花铤银　使　使 | 140 | 86 | 22 | 1953 | 中国钱币博物馆藏品（图41） |
| 49 | 宋舜　□德温　肆拾玖两柒钱　行人刘祚　行人李仲泽　宋□秤　行人□秤　使市司　使□□ | 138 | 54 | | 1958 | 树荫堂藏品⑬ |

　　根据以上的实物材料，可考察、归纳金代大银铤特点如下。

①②　纪烈敏《天津武清县出土金元银铤》，《内蒙钱币专刊》总17期。

③　张连峰《阿城出土"大名府""上京"款金代银锭》，《文物》1982年9期。

④⑨　黎大祥《甘肃武威发现一批西夏通用银铤》，《中国钱币》1991年4期。

⑤⑥　郑绍宗《平泉怀来出土银锭考》，《内蒙钱币专刊》1988年1期。

⑦　安凤林、爱泉《也考"回易"银铤——兼谈金元银铤的特征》，《内蒙钱币专刊》1993年1期。

⑧　黄成《江苏省丹阳毛庄出土的金代银铤》，《钱币世界》第二卷2期。

⑩　成都市文物管理处《四川双流县出土的宋代银锭》，《文物》1984年7期。

⑪⑫　项春松《内蒙古赤峰发现的五件宋代银锭》，《文物》1986年5期。

⑬　陈鸿彬《树荫堂收藏元宝千种图录》6页，台湾齐格飞出版社1988年。

**1. 金代大银铤的形态**

金代大银铤平板、弧首、束腰,因开模浇注,最后冷凝的铤面两处略呈收缩性凹陷;背呈蜂窝状,且蜂窝较大。其外部形态与南宋、元代大银铤相似(图33)。

**2. 金代大银铤的重量**

在承安宝货系列之外的金代银铤中,是否具有同时期南宋那样的五十两、二十五两、十二两半的分等情况? 从以上49枚银铤的情况看,有47枚属"旧例银每铤五十两"的类型,只有2号、43号有所不同。47枚中,大部分铭刻着实称重量,都是"肆拾捌两□钱"、"肆拾玖两□钱"、"伍拾两□钱",其中少数铭刻重量不清的,则利用今天的实称所得克数和实测尺寸,也可知其为五十两的类型,即使是半块的21号、28号亦可因此归入五十两类型。因此可知承安宝货系列之外的金代银铤中五十两类型占据着绝对多数。金代大银铤中非五十两类型的情况是存在的,如上表2号、43号,非五十两类型还曾见他人有过提及[①],但数量很少。

其以五十两为基本类型,未形成明显重量等次状态,较之南宋银铤的三等分级,可看出金代银铤是以大额支付、贮存为主,在交易支付的灵活度上不及南宋银铤。

金代银铤要称重行使,并将重量铭刻在银铤之上,金代大银铤铭文的纪重,不是表示银铤的类型,而是表示银铤的实际重量。其重量精确到"两"下的重量单位"钱",有的复核发现有出入的,以"又一钱"等注明,重量精确到"钱",这是金代大银铤在记录、核定重量时一个鲜明特点,如4号铤重"肆拾玖两玖钱",24号铤重"肆拾玖两伍钱半"、"又一钱"等。

利用金代银铤上铭刻精确到"钱"的重量,我们使用电子秤称量了中国钱币博物馆所藏几枚银铤的重量,5号铤原铭"四十九两七钱",实称1988.5克,经计算一两合39.84克;7号铤原铭"五拾两",实称1986.2克,一两合39.72克;9号铤原铭"伍拾两",实称1980.1克,一两合39.60克;25号铤原铭"肆拾玖两叁钱"、"又一钱",实称1962.3克,一两合39.72克。由此可知金代一两约合39.7克左右。在当时的衡器条件下,称重达到如此的精度是不容易的。

**3. 金代大银铤的制作时代**

根据表1所列,可以了解到目前所知金代年号银铤的制作年代。其制作始于正隆,经大定、明昌、泰和,最后见到的是大安年间的制作。金代(1115—1234年)起始年号为收国,终止年号为天兴,历十帝共用21个年号,其中正隆、大定、明昌、承安、泰和、大安相承接,是为1150—1211年这一时段,此一时期正与1149年金海陵王完颜亮上台,革除弊政,大力推行政治、经济改革,金代社会大发展的时期相吻合,此60年是金代立国120年内国力昌盛的时期,这一时期较多地制作、使用白银货币是可以理解的。其中使用泰和年号的时间仅有8年,但在上表30件银铤之中泰和年号铤竟达21枚! 可见泰和前后是金代银铤使用的鼎盛期。

无年号金代大银铤其具体制作时间不易考订,但其总体制作时间可参考年号银铤的制作时间。

---

① 王雪农《有关宋金官铸银铤(锭)形制特点和等级标准的几个问题》一文提到:"台湾戴学文先生收藏'泰和四年盐银贰拾两'银铤一枚,此铤砝码形,重704克"(《中国钱币》2000年1期);又见屠燕治《金代"重贰拾肆两壹钱"中型银铤》(《香港钱币研究会会刊》2010年总25期)所示贰拾肆两壹钱的金代银铤。

4. 金代大银铤记录文字的方法

银铤上大都记录有一些文字信息,标示此铤制作者、制作时间、制作地点、制作缘由、责任人、鉴定者,以及成色等,用以说明银铤的由来,以昭信用,方便核查。承安宝货上的文字都是阴文戳印文字,大部分金代大银铤记录文字的方法是用手工将文字凿刻在银铤上(有些使用了"使"、"使司"等花押印戳)。

金代大银铤上所凿文字,可以是一次凿刻的,也可以因银铤多次交易使用,而作多次记录,先后叠压凿刻而成,如 5 号铤(图 34)。

也有一小部分金代大银铤记录文字的方法是用阴文戳记文字,如 47 号铤(图 40),铤上原凿有文字,后又被重盖"南京界内"等戳记文字,"肆拾□□两肆钱"的文字被捶打变平,后加盖"重伍拾两"戳印,"银栾一郎"戳印也压盖在"行人宋琦"之上;又如 48 号铤(图 41),完全使用戳记"南京界内 银栾一郎 真花铤银 使 使"。金占领北宋都城汴梁(今开封)后,曾将其定为"南京","界内"是"界身巷内"的简称,界身巷是汴梁城金银铺集中的街巷,故此两枚银铤是金代铤无疑。目前所见、所知这部分金代铤总体数量不多,但其戳记从内容到打押位置多类似于南宋银铤,易与南宋银铤相混淆,需特别注意。也不排除有部分原从制作上被认为是南宁的银铤,实际是与南宋相邻的金占领区的金代货币。

银铤上使用戳印,戳印上有固定文字,是使相同文字免除一枚枚凿刻的麻烦,可提高工作效率,这是银铤生产上的一种进步,银铤制作只有达到一定数量,才有必要制作戳印使用。因此说金代大银铤今天虽发现不少,但大多为凿刻文字类型,相比较同时期大量使用戳记的南宋银铤,金代大银铤的生产、使用数量应是远远不及南宋银铤的。

5. 金代大银铤记录文字内容的特点

金代大银铤文字内容有几个特点,这些特点并非各个银铤同时具备,但这些特点却有助于辨别是否为金代银铤。

特点之一,有些金代银铤会将银货币与铜钱的兑换比率表述于铭文,如 14 号铤"每两一贯八百文",15 号铤"每两二贯文",23 号铤"白银每两一贯九百四十文",此兑换比率正可与《金史·食货三·钱币》"旧例银每铤五十两,其直百贯"相参证,从银铤记录看不同时期银钱的兑换比率时有变动。29 号铤还提及白银兑换的是"八十陌钱贰贯",应指金代铜钱的短陌规定,是以八十文为百文,"每两计八十陌钱贰贯",实际一两白银兑换到的铜钱不是 2000文,而是 1600 文。银铤铭刻银钱兑换比率的,在金代银铤之外很少见到。

特点之二,有些金代银铤上会凿刻银铤相关人员的身份、职务,特别是在与金政府食盐专卖相关的银铤上,如:行人、客人、引领、店户、秤子等,这些应是商人为购销食盐而购买银铤,将银铤上缴政府的盐务管理机关,在所走程序涉及到的人员,盐务管理机关可据以查核责任人,保证所收银铤的质量。客人指购销食盐的商人;引领类似于"牙保",负责引领客户办理手续;店户应指铸铤售银的铺户;行人系金银行行会的负责人,负责鉴定银铤并承担责任;秤子是管理收入银铤,核查重量的官府差役。这些身份除行人、秤子在其他朝代银铤还有见到外,客人、引领、店户应是金代银铤上的特有名词,如见到这些名称可有助于金代银铤的判断。

特点之三,有些金代银铤上会凿刻与此银铤相关人员的姓名,有的我们可在多枚银铤上发现,如作为行人的王公全、宋琦,称重的解泽,验铤的任理等,这些人名提供了比对的线索,有助于我们判断一些新见铤是否属金代铤,如果是,又可能具体属哪个时段。

6.金代大银铤铤面呈现的一个特征

在较大量接触金代大银铤的过程中,笔者发现金代大银铤铤面多呈现一个特征,即铤面两低凹处,也就是银铤浇注最后两冷凝处,往往或隐或显呈现两处黑斑(见图33、图34、图37),此特点多见于金代大银铤(也有少量金代银铤无此特点),而不大见于宋、元银铤,也不见于承安宝货系列银铤。其黑斑的成因,应与金代制铤的冶炼方法有关,银液中析出的黑色物质,漂浮在银液上,最后凝固在铤面两处,成为今天辨识金代银铤的参考。

根据上述金代大银铤六项特点,可以归纳出金代大银铤的辨识要点:金代大银铤的形态,平板、弧首、束腰,最后冷凝略呈收缩性凹陷,背蜂窝较大;其重量以五十两为基本类型,重量记载表示银铤的实际重量,精确到"钱";目前所见其制作时间,始于正隆,经大定、明昌、泰和,最晚见到的是大安年间的制作,以泰和年号铤为最多;铤面一般用手工直接将文字凿刻在银铤上;有些银铤文字表述有特定的内容——银钱兑换比率,行人、客人、引领、店户、秤子等身份,相关人员的姓名;铤面常或显或隐呈现两处黑斑。这些辨识点要注意综合运用,要注意造假者刻意模仿真品特点的造假手法。

(本文原载《中国钱币》2011 年第 2 期)

# 谈谈元代"扬州元宝"银锭

元代白银货币的使用情况是货币史和钱币学界的一个关注点,元代大型银锭存世不多,其中"扬州元宝"银锭更为人所重视。中国钱币博物馆藏有一枚"扬州元宝"银锭(图42、图43、图44),该锭板状、弧首、束腰,锭面周边略高,色银白,锭长141、腰宽60毫米,重1921.3克。

银锭正面打有若干阴文戳印,从上而下、从右而左可读出(个别文字不清):"扬州"、"十成"、"行中书省"、"重伍拾两"、"监销铸官刘"、"至元十四年"、"销银官王瑍"、"重四十九两九钱"、"库官孟珪"、"验秤银库子吴成"、"银匠濮文壬"、"银匠温德成"、"银匠侯君用"。银锭背面铸有两个阴文大字"元宝"。背面与侧面布有蜂窝。

由此锭上的文字可知,此枚银锭是元代至元十四年扬州行中书省所制,成色十成,重伍拾两(经入库时校验,实为四十九两九钱),并记有银锭销铸的责任人:销银官、监销官、银匠,以及收藏管理此枚银锭的责任人:库官、库子。

"扬州元宝"因其背铭"元宝"二字受人重视,又因为对陶宗仪《南村辍耕录》中相关记载的看法不同而多有讨论。《南村辍耕录》载:"银锭上字号扬州元宝,乃至元十三年大军平宋,回至扬州,丞相伯颜号令搜检将士行李,所得撒花银子销铸作锭,每重五十两,归朝献纳,世祖大会皇子王孙、驸马国戚,从而颁赐或用货卖,所以民间有此锭也。后朝廷亦自铸,至元十四年者,重四十九两;十五年者,重四十八两。"对扬州元宝和《南村辍耕录》中相关记载提出各自看法的有遐想(卫月望)[1]、郁祥桢[2]、胡悦[3]、贾克佳和逸泉[4]等,另有些文章虽涉及到扬州元宝,但仅作一般性介绍,未有自己看法,故不列出。其争论点主要是:"扬州元宝"主持销铸的是谁,与伯颜是否有关;银锭始以"元宝"为名的时间和含义;论者据以讨论"扬州元宝"的《南村辍耕录》记载是否可靠;"扬州元宝"的重量等。因讨论者的看法尚未统一,笔者更认为以前论者对扬州元宝银锭实物收集和关注不够,有必要更多地了解实物资料,从实物提供的第一手的信息出发,结合以前讨论,方可对扬州元宝作出客观说明。

就笔者收集到的相关论著和资料,所知背铭阴文大字"元宝"的银锭资料如下:

① 遐想《也谈元宝》,《内蒙钱币专刊》1989年4期。
② 郁祥桢《析"至元十四年扬州元宝"的是与否——为缅怀卫月望先生而作》,《钱币博览》1995年2期。
③ 胡悦《"元宝"辨误》,《内蒙钱币专刊》1993年1期。
④ 贾克佳、逸泉《"扬州元宝"和"撒花银"》,《内蒙钱币专刊》1996年4期。

表1

| 编号 | 发现地点 | 现存地点 | 正面文字 | 背面文字 | 尺寸 | 重量 | 备注 |
|---|---|---|---|---|---|---|---|
| 1 | 1956 年江苏省句容县① | | 平准　至元十四年　银伍拾两　铸银官　提领　大使　副使　库子杨良珪　提举司　银匠　彭兴祖　刘庆　秤子韩益 | 元宝 | 长 145 毫米，厚 30 毫米 | 市两 60 两 7 钱 1 分 | |
| 2 | 1971 年 9 月辽宁省朝阳县西涝村② | | 扬州　监铸官　库官孟珪　秤验银库□　主官□　至元十四年　销银官王琪　银匠何三　重伍[拾]肆两 | 元宝 | 长 142 毫米，宽 106 毫米，厚 34—42 毫米 | 1690.3 克 | |
| 3 | 1973 年底吉林省双辽县白菜屯③ | 吉林省博物馆 | 使　副使　库子杨良珪　银伍拾两　兴祖　刘庆　秤子韩益 | 元宝 | 残长 74.8 毫米，上端宽 55.4 毫米，尾宽 85.8 毫米，厚 27.8 毫米 | 1012 克 | 半块 |
| 4 | 1986 年中国人民银行辽宁省分行在库存杂银中发现④ | 中国钱币博物馆 | 行中书省　重四十九两九六　重伍拾两　至元十四年　库官孟□　银匠侯君用　银匠温德成　扬州　十成　监销铸官刘　销银官王夬　银匠濮文壬　验秤银库子夬成 | 元宝 | 长 138 毫米，腰宽 60 毫米 | 1922.1 克 | 图 42、图 43、图 44 |
| 5 | 1988 年 5 月上海金山县寒圩村⑤ | 上海金山县博物馆 | 行中书省　扬州库官孟珪　销银官王琪　验银库子吴武　至元十四年　重伍拾两　银匠侯君用 | 元宝 | 长 154 毫米，厚 30 毫米 | 1834 克 | |
| 6 | 近年上海文管会从上海长宁公安局接收⑥ | 上海博物馆 | 扬州　行中书省　伍拾两　监铸官箕　至元十三年　库官孟珪　□□官王　□银库子其成　银匠侯仓明 | 元宝 | 长 140 毫米，首宽 98 毫米，腰宽 58 毫米 | 1876 克 | 图 45 |
| 7 | 《树荫堂收藏元宝千种图录》14 号⑦ | 台湾历史博物馆 | 行中书省　至元十四年　扬州　销银官王珪　秤验银库子侯成　重伍拾两　库官王仲方　铸银侯君用 | 元宝 | 长 138 毫米 | 1930 克 | 图 46、图 47 |
| 8 | 《元宝收藏与鉴赏》46 页⑧ | 杭州中国财政博物馆 | □州　伍拾两　至元十四年　行中书省　银铸官刘硅　销银官王□　验银库子吴　库官景春　银匠侯君用 | 元宝 | 长 138 毫米，首宽 99 毫米，腰宽 55 毫米，厚 32 毫米 | 1925 克 | 图 48、图 49 |

注：表内银锭正面文字和数据以原公布材料为准。

① 倪振逵《元宝》，《文物参考资料》1957 年 5 期。
② 靳枫毅《辽宁朝阳西涝村发现元代银锭》，《考古与文物》1983 年 5 期。
③ 谷潜《半截元初平准元宝》，《内蒙钱币专刊》1989 年 4 期。
④ 闵学义《元代至元十四年元宝综述》，《辽宁金融钱币专辑 4—5》1989 年。
⑤ 孙维昌《上海市金山县出土元代银锭》，《中国钱币》1992 年 4 期。
⑥ 钱屿《金银货币的鉴定》67 页，上海远东出版社 1993 年 5 月。另查《上海博物馆藏钱币·元明清钱币》（上海书画出版社 1994 年 8 月）686 页图，此银锭数据有所不同，为长 142 毫米，重 1900 克。
⑦ 陈鸿彬《树荫堂收藏元宝千种图录》第 14 号，台湾齐统飞出版社 1988 年。
⑧ 李晓萍《元宝收藏与鉴赏》（浙江大学出版社 2006 年 3 月）46 页谈到此锭 2002 年内蒙古出土，笔者见到郝凤亮《至元五年银锭的发现及考释》（《内蒙钱币专刊》2003 年 2 期）谈及，2000 年秋内蒙古赤峰市元宝山区哈拉木头村民在地里发现元代兴国路五十两银锭，并提及：“此前，村民在附近挖暖气沟时发现一枚行中书省至元十四年伍拾两元代银锭。”故笔者认为此银锭可能即是赤峰市的出土品。此枚银锭又见于华辰 2003 秋拍邮品钱币第 1350 号拍品。

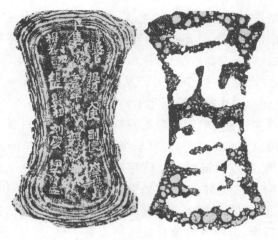

句容县出土至元十四年平准元宝　　　　　　　　　　朝阳县出土扬州元宝（摹图）

在对历史货币进行考证时，一般是依据文献和实物两方面的资料，文献中又以史籍为主，笔记之类为辅。相比于铜钱，由于历来政府统一制作、管理白银货币的程度很低，故对银锭制作正史很少能提供比较确切的信息；而较早时期的大型银锭，尤其是官锭，因要分清类属，以及监督制作、购置、收存等责任，往往在实物之上铭记有大量信息，这是我们认识历史银锭的第一手材料，解读扬州元宝当然也要重视其上的文字。依据上表实物提供的信息，以实物相互参证，并参考前人意见，这里对元代背阴文"元宝"字样银锭提出以下看法：

1.本文开篇介绍的扬州元宝，是中国钱币博物馆成立时由中国人民银行总行相关单位移交而来，博物馆并不清楚此锭由来。在收集整理到第4号银锭资料时，发现此锭的文字内容与中国钱币博物馆所藏扬州元宝相同，尤其是验秤校核重量"重四十九两九钱"（原报道将银锭上简写的"钱"误识为"六"）完全一致，又对比当年刊载此锭的刊物封三图亦两相符合，尺寸和重量略有差异的原因是丈量部位和所用工具不同所致。这样就搞清了此银锭的来源，应是1986年之前在辽宁地区被收兑金银的银行网点按杂银收兑，后由中国人民银行辽宁省分行在库存杂银中发现，上交至总行，再至博物馆。

2.元代背阴文"元宝"字样银锭目前已知的共有7块半。1956年江苏省句容县所出银锭据报道是2枚，但只详细列出1枚银锭的情况，丝毫未谈及另一枚银锭文字、重量等，不知两者是否完全相同（重量不可能毫无差异），故在此暂作1枚统计。

3.背阴文"元宝"字样银锭按制作者的不同，可分为两类，一类是面文有"平准"字样的，应是由政府的平准行用库制作，另一类是面文有"行中书省"和"扬州"字样，是由在扬州路的江淮等处行中书省制作。半块的3号银锭库子、秤子、银匠名字与1号锭相同，虽无制作人，但应与1号锭同为平准库所铸的一类，除过这1枚半，其他2、4、5、6、7、8号锭等6枚为扬州元宝。元代大锭至今总体存世不多，扬州元宝得见6枚实为不易。

4.扬州银锭的制作地、制作者、制作时间。银锭上铭记清楚，扬州元宝的制作地是扬州；制作者是江淮等处行中书省。《元史·地理志》："扬州路，至元十三年，初建大都督府，置江淮等处行中书省。十四年，改为扬州路总管府。"故制作者问题没有必要去纠缠伯颜是否参与;在 6 枚银锭中,据发表的材料,有 1 枚制作时间是至元十三年,其他 5 枚制作于至元十四年,从发现的比例看,应是扬州元宝十三年所作较少,十四年所作较多。近日与上海博物馆周祥研究员谈起,他告诉笔者,上博馆藏的这枚银锭经他细察,原识读为"三"者可能有误,因笔痕中有竖道,实际应辨识为"四"。如果按此说法,则至今尚未见有至元十三年的扬州元宝,仅据所见实物而言,目前有把握的扬州元宝制作时间是至元十四年。

5. 扬州元宝的制作、入库程序。扬州元宝是官府直接铸造的官锭,从戳印铭文可看到其制作程序、入库程序和责任人。制作时有销银官主持,监销铸官监督,银匠操作;入库有库官主管,验秤银库子复秤。管理制度比较严格,从不同银锭看又略有差异,如有的银锭上没有监销铸官戳印,有的责任人只列姓,有的锭上银匠只列一人,有的则列至三人。

6. 扬州元宝制作时期仅一年左右,制作和收藏银锭时直接接触的人员变动并不大,故可大致将他们列出如下(以往因戳印不清等原因,有的原释读有误):销银官王琪、王焕、王珪,监销铸官刘珪,银匠侯君用、濮文壬、温德成等,库官孟珪、王仲方、景椿,验秤银库子吴成。

7. 扬州元宝的形态。元代大锭形态多为弧首束腰形,但又略有小别,一类延续了南宋和金代银锭的形态,另一类两端的弧首弧度明显加大,腰部宽度相对显窄,面部边缘上折,表面略凹,银色较为亮白(多有"十成"章,以示成色较高)。扬州元宝一类的形态属于后一类。

8. 扬州元宝的重量。扬州元宝所见皆为大锭,上表所列 6 枚都有"(重)伍拾两"的标记戳印(2 号锭之"伍[拾]肆两"应是释读有误,其上并有将"中书省"误读为"主官□"的),"(重)伍拾两"应是扬州元宝要求的重量。所见 6 枚银锭分别重 1690.3 克、1922.1 克、1834克、1876 克、1930 克、1925 克,其中的 2 号锭 1690.3 克为不足重量要求者。其他 5 枚重量在1900 克上下者,作为称量货币,应是被允许的。银锭入库时其实际重量还要被验秤银库子复核,实际重量甚至被铭刻于银锭上,如中国钱币博物馆所藏扬州元宝上的"重四十九两九钱",即比原标明的"(重)伍拾两"少了 1 钱。利用此条记录,我们可推算出验秤银库子所用元代衡器的重量标准:49.9 两＝1922 克,1 两 ＝ 38.52 克,1 斤＝16 两＝616.32 克,这一官库的度量标准应是比较标准的,以之计算则标准的伍拾两扬州元宝应重 38.52 克×50 ＝1926 克,所以上列 6 枚扬州元宝中第 4、7、8 号银锭基本符合重量标准。6 枚扬州元宝中重量差异不小,更谈不到"至元十四年者,重四十九两"之类的说法了。

9. 戳印的打押和制作。打押在银锭上的戳印是为注明银锭类别,便于追查责任,今天对于我们来说有利于了解和辨识银锭。打押在扬州元宝上的戳印是阴文戳印,因锭面不平,戳印文字较小,印文往往不够清晰。戳印一般是整戳打制而成,但验秤银库子复核后核定的重量铭刻于银锭上时,不是手工凿刻,也不是整戳打制,而是用一颗颗的单字戳分别加刻排列而成。官员、工匠等戳印的制作似是于砂型上以一个个单字戳戳制后再浇铸制作阳文印戳,银锭上的阴文戳还可见到原砂型上以单字戳重新戳制的迹象(图 41"销银官王珪"印),在没有现成的单字戳时,也有在砂型上写字后浇铸的情况。

10. 重申对"元宝"的两点匡正。过去谈及扬州元宝往往有两点误解,一是认为扬州元宝是称银锭为元宝之始,二是认为元宝意为元朝之宝。这两种误解早已有人指出,然而仍见有人沿用旧识,故再作解说。

　　谷潜先生曾指出：银锭上字号"元宝"两字，据《元史》记载，应该是杨湜首创，早在世祖至元三年（1266年）杨湜为诸路交钞都提举，上钞法便宜事，"谓平准行用库白金出入，有偷滥之弊，请以五十两铸为锭，文以'元宝'，用之便"①。所以在银锭铸字称为"元宝"并非始于铸于至元十几年的扬州元宝。

　　元宝意为元朝之宝的说法也有问题，杨湜提出铸造"元宝"银锭是在至元三年，而"元世祖忽必烈于至元八年才定国号为元，即在元朝尚称蒙古时所铸②"。其时元朝之名尚无，何来元朝之宝，故元宝为元朝之宝的说法站不住脚。

　　那么"元宝"二字为何用在银锭之上？其实"元宝"二字用在货币的称呼上早已有之，铜钱中多有被称为元宝者，如：唐代有大历元宝、得壹元宝，五代有天成元宝、保大元宝，宋代有淳化元宝、嘉定元宝，辽代有乾统元宝、天庆元宝，西夏有天盛元宝、光定元宝，金代有崇庆元宝，蒙古汗国有中统元宝等。中统元年（1260年）十月又发行纸币，称为中统元宝交钞，亦以元宝名之。一贯面额纸币同白银一两，规定可持中统元宝钞到官库兑现白银，平准行用库的银锭其时用作钞本，以求平抑物价，通利钞法，因此将银锭"文以'元宝'"，也是顺理成章的。至于此后银锭上的元宝之义又逐渐有所发展，成为称呼后代某种形态银锭的俗称，那是后来元宝词义的演化问题了。

（本文原载《内蒙古金融研究钱币增刊》2009年第1—2期）

---

①　谷潜《半截元初平准元宝》，《内蒙钱币专刊》1989年4期。

②　郁祥桢《析"至元十四年扬州元宝"的是与否——为缅怀卫月望先生而作》，《钱币博览》1995年2期。

# "归化城"银元宝考

　　在存世的五十两银元宝中时而能见到锭面戳印有"归化城"三字者,归化城为内蒙古呼和浩特市旧城的原名,是清代至民国早期的一个经济中心,更是一个交通枢纽。大量内地的茶叶、布匹、瓷器等经由位于大青山南麓的归化城,通过旅蒙商号的驼队沿漫漫驼道运往库伦(今蒙古人民共和国首都乌兰巴托)和奇台(今新疆奇台县),部分商品并进而运抵俄罗斯。而当地的马匹、羊只和俄罗斯的呢绒、毛毯、钟表等也大量经过归化城流入内地,所以归化城又是一个经贸中心,一个大型商品集散地。故而作为当时当地的主要货币——归化城银元宝曾有较大量的铸行。

　　历经时代的变迁,币制的改革,银两货币的被收缴和销熔,归化城银元宝已存世不多,据了解见于著录、被公布的此类元宝资料有以下这些:

　　张惠信著《中国银锭》(台湾齐格飞出版社,1988)170页的"归化城永兴号"、218页的"归化城武连钰造"、324页的"归化城曹廷瑞"等3个银锭。

　　陈鸿彬著《树荫堂收藏元宝千种图录》(台湾齐格飞出版社,1988)编号84的"归化城匠王勇"银锭。

　　汤国彦主编《中国历史银锭》(云南人民出版社,1993)中的银锭497号"归化城黄登仕"、498号"归化城永丰号"、500号"归化城刘旺"、501号"归化城永兴号"、502号"归化贰拾年交"、503号"归化城张复银"、504号"归化城德成新"、505号"归化城兴盛号"等8枚银锭。

　　还有见于拍卖目录的5枚:2004秋拍3950号拍品"归化城德成新"、3931号拍品"归化城宋玉恭",2005春拍5665号拍品"归化城郝桐",2005秋拍5195号拍品"归化城马升"、5305号拍品"归化城宋玉恭",但最后这枚银锭与2004秋拍流拍的3931号拍品"归化城宋玉恭"从图上看是同一枚银锭。所以实际上见于拍卖会的归化城五十两银锭是4枚。

　　根据我们以上不完全的统计,归化城银元宝前已著录的共计16枚(且上述材料都附有黑白或彩色图样),它们虽为分散、间接的材料,但对了解归化城元宝的情况是有帮助的。

　　为了以更直接、更充分的材料探讨归化城银元宝,我们特整理了中国钱币博物馆所藏25枚归化城银元宝实物,如下表:

| 序号 | 地点、制作人 | 制作时间 | 重量(克) | 成色 | 尺寸(毫米) | 图号 |
|---|---|---|---|---|---|---|
| 1 | 归化城卢浔仁 | 嘉庆年月 | 1871.7 | | 111×72×80 | 50 |
| 2 | 归化城吴金 | 同治年月 | 1867.1 | | 111×71×76 | 51 |

续表

| 序号 | 地点、制作人 | 制作时间 | 重量（克） | 成色 | 尺寸（毫米） | 图号 |
|---|---|---|---|---|---|---|
| 3 | 归化城樊昌 | 光绪年月 | 1865 | 足色 | 111×75×67 | 52 |
| 4 | 归化城高步蟾 | 光绪年月 | 1864.7 | 足色 | 108×71×75 | 53 |
| 5 | 归化城高步蟾 | 光绪年月 | 1866.3 | 足色 | 106×68×67 | 54 |
| 6 | 归化城高步蟾 | 光绪年月 | 1865.3 | 足色 | 114×72×71 | 55 |
| 7 | 归化城石玉瑛 | 光绪年月 | 1859.8 | | 109×72×69 | 56 |
| 8 | 归化城万盛永 | 光绪年月 | 1856.6 | 足色 | 111×73×72 | 57 |
| 9 | 归化城德成新 | 光绪年月 | 1870.9 | | 112×72×71 | 58 |
| 10 | 归化城积金长 | 光绪年月 | 1866.2 | | 107×72×66 | 59 |
| 11 | 归化城兴顺和 | 光绪年月 | 1865.7 | | 105×70×66 | 60 |
| 12 | 归化城元成号 | 光绪年月 | 1866.8 | | 110×73×70 | 61 |
| 13 | 归化城樊昌 | 宣统年月 | 1868 | 足色 | 113×72×61 | 62 |
| 14 | 归化城黄登仕 | 宣统年月 | 1866.6 | 足色 | 109×74×62 | 63 |
| 15 | 归化城黄登仕 | 宣统年月 | 1863.7 | 足色 | 108×72×67 | 64 |
| 16 | 归化城黄登仕 | 宣统年月 | 1877.9 | 足色 | 108×68×70 | 65 |
| 17 | 归化城马升 | 宣统年月 | 1861.6 | | 105×62×62 | 66 |
| 18 | 归化城治成永 | 宣统年月 | 1863.4 | 镜宝 | 110×70×67 | 67 |
| 19 | 归化城德和盛 | 宣统年月日 | 1874 | | 106×70×55 | 68 |
| 20 | 归化城德和成 | 宣统年月 | 1860.4 | | 110×72×67 | 69 |
| 21 | 归化城德和成 | 宣统年月 | 1878.5 | | 101×72×67 | 70 |
| 22 | 归化城德和成 | 宣统年月 | 1879.6 | | 102×66×78 | 71 |
| 23 | 归化城樊昌 | 民国年月 | 1871.4 | 足色 | 109×71×66 | 72 |
| 24 | 归化城新盛恒 | 民国年月日 | 1867 | | 109×65×70 | 73 |
| 25 | 归化城马升 | 中华民国年月 | 1863.2 | 足色 | 110×70×72 | 74 |

**前已见于著录的归化城银元宝资料表**

| 序号 | 著录出处 | 原页码、编号 | 地点、制作人 | 制作时月 | 重量（克） | 成色 | 尺寸（毫米） |
|---|---|---|---|---|---|---|---|
| 26 | 中国银锭 | 170页 | 归化城永兴号 | 光绪年月 | 1864 | | 113×64×67 |
| 27 | 中国银锭 | 218页 | 归化城武连钰造 | 宣统年月 | 1870 | 足色 | 108×68×65 |
| 28 | 中国银锭 | 324页 | 归化城曹廷瑞 | 道光年月日 | 1870 | | 105×63×75 |
| 29 | 树荫堂收藏元宝千种图录 | 84 | 归化城匠王勇 | 道光年月日 | 1872 | | |
| 30 | 中国历史银锭 | 503 | 归化城张复银 | 咸丰年月 | 1880 | | 112×70×70 |
| 31 | 中国历史银锭 | 497 | 归化城黄登仕 | 光绪年月 | 1865 | | 110×70×65 |
| 32 | 中国历史银锭 | 498 | 归化城永丰号 | 光绪年月 | 1876 | | 112×72×70 |
| 33 | 中国历史银锭 | 500 | 归化城刘旺 | 光绪年月 | 1865 | | 110×70×65 |
| 34 | 中国历史银锭 | 501 | 归化城永兴号 | 光绪年月 | 1880 | | 110×72×66 |

| 序号 | 著录出处 | 原页码、编号 | 地点、制作人 | 制作时月 | 重量（克） | 成色 | 尺寸（毫米） |
|---|---|---|---|---|---|---|---|
| 35 | 中国历史银锭 | 504 | 归化城德成新 | 光绪年月 | 1870 | | 112×72×70 |
| 36 | 中国历史银锭 | 505 | 归化城兴盛号 | 光绪年月 | 1867 | | 102×70×63 |
| 37 | 中国历史银锭 | 502 | 归化贰拾年交 | 中华民国年月 | 1875 | | 105×72×65 |
| 38 | 2004 秋拍 | 3950 | 归化城德成新 | 光绪年月 | | | |
| 39 | 2004 秋拍 | 3931 | 归化城宋玉恭 | 宣统年月 | | | |
| 40 | 2005 秋拍 | 5195 | 归化城马升 | 宣统年月 | | | |
| 41 | 2005 秋拍 | 5305 | 归化城宋玉恭 | 宣统年月 | | | |
| 42 | 2005 春拍 | 5665 | 归化城郝桐 | 民国年月 | | | |

注：39 号和 41 号为同一银锭，两次著录。

归化城银元宝是内蒙古地区一种重要的历史货币，在广泛使用银两货币的时代，曾在该地区经济生活中产生过巨大的作用，故有必要根据所见实物和有关文献对归化城银元宝作以考释和说明。

归化城银元宝的锭面都铭有三个戳印，左上为地名，左下为制作者名，右为银锭制作时间。

1. 关于银锭制作地点归化城

归化城的位置，"归化城直隶厅，南距省治（按：归化城曾属山西，此指山西省会）九百六十里。至京师千一百八十里。广百八十里，袤二百九十里。北极高四十度四十九分。京师偏西四度四十八分"[①]。

归化城的历史，"明嘉靖中，蒙古据丰州，是为西土默特，驻牧建城，后封顺义王，名其城曰归化。天聪八年内附。顺治三年置左右翼及四副都统[②]"。《清史稿》此处所述较为简约，细言之，归化城的历史大致是：明代嘉靖时（1522—1567 年）蒙古西土默特部占据了丰州一带，明隆庆六年（1572 年）西土默特首领、明封顺义王的俺答在其驻地建城，万历三年（1575 年）明政府赐其城名曰"归化城"（取"归附王化"之意）。此城蒙古名为库库河屯（意为青城），俗呼大板升。"清兴，蒙古科尔沁部首内附。既灭察哈尔，诸部踵降，正其疆界，悉遵约束。有大征伐，并帅师以从……乾隆间，改归化城土默特入山西。"[③]清兴起之后，蒙古部归附听其指挥。归化城在清代迭经扩建，为土默特都统、副都统的驻地，雍正元年（1723 年）在此置归化城厅，属山西大同府（后改属朔平府），乾隆六年（1741 年）升为直隶厅，直属山西省，1912 年改为归化县，不再称归化城。

2. 关于归化城银锭制作时间

归化城银锭制作时间的判定，应依据银元宝上所戳打的时间戳印，这是第一手的资料。从 25 枚实物看，其中制作最早的是 1 号锭，制作于嘉庆年间，制作最晚的是 23—25 号锭，制作于民国时期，可知归化城银元宝至迟在清嘉庆时已有铸造，至民国年间仍有制作。从以上所知的 41 枚银锭来看，制作于嘉庆时期的 1 枚（1 号），道光时期的 2 枚（28、29 号），咸丰时

---

①② 《清史稿·地理志》2040 页，中华书局 1976 年 7 月。

③ 《清史稿·地理志》2395 页，中华书局 1976 年 7 月。

期的 1 枚（30 号），同治时期的 1 枚（2 号），光绪时期的 18 枚（3—12、26、31—36、38 号），宣统时期的 13 枚（13—22、27、39—40 号），民国时期的 5 枚（23—25、37、42 号），共计 41 枚。从以上统计数字，我们可以归纳出归化城银元宝制作时间的大势。嘉庆至同治时期此类银锭虽有制作，但数量不大，至光绪时期则大量制作，值得注意的是宣统时期的 13 枚，宣统年号一共只使用了 3 年，光绪年号则使用了 34 年，这数字似乎说明了宣统时期前后是制作归化城银元宝最多的时期，进入民国后，归化城银锭的制作走向衰微。

3. 关于归化城银锭制作者

银锭上大多记录有制作者的名字，通过元宝锭面上的第三个戳印我们可以考察其制作人。制作人的标示分为两类，或以铺名标示，或以制作的匠人名标示，以铺名标示者如：德成新、德和成、德和盛、积金长、万盛永、新盛恒、兴盛号、兴顺和、永丰号、永兴号、元成号、治成永等；以制作的匠人名标示者如：曹廷瑞、樊昌、高步蟾、郝桐、黄登仕、王勇、刘旺、卢浔仁、马升、石玉瑛、宋玉恭、吴金、武连钰、张复银等。以上只是归化城银元宝的部分制作者，但从前面的两个附表看，有些制作者的银锭制作时间较为集中，如德成新、高步蟾各 3 枚锭都在光绪时期，德和成 3 枚锭都在宣统时期，是否说明这些银炉的主要铸行时期较为集中，而另一些银炉则时间跨度较大，如樊昌银炉 3 枚银锭分别为光绪、宣统、民国时期，黄登仕银炉 4 枚银锭分别为光绪、宣统时期。另外不少归化城银元宝的一"翘"，常有一阴文大字，这些字应是用以区别银炉的标志（图 75）。

4. 关于归化城银锭的成色和使用的平码

在有些归化城银元宝上有关于成色的戳印，如：足色、镜宝等，意为其含银量很高。归化城五十两锭的成色有其他一些记载可资参考，"'归化足宝银'，系十足色宝银，清代山西票庄的汇兑比较，归化宝足银每千两，可折合上海九八规银 1092 两"[1]。但归化足宝银比邻近地区的一些银两货币成色略低，"包头清末民初……该地流通银两以蔚州宝最好，包头宝次之，太谷宝、城宝（归化城宝，又称假印字城宝）为最次，最次宝调换蔚州宝、包头宝，必须按成色贴色"[2]。

归化城银两所使用的平码可参考武成的一段文字，"归化城一般用城钱平，城钱平一两相当于山西祁县祁公平的一两一分八厘二毫，相当于汉口汉沽平的一两三分四厘六毫，相当于上海规元的一两九分二厘九毫，相当于天津行平的一两三分六毫"[3]。在张惠信《中国银锭》177 页的《各地通用市平每两公克数比较表》中山西栏内有"归化"使用"城钱平"，每两 37.17 克的文字。

5. 关于归化城五十两银锭的重量和尺寸

归化城银元宝的重量变化不大，在 37 个测有数据的银锭中，最重的是 1880 克，最轻的是 1856.6 克，相差仅 23.4 克，只是单枚重量的百分之一点多，使用手工操作进行熔炼、浇铸

---

① 张惠信《中国银锭》218 页，台湾齐格飞出版社 1988 年。

② 渠自安口述、刘静山整理《包头的钱行业》，《内蒙古文史资料》第 33 辑。

③ 武成《内蒙古西部地区清代及民国时期的丝茶驼道贸易货币》，《内蒙古金融研究》1999 年增刊 1 期。

而产品重量差异被控制得这么小,应该说是不容易的。并且,从时代变迁和不同银炉来看,并未引起银锭重量大的变化。

　　37枚测有规格尺寸的银元宝大小变化也不大,长度在101—114毫米之间。尺寸小有不同,一方面受浇铸银锭模具的影响,另一方面制作银锭时,要在银液液态时向斜上方两边摇出"翅","翅"的大小也影响到银锭的长、高。

　　6.关于制作归化城银锭白银的来源

　　所见到的这些归化城银元宝制作者是各家银炉,但是是谁委托银炉制作了这些银锭,制作归化城银锭的白银的来源是什么?我们认为委托者应大致来自两个方面。一是来自官方,其白银源于税收所得,一是来自商家,其白银源于经营所得。

　　归化城是通向广大塞北地区,以至俄罗斯的一个交通枢纽,明清时期大量的茶、马贸易途经此处,其中中国南方地区出产的茶叶更是运往北方的重要货物,也是国家控制和征收税款的重要物资。《清史稿》于此即记录有:"茶法,我国产茶之地,惟江苏、安徽、江西、浙江、福建、四川、两湖、云、贵为最。明时茶法有三:曰官茶,储边易马;曰商茶,给引征课;曰贡茶,则上用也。清因之。"[1]

　　清政府在归化城设有常关征税,大量收取的即是商人过关交纳的茶课。道光三年上谕中有"那彦成奏定新疆行茶章程,经户部议覆,乌里雅苏台、科布多砖茶不得侵越新疆各城售卖。兹将军果勒丰阿等奏,此项砖茶,由归化城、张家口请领部票纳税而来,已六十余年,未便遽行禁止"[2]。按此项材料而言,归化城税关的设立应是在道光三年之前六十余年,即乾隆二十九年。又有(同治)"七年,议准归化城商人贩茶至恰克图,假道俄边,前赴西洋各国通商,请领部照,比照张家口减半,令交银二十五两,每票不得过万二千斤"[3]。还有"二十四年,山西巡抚胡聘之以山西省向无机器制造局,亟宜筹办……因山西僻在内地,非通商口岸,凡办料募匠等事,用费极昂,即以归化城关税盈余之款拨用"[4]。从以上史料看,归化城清政府设有税关,收取大量关税是明确的事实,所收取的大大小小税银由归化城的指定银炉铸成五十两大锭,形成了今日所见归化城银元宝的一个主要来源。

　　归化城由于商贸活动活跃,有众多的商家在当地经营,"清代山西票号在此设有分庄的就有:大美玉、大德玉、义成谦、大德恒、大盛川、恒义隆、裕源永、大德通、长盛川、存义公、协成乾、长慎涌等十二家"[5]。这些金融铺号和其服务的广大商家,其经营所得又必有相当部分被制作成银锭,形成了归化城银元宝的另一个来源。

　　　　　　　　　　　　　　　　　　　　　　(本文原载《内蒙古金融研究增刊》2006年第2期)

① 《清史稿·食货志》3651页,中华书局1976年7月。
② 《清史稿·食货志》3659页,中华书局1976年7月。
③ 《清史稿·食货志》3661页,中华书局1976年7月。
④ 《清史稿·兵志》4155页,中华书局1976年7月。
⑤ 张惠信《中国银锭》218页,台湾齐格飞出版社1988年。

# 也说牌坊锭

## ——《牌坊锭新考》读后

牌坊锭是晚清云南的地区性白银货币,因当时云南出产鸦片、茶叶、铜等,各省白银大量进入云南(其中许多通过票号汇转),并由云南地方的银炉——兼销铺改铸成当地流通的标准银货——牌坊锭,由于牌坊锭数量多,影响大,制作监督相对规范,所以是中国近代白银货币的一个非常重要的品类。

台湾戴学文先生多年来一直关注牌坊锭这一研究课题,先后发表了《晚清传奇货币——云南牌坊锭考》、《滇银图鉴》、《牌坊锭新考》等著作,尤其是新著《牌坊锭新考》进一步广征资料,详加考订,对牌坊锭的由来、历史、分期、分类、影响、制作者、鉴定者等方面的考察几至大成。我曾在收到戴先生惠赠的新书后,致函作者说道:今后此领域的后来者"最多做做拾遗补缺而已了"。

其成果的取得,除了作者认真、严谨的研究态度之外,更得益于其研究方法,张惠信先生评价《晚清传奇货币——云南牌坊锭考》时指出,作者使用的是"二重证据法","他从众多著录、奏折、方志,以及原始文件与银锭实物着手,归纳分析并加以考证,再将文献与实物比对,互为检验"。新书承继了这一研究方法,继续挖掘银锭背后的内容,分类排比银锭本身蕴含的信息,更深入地认识牌坊锭,戴先生写前一本书"前后费时三年",其后15年间继续收集材料,他的牌坊锭资料库种类由前书写作时的370种,累计至789种,愈发丰富的研究对象,加之锲而不舍的深入探讨,大量时间、精力的投入,终成是书!

《牌坊锭新考》是了解牌坊锭历史,帮助读者学会将自己见到的牌坊锭分期、归类的必读书。但此书在台湾出版,大陆读者不易购得;内容又多以论述形式表达,为便于有兴趣者了解和比对,本文特将此书对云南省城牌坊锭的分类内容提炼出来,制表如下。

### 云南省城牌坊锭分类比对表

| 类　　别 | 兼销铺铺戳格式举例 | 鉴定戳文字 | 公估人 | 鉴定戳特点 |
|---|---|---|---|---|
| 公议牌坊锭 | 陈元昌号　公议纹银 | 公议纹银(记) | | 一戳二印　自铸自验 无鉴定人姓名 |
| 公议公估牌坊锭 | 陈鸿钧号　公议纹银 | 公议公估童看　公议公估 冯看 | 童福盛冯世有 | 单人看　一戳二印 |
| 汇号公估牌坊锭 | 源鑫隆记　汇号纹银 | 汇号公估童看讫　汇号公 估冯看讫 | 童福盛冯世有 | 双人共看　二戳共二印 |

| 类　　别 | 兼销铺铺戳格式举例 | 鉴定戳文字 | 公估人 | 鉴定戳特点 |
|---|---|---|---|---|
| 公估牌坊锭 | 周宝铨号　汇号纹银 | 公估童佘周看　公估童佘段　公估童佘陈看 | 童福盛佘庆盛段通宝周宝铨陈元昌 | 一组三人共看　一戳二印 |
| 官公估牌坊锭一代 | 戴天源号　汇号纹银 | 官公估童佘看　官公估周陈看 | 童福盛佘庆盛周宝铨陈元昌 | 两组四人共看　二戳二印 |
| 官公估牌坊锭二代 | 佘泰昌源　汇号纹银 | 官公估童佘看　官公估周陈看 | 童福盛佘庆盛周宝铨陈元昌 | 一组双人共看　一戳二印 |
| 官公估牌坊锭三代 | 陈天茂号　汇号纹银 | 官公估童福盛看　官公估佘庆盛看　官公估周宝铨看　官公估陈元昌看 | 童福盛佘庆盛周宝铨陈元昌 | 双人共看　二戳共二印 |
| 官公估牌坊锭四代 | 陈天茂号　汇号纹银 | 官公估童看　官公估佘看　官公估周看　官公估陈看 | 童福盛佘庆盛周宝铨（陈元昌印未见） | 双人共看　二戳共二印 |
| 官公估牌坊锭五代 | 朱裕源号　汇号纹银 | 官公估童看讫　官公估佘看讫　官公估周看讫　官公估陈看讫 | 童福盛佘庆盛周宝铨陈元昌 | 双人共看　二戳共二印 |
| 官公估牌坊锭六代 | 庚戌五月　裕源汇纹 | 官公估童佘看 | 童福盛佘庆盛 | 双人共看　一戳一印 |
| 城内纪月公议牌坊锭 | 雷庆源号　正月纹银 | 公议纹银（记） | | 一戳一印　自铸自验　无鉴定人姓名 |
| 城内纪月公估牌坊锭 | 陈元昌号　柒月纹银 | 公估童看讫　公估冯看讫 | 童福盛冯世有 | 单人看　一戳一印 |

　　我在收到戴先生惠赠的新书,致函作者时还提到:"看到学文先生牌坊锭资料库已收到789 种,难能可贵。继而我也想到,等有时间也许我可尝试将手头的牌坊锭资料也整理一下,与学文先生资料比对比对,或许还能补充点内容。"近期,我做了一下这项工作。由于我原收集的资料有许多与《牌坊锭新考》资料重合,所以这次的整理对象仅限于一批我曾亲自过手的,有第一手登记记录的牌坊锭,这批银锭属早年银行按杂银收兑而来(部分银锭曾见于《中国历史银锭》、《云南历史货币》),此次将它们依照《牌坊锭新考》的体系加以分类、考察,随之或提出一些想法,或进一步诠释、介绍戴先生的意见。

　　1.所整理牌坊锭的分类情况

　　此次整理共计有牌坊锭 287 种 415 枚。其中省城牌坊锭 241 种 357 枚,省城外牌坊锭46 种 58 枚。按《牌坊锭新考》对云南省城各类型牌坊锭的分类,此批省城牌坊锭中各类型统计数字如下:

　　公议牌坊锭 2 种 3 枚(例"戴天源号公议纹银/公议纹银 公议纹银"图 76);

　　公议公估牌坊锭 15 种 24 枚(例"镕丰范记公议纹银/公议公估冯看 公议公估冯看"图77);

　　汇号公估牌坊锭 20 种 47 枚(例"世有盛记汇号纹银/汇号公估童看讫 汇号公估冯看讫"图 78);

　　公估牌坊锭 73 种 123 枚(例"陈元昌号汇号纹银/公估童佘周看 公估童佘周看"图 79);

　　官公估牌坊锭共 80 种 100 枚:

内中官公估牌坊锭第一代 27 种 39 枚（例"童福盛号汇号纹银/官公估童佘看 官公估周陈看"图 80）；

官公估牌坊锭第二代 8 种 10 枚（例"福兴祥记汇号纹银/官公估童佘看 官公估童佘看"图 81）；

官公估牌坊锭第三代 24 种 27 枚（例"佘庆盛号汇号纹银/官公估周宝铨看 官公估陈元昌看"图 82）；

官公估牌坊锭第四代 4 种 6 枚；

官公估牌坊锭第五代 8 种 9 枚（例"雷庆源号汇号纹银/官公估童看讫 官公估佘看讫"图 83）；

官公估牌坊锭第六代 9 种 9 枚（例"庚戌冬月广盛汇纹/官公估童佘看"图 84）；

其他省城公估牌坊锭 8 种 10 枚；

城内纪月公估牌坊锭 43 种 50 枚（例"雷庆源号拾月纹银/公估冯看讫"图 85）。

说明：在公估牌坊锭、官公估牌坊锭第二代、官公估牌坊锭第四代的统计数字中各有 3—5 枚疑为仿品或后铸品；其他省城公估牌坊锭是指铺戳为城内兼销铺，但未盖公估戳，或公估戳不合规矩者；省城外牌坊锭因管理不严格，戳印打制较混乱，在此不做细分。

从统计数字可看出，公估牌坊锭和官公估牌坊锭数量较大，汇号公估牌坊锭和官公估牌坊锭第一代，数量一般，公议牌坊锭和官公估牌坊锭中的第二、四、五、六代数量最少。此批银锭当年是作为杂银收兑，所以以上统计数字大致可作为判断省城各类牌坊锭存世多寡的参考。

2. 牌坊锭的特色和判定

中国各类银锭其特点往往涉及许多方面，白银货币有其时代性、地域性，有其不同的器物形态，这些货币形态很多时候是作为分类基准使用的。牌坊锭的形态特征是：在方锭上打有三个戳印，中间戳印浅，两边戳印深，形成正面看如牌坊，侧面看如马鞍的形态。

从制作看，牌坊锭的制作工艺很有特色，一般的银锭是浇铸成型的，虽有打戳情况，但仅以戳记文字交代有关情况，对造型无大的影响；牌坊锭则是经浇铸加上打制工序而成型，两边的戳子向下戳打造成了其中间高两边低的特色形态。

牌坊锭由云南三槽锭发展而来，三槽锭三个戳印在一个平面上，两侧变低的形态有一个逐渐发展的过程。高低达到什么程度是牌坊锭？又牌坊锭有无重量的大致标准？等等，都涉及对是否为牌坊锭的判断。

一般银锭因是民间铸造，多缺乏文字记载，更少官方记录，可贵的是牌坊锭有着这方面的相关记录，非常有助于牌坊锭的判定。

民国官修的《新纂云南通志·币制考》有以下文字："三迤银课向参差不齐。光绪初，奸诈百出，银色竟有低至五六成色。至光绪十年前后，省城银钱业兼倾销银两各商家（市面简称兼销铺）始集会议决，创销一种方长八角形之银锭，名为牌坊锭，定为每锭重五两上下，成色以九八为标准。""嗣因各号倾销成色多不足九八，而一律照九八成色倾销者仅数家，于是公推此数家为公估商，呈报官厅立案。凡兼销铺销成之牌坊锭，必经估商审定加印公估戳记,始得以公估银通用。"

上面文字明确了牌坊锭以下几点。时间:牌坊锭是光绪十年前后创销的;创销人:牌坊锭在云南省城产生,是由一些银钱业兼倾销银两各商家(市面简称兼销铺)集会议决而创销的;特点:牌坊锭是一种方长八角形之银锭,每锭重五两上下,成色以九八为标准;公估:嗣因各号倾销成色多不足九八,于是公推有信誉数家为公估商,凡兼销铺销成之牌坊锭,必经估商审定加印公估戳记;官督:所议公估商须呈报官厅立案。

由于是光绪十年前后"创销"牌坊锭,因此要将牌坊锭的产生时间定为光绪十年前后,此前银锭不应归为牌坊锭类。

"创销"牌坊锭不久,为保证成色取信于官民,即在牌坊锭戳印间加盖公估戳,因此公估戳成为判断是否为牌坊锭,是何种牌坊锭的重要标准。省城牌坊锭的判定决定于三要素:锭形、省城内兼销铺的铺戳、省城公估者的鉴定戳。由"创销"至加盖公估戳前一小段时间的牌坊锭,因是"集会议决"的产物,铺戳间加盖的是"公议纹银(记)"戳。

3. 所见公议牌坊锭

《牌坊锭新考》考证上的一大进展是发现了省城"公议"和省城"公议纪月"牌坊锭,从而证实了《新纂云南通志·币制考》中提到的牌坊锭起源于省城的说法。因第一阶段公议牌坊锭延续时间很短,留存于世的省城加盖"公议纹银(记)"戳的公议牌坊锭数量少,且易与省外牌坊锭混淆,故寻找不易。

在笔者此次整理的银锭中,也发现了三枚省城"公议"牌坊锭,两枚是"戴天源号公议纹银/公议纹银 公议纹银"(图86),一枚是"李元盛号公议纹银/公议纹银记 公议纹银记"(图87)。前者同于戴书所列11枚之一,后者则在11枚名目之外,李元盛是《新纂云南通志·商业考》中所记录的省城兼销铺,应是一枚新发现的省城"公议"牌坊锭。此外尚有一枚待考者,其铺名戳为"万泰朵记公议纹银"(图88),文字规整,可惜无鉴定戳,万泰朵记也是省城老兼销铺,铺戳的"公议纹银"只出现在"公议牌坊锭"和"公议公估牌坊锭"两个类型中,故虽怀疑其可能是公议牌坊锭,但慎重起见,仍归类于公议公估牌坊锭中。

4. 牌坊锭的重量与尺寸

省城银钱业兼倾销银两各商家在集会议决时,商定牌坊锭每锭重五两上下,应合今185克左右。查所过手的这些银锭,重量范围基本在160—200克之间,跨度略大,个别有低至140克者,也有高近220克者。因银锭手工浇铸成型,称重使用,重量有所起伏是可以理解的。其中纪月牌坊锭重量在160—180克之间为多,非纪月牌坊锭重量在170—190克之间为多。

因多家兼销铺分别铸行,手工浇铸加打制成型,银锭尺寸并不一致,长度以53—59厘米为多,也有长至65厘米者;宽度以33—35厘米为多,也有宽至39厘米者;厚度以13—15厘米为多,也有厚至19厘米者。就总体感觉而言,官公估牌坊锭尺寸偏大的多一些。

5. 准牌坊锭形态的演进

牌坊锭"创销"于光绪十年前后,其正面看形如牌坊,侧面看形如马鞍的形态是对以往一种云南银锭形态的继承,在此姑且将这种被继承的云南银锭称为"准牌坊锭"。在此次整理牌坊锭 287 种 415 枚牌坊锭的同时，也把这批早于光绪十年的"准牌坊锭"梳理了一下。此类银锭由三槽锭发展而来，是在方锭上用戳打有三槽，戳间一般无戳，也无鉴定戳记。在审视这类银锭时，发现有两个特点。其一，三个戳记两边两个的用力程度有一个逐年发展加大的过程，逐渐形成中高边低的马鞍形；其二，重量随意性很大，此类银锭 70 克至 200 多克的都有，无一个大致的范围。以下特选一些含年号的"准牌坊锭"，展示如下："咸丰拾年"银锭（165 克，图 89）、"辛酉年份"银锭（77.2 克，图 90）、"光绪二年万顺字号"银锭（106 克，图 91）、"光绪四年源兴字号"银锭（128 克，图 92）、"光绪五年福盛字号"银锭（146 克，图 93）、"光绪柒年裕庆字号"银锭（135 克，图 94）。

6. 所见的一些"异品"牌坊锭

这里所说的"异品"牌坊锭是指鉴定戳和铺戳与前面分类比对表有异的银锭。它们大多不合规矩，却又不似伪品，故略示如下。

（1）"通宝裕记汇号纹银/汇号公估冯看讫 汇号公估冯看讫"银锭（图 95），此属汇号公估牌坊锭，应是"双人共看 二戳共二印"，但此锭是一人看，鉴定戳"汇号公估冯看讫"一戳打了两次，而却无"汇号公估童看讫"印。类似的情况还出现在同属汇号公估牌坊锭的"恒泰正记汇号纹银/汇号公估童看讫 汇号公估童看讫"银锭，以及官公估牌坊锭三代的"戴天源号汇号纹银/官公估周宝铨看 官公估周宝铨看"银锭和"佘庆盛号汇号纹银/官公估陈元昌看 官公估陈元昌看"银锭之上。

（2）"恒泰正记汇号纹银/汇号纹银 汇号纹银"银锭（图 96），此锭应打鉴定戳处，却打上了"汇号纹银"戳，可辨得是用铺戳之半打出。其锭制作规整，"恒泰正记汇号纹银"锭又多见于省城银锭中，如所整理的这批锭中即有"恒泰正记汇号纹银/汇号公估童看讫 汇号公估冯看讫"、"恒泰正记汇号纹银/汇号公估童看讫 汇号公估童看讫"、"恒泰正记汇号纹银/公估童佘段看/云瑞看讫"。此锭应是省城内的恒泰正记兼销铺制作，而未打鉴定戳者。本文将之统计于其他省城公估牌坊锭中。

（3）"雷庆泰号足色盐课/公估童看讫"银锭（图 97），雷庆泰号是省城老字号，"公估童看讫"是省城纪月牌坊锭鉴定戳的行文，但铺戳不用"公议纹银"、"汇号纹银"，也无"×月纹银"字样，却用了"足色盐课"，显见是一枚税锭，它的出现原因待考。

以上内容，正如前面所说是学习了戴学文先生新著后，整理一批完整材料之所得，属于一些拾遗补缺的文字，用以介绍《牌坊锭新考》，并略补充一些材料。

（本文原载《中国钱币》2012 年第 2 期）

# 说 铤

我国货币史上多见金铤、银铤、铤银等名称,金银的计量除了使用斤、两等计重单位外,也经常使用铤、锭等计数单位。但是,铤是什么?铤什么形状?铤这一称谓使用于金银的时间?对这些问题的认识至今仍相当含混,故有探讨的必要。

## 一、过去的看法

过去对铤的看法可以彭信威、张惠信为代表。彭信威认为:"铤是长方形的东西,多成条形,但也未必固定于某一种形式。金银铤的出现,至迟当在南北朝的时候"[①]。张惠信在《中国银锭》唐代用银一节中方始提及铤:"其计数名称则有'铤'、'笏'、'版'、'饼'等……因此'笏'也称'版',都是长方条形之物,而'饼'则是平圆形之物。至于'铤'则是最通俗的说法,亦即铸成一定形状的银,不论它是长方条形或平圆形,甚至其他形状,都可以称'铤',以别于生银或银器……'铤'是各种形状铸银的统称。"[②]

以上两说都没明确"铤是什么"和"铤什么形状"这两个问题。"铤是什么",彭说没有涉及,张说大约认为是"计数名称"或"别于生银、银器"者,也未真正说清;至于形状,彭说认为:"是长方形的东西,多成条形,但也未必固定于某一种形式",张说:"是各种形状铸银的统称",两说都归于铤无一定形状;对于出现时间,彭说:"至迟当在南北朝的时候",而张书则到唐才言及铤。

## 二、铤是什么

《说文》十四卷上金部:"铤,铜铁朴也,从金廷声。"段玉裁注曰:"朴,木素也,因以为凡素之称。"慧琳《一切经音义》第五十二卷解释得更明白一些:"铤,铜铁之璞,未成器用者也。"其意铤为尚未制成器物的铜铁。

许慎在《说文》中释铤只言铜铁,而不言金银,故有的学者如日本加藤繁据以认为:"这是表示在后汉时代只有铜铁制成铤形式,金银地金还没有这种形态……至南北朝时代始出现

① 彭信威《中国货币史》234 页,上海人民出版社 1965 年。
② 张惠信《中国银锭》20—21 页,齐格飞出版社 1988 年。

者,因为金银铸造成铤的形态是在这时候开始的。《说文》对于铤字的解释确实没有错。因此银铤在后汉时代决不能存在。"①

　　我国早已对金、银、铜、铁、铅有所认识,《说文》也有"金,五色金也,黄为之长","银,白金也","铜,赤金也","铁,黑金也","铅,青金也"等说解。汉代对经冶炼而未制器物的铜铁可称铤,那么对经冶炼而未制器物的金银可否称为铤?

　　慧琳《一切经音义》陆拾卷"金铤"条下注有"下音定,金银璞,未成器也"。所以铤也可用于指未制成器物的金银。

　　慧琳是唐代人,其书注释是否能解说汉代的情况? 在此,有必要对慧琳其人、其书略作介绍。慧琳是"唐京师西明寺僧,姓裴氏,疏勒国人(在今新疆喀什噶尔)。始事不空三藏。印度声明、支那训诂,靡不精奥。尝引《字林》、《三仓》、诸经杂史,撰《大藏音义》一百卷,起贞元四年,迄元和五载绝笔,贮其本于西明藏中,以元和十五年庚子卒于所住,春秋八十四矣"。其《大藏音义》即《一切经音义》,此书在我国五代时已散佚。但高丽曾求其书于契丹,又由高丽传入日本,清末始由日本返传回我国。丁福保披阅之下,发现"是书除有功于比邱居士读经注经之外,而经史疑义,求之注疏不得者,辄于是书采获证佐,豁然明晰。所引书传,皆隋余唐初之本,文字审正,足校今本诡脱之谬。其于许氏说文之学及编辑隋唐前之逸书者,为功尤不可以缕指数……诚艺林不可少之书,亦今世不多得之本也……是书义有师承,语有根据,包罗群籍,羽翼六艺,周秦汉魏六朝之训诂咸具于斯"②。所以这本书有着相当程度的可靠性,并引用有大量今已不传的典籍。就在这本书第二十九卷,在对《金光明经卷第五》的注释中,我们还找到了一条谈及铤的关键材料:"铤,亭顶反,上声字,许叔重注淮南子云,铤者,金银铜等未成器铸作片,名曰铤,形声字也。"许慎字叔重,博通经籍,当时就有"五经无双许叔重"之评,曾从公元100年至121年,历时22年写下了《说文解字》,许慎注《淮南子》的《淮南鸿烈解诂》今已不传,但慧琳《一切经音义》保留下他的一些解说。许慎本人注释《淮南子》的话当是对《说文》铤字注解的最好补充和说明。根据这段有作者、有出处的话,对于金银铤即可有一个大致的理解了,那是经过冶炼之后,尚未做成器物之前的金银坯料。许慎是东汉(后汉)时人,根据他的记述,至迟在东汉金铤、银铤即已存在,说它们至南北朝时代始出现的观点是不能成立的。

## 三、铤的形状

　　铤有无一定形状,是否"未必固定于某一种形式"或具有"各种形状"? 金银计数的量词常用铤、笏、版、牌等,而笏、版、牌都具有一定形状,类推之,铤似也应有某种形状。那么铤银——铤状之银,银铤——银质之铤的"铤"究竟何状? 通过许慎注《淮南子》所说:"铤者,金银铜等未成器铸作片,名曰铤",可知铤应为片状,因是浇铸成型,而非打制成型,厚薄上应是

---

　　①　加藤繁《唐宋时代金银之研究》下册234页,和记印书馆1944年6月。
　　②　丁福保《重刊正续一切经音义序》,《正续一切经音义》5791页,上海古籍出版社1986年。

较扁平的状态。然此指的是厚薄，其形为圆、为方、为长……则不可知，且未见有关记载。故在此欲从语源角度作一探索，由铤字之"音"入手，探铤物之"形"。

　　铤是一种社会事物，这一事物在古代人们的语言、文字中肯定会有所反映。金属铤是人们学会冶炼金属后的产物，这一事物出现后需给予一个名称，此类命名常借助于原已存在的同形态物的名称——取同音、近音名之。王念孙在《广雅疏证》中曾指出："草木鸟兽同类者，亦得同名——盖即一物之名，而他物互相假借者，往往而有……凡事理相近者，其名即相同。"程瑶田在《释草小记》和《果蠃转语记》中也说到此类命名新事物的情况，"诸物称名相同，或以形似，或以气同，相因而呼，大率不可为典要，而其势有不得不相借者，声随形命，字依声立，屡变其物，而不易其名。屡易其文，而弗离其声"。正因为同类物在语言中往往命以同名、同音，所以我们可据古音以求古义，找出与铤古音相同的事物，看其形态，以求证铤的形态。

　　铤，上古音属定纽耕部，中古音为定纽迥韵上声开口四等。下面列举的这些词中古与铤同音、近音，又这些词文字表现形式都以"廷"为声符，上古音与铤也相同相近。

　　"侹，长也，直也，代也，敬也。"（《广韵》迥韵）"婷，长好貌。"（《广韵》迥韵）"莛，草茎。"（《广韵》迥韵）"珽，玉名，《说文》曰：大圭长三尺。"（《广韵》迥韵）"天子搢珽。注：珽之言挺然无所屈也。"（《礼记·玉藻》）"庭，门庭，又直也。"（《广韵》青韵）"廷，《风俗通》云：廷者，平也，又正也。"（《广韵》青韵）"挺，直也。"（《集韵》迥韵）"颋，狭头貌。"（《集韵》青韵）"涏，波流直貌。"（《集韵》径韵）"梃杖，谓之梃。"（《小尔雅·广服》）

　　以上词汇多为形容词或名词，形容词多表长、直的性状，名词多为长、直的物品。

　　历史演进，社会发展，事物渐多，需有相应的词语对新事物加以指称，新事物与语言中原有的某词所表现的事物"或以形似，或以气同，相应而呼"，而得其名。这些音同音近，义同义近的词，构成了一组同源词。具体到我们所论及的这一组词，这些词都有着相同的"长、直"义的词汇内核，又有着相类词汇的物质外壳古代读音。通过这些词音义的归纳、列举，可以推断出与这组词有相类语音形式的铤，其形态也应具有长、扁平的特点。

　　从语言角度推导出的结论可得到两方面的印证。

　　一是古代铤可与笏通用，如唐时于逖所作《灵应录》载："陈太者，先家贫，贩纸为业，而好施。有一僧……每来求食……如此三载，而陈氏供待如初。忽一日……僧笑曰：'我有白金五十铤，酬尔三年供养'……遂掘之，果获五十笏。"笏原本是古代朝见时大臣手中所执的狭长的薄板，笏与铤互用，可证铤为长、直、扁平之形。

　　二是可以一些见于著录的金银铤实物相印证。唐"员外同正金铤"，上凿"金式拾两铤专知官长员外同正"，长14.7、上宽1.5、下宽2、厚0.4厘米[1]。唐"乾元元年铤"，长18.7、宽4.2、厚0.45厘米[2]。唐"饶州税银"，上刻"饶州开十九税山课银壹铤五十两"字样，金铤长30、宽6.5、厚1.2厘米[3]。在西安八府庄大明宫遗址发现的唐天宝银铤，长市尺一尺上下，

---

　　①②　《中国山西历代货币》81页，山西人民出版社1989年。

　　③　　张惠信《中国银锭》22页，台湾齐格飞出版社1988年。

宽两寸多,厚一分许到三四分①。这些铤都属唐代金银铤,有些还刻明"铤"的字样,形态上基本都是长、直、扁平的条形。

这样据得名由来推导出的结论得到了其他两方面的佐证,我们可以说,金银铤呈长、直、扁平的条形(作为坯料不排除有略厚的情况)。

金银铤的形态在唐代以后逐渐发生变化,条形逐渐演变为束腰砝码形,其重量也逐渐规格化、等级化,如出现五十两、二十五两、十二两半等类型。这是与唐宋时期白银货币性的加强相联系的。唐代之前金银铤的基本用途是作为制造金银器物的原料,唐宋时期白银在一定范围内已被用作购买物品、缴纳赋税、官员俸禄、军用开支等。政府和民间白银使用的广泛性,必然要求白银的形状适应这种变化,以方便携带和使用,所以用作货币的铤形向规范化、标准化、等级化发展,逐渐脱离了原来较为粗疏的形态。

## 四、铤称谓的被替代

宋元时期铤逐渐改称为锭,南宋至元初是这一转变的关键时期。西塞山出土的南宋银铤②,上面刻的文字仍多称铤,如第 6 号"京销铤银霸北街东沈铺",第 11 号"京销铤银霸北街西韩宅",第 41 号"黄字号京销铤银重拾式两半霸北左宅欧三验讫",第 133 号"京销铤银重拾式两半赵宅渗银"。但已有在银货上刻锭字的了,如第 25 号"帐前统治官张青今解到银柒千陆百两每锭系市称五十两重"。不但在同出的南宋银铤实物上时而用铤字,时而用锭字,在南宋人的笔记中也有此类反映。《齐东野语》的作者周密,生于南宋理宗绍定五年(1232),卒于元成宗大德二年(1298),据《齐东野语》淳绍岁币条载:"绍兴岁币,银二十万两,绢二十万疋。枢密院差使臣四员管押银纲,户部差使臣十二员管押绢纲。同左帑库子、秤子,于先一年腊月下旬,至盱眙军岁币库下卸⋯⋯例用岁前三日,先赍银百铤、绢五百匹,过淮呈样金人⋯⋯于所赍银、绢内,拣白绢六疋,银六锭,三分之,令走马使人,以一分往燕京,一分往汴京漕司呈样,一分留泗州岁币库,以备参照。"③此书中,也是铤、锭混用并称。至元代,一般就不称铤而称锭了。有人统计过,在《元史》二百余卷中,铤字只二三见而已。

为什么铤这种称谓逐渐退出使用,转而选用了锭?锭是什么?与铤有什么关系?

宋代大量砝码形银称铤,可知其时铤的形状已非条形,故此,没有理由说铤、锭称谓的更替是形状变化引起的。加藤繁认为两字替代的原因在于声音,"按锭字⋯⋯惟因声音相同,字画稍简单,所以用此字代之"④。其实锭字笔画并不比铤字简单,而他提出两字替代源于声音则是对的,可惜只寥寥一语,没有深入。为什么称谓的变化发生在宋元时期?何以会弃却久已习用的旧名而启用一新名?铤变称锭的时期主要在宋,到元代已基本完成了称谓的变化。与之相对应,历史上汉语语音的两项变化:全浊声母清化和全浊上声变为去声,也主要

① 李问渠《弥足珍贵的天宝遗物》,《文物参考资料》1957 年 4 期。
② 陈上岷《谈西塞山出土的宋代银锭》,《中国钱币》1985 年 3 期。
③ 周密《齐东野语》214 页,中华书局 1983 年 11 月。
④ 加藤繁《唐宋时代金银之研究》上册 229 页,和记印书馆 1944 年 6 月。

发生在宋代,至元代也基本完成了语音的转变。

铤的中古音在《广韵》上声迥韵"挺"小韵(徒鼎切)内,属全浊定纽字。《广韵》成书于北宋1008年,上声迥韵定纽这一音可说是铤在隋唐时的音读。《集韵》由丁度等奉敕编纂,于宝元二年(1039年)成书,宋仁宗令其书"务求该广",收字比《广韵》多了一倍,相当程度上反映了宋代的实际语音状况。《集韵》中铤有二音,一在迥韵挺小韵(待鼎切),属上声迥韵定纽;一在迥韵汀小韵(他顶切),属上声迥韵次清透纽字。《集韵》显示北宋时铤字除保留隋唐时的读法外,又多出了一音,这两音的差别仅在于声母,一为定纽,一为透纽。在浊音清化、浊上变去的语音变化潮流中,铤这两音的变化趋势是:第一音即定纽读法的一音,其声调由上声转为去声,与锭字读音趋同;第二音即透纽读法的一音,因声母属清声母,不受上述两条音变规律的影响,仍为透纽上声字,后发展为现代普通话的铤音。

锭与铤原本是意义上毫无关联的东西。《说文》"锭,镫也","镫,锭也,从金登声"。徐锴注:"锭中置烛,故谓之镫,今俗别作灯,非是。"颜师古注《急就篇》:"镫所以盛膏夜然者也……有柎者曰锭,无柎者曰镫。"所以锭本义是古代一种放置膏油点燃的灯,下面有足。

由于音变后铤的原定纽的那一读音变读为端纽去声,声母、声调同于锭字的读音,而韵母原来就一样,使得铤的这一音完全相同于锭的读音了。因为这种语音的相同就逐渐混用了铤、锭二字,由此锭才被"因声托事"借来表示了金银货币的名称和单位,当时间渐长,锭字用法也越来越固定,甚至逐渐替代了铤字。这一语音的演变过程应是铤称谓为锭所取代的原因。

综上所述,金银铤是经过冶炼后尚未制成器物之前的金银坯料,金银铤的形态是长、直而扁平的条形。至迟在东汉,金银铤这一名物即已产生。铤在南宋至元初转而被称锭,称谓之所以发生替代是受了同时期汉语语音演变的影响。

(本文原载《中国钱币》1991年第4期)

# 对 1466 枚银锭整理材料的统计和分析

　　白银曾在中国货币史上起过重要的作用,唐宋以来其货币性不断加强,至明英宗时期(15 世纪中期)而成为完全货币,其后,中国的银两货币——银锭作为我国的主要货币流通使用了四百多年,在中国的经济、金融等方面发挥了巨大作用,直至上世纪 30 年代,随着"废两改元"的施行,银锭才退出了流通领域。

　　但对于银两货币的方方面面,我们的认识还并不清楚,所做的研究也很不充分,其原因是多方面的:钱币界对白银的重视历来远远低于铜钱;货币史的研究者侧重于对白银货币宏观的考查;对民间使用的银两,政府并无统一的规范,由各地银炉手工自铸,造成形态、种类多种多样,却又缺少相关文字记录;民国时期的几次币制改革,大量收兑、销毁银锭,乃至明令百姓不得持有金银货币,造成当今银锭存世无多,一般人难以接触到较充分的银锭实物。这些原因影响了我们对白银货币的认识,影响了我们对白银货币存世种类的了解。即使有些研究也是偏重于银锭个体性的探讨,而很少对银锭做群体性的讨论。

## 一、对一批银锭的情况介绍

　　中国钱币博物馆前不久对一批库存银锭进行了整理、登录,这批银锭是早年从社会上按杂银的价格由银行方面收兑而来,上世纪 80 年代末从三四百箱杂银中拣选出来的。上世纪 90 年代初原山西省人民银行将拣选出来的这批银锭全部上交到中国人民银行总行金银管理司,后移交至中国钱币博物馆。

　　这批银锭被分装在 59 个木箱之中,每个木箱都有装箱单,记录装箱人员以及箱内杂银重量等。箱中银锭没有分类。

　　这批银锭共 1466 枚,总重 1154384 克,这批银锭的整理,对于分析和了解遗存至当代的银锭存世状态,甚至对推测清代和民国初年的银锭存世的状态有着很高的参考价值。其原因有以下几点:(1)具有客观、真实反映民间存世银锭的价值。这些银锭是人民银行早年(新中国成立后至上世纪 80 年代)直接从社会分散收兑而来,按杂银收入,其时注重的只是材质和重量,是按杂银的重量论价。收兑双方在当时的年代里,绝不曾想到这些只有中国人民银行才有权收购的白银将来还会重现辉煌。当时对其并无文物价值的观念,毫不关心其是否曾为货币,是否是稀缺的银锭品种,因此这些银锭无伪造、改造之虞;(2)此批银行收兑进来的白银先按杂银封装,后将其中的银锭挑出(为编写《山西历代货币》),这种拣选与博物馆与藏家的收藏有明显不同,博物馆与藏家的收藏注重银锭的品相,注重有价值的、稀缺品种的挑选,但在真实反映银锭存世状态方面则相对欠缺。而这批银锭则基本保留了从民间收兑时的原始状态,且入库后一直按银行库房管理制度保管;(3)据曾参与此批银锭拣选的刘建民先生告知,这批原存太原的银锭是在山西省内收兑而来,故此批银锭基本可以反映北方、特别是山西银锭的存世情况;(4)具备有一定的数量,59箱内1466件银锭的数量具有了一定的涵盖面,具有了一个足以提供分析的量。

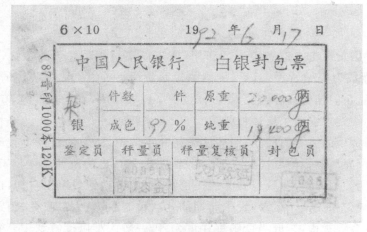

木箱上贴的杂银封包票

## 二、对这批银锭的分类统计

(一)早期银锭

在这批银锭中发现了一些不同时代的早期银锭,它们出土或发现的原始状况已无法考究,这批早期锭计有:唐宋船形银锭2枚、宋金弧头束腰板形银锭10枚(其一为切割过的残块)、元代银锭2枚、明代银锭29枚。早期银锭从数量而言占总体的2.93%,从重量而言占总体的3.45%。

(二)清至民国初年银锭

由于数量很大,这一时期各地使用的银锭又大都具有地方性的形态,故以下按器物形态加以分类。

1. 腰锭

腰锭形态是锭面略凸,束腰,两端圆,底平,锭面腰处打一条戳。文字为地名或铸行者的名字。腰锭是这批银锭数量中的一个大项,共有332个,占总银锭个数的22.65%。腰锭一般重四五两,经称量这些腰锭大多重量在150—200克之间,极少数有少至130克左右,乃至100克的,重的可至240克,这些腰锭共重61910.7克,占银锭总重量的5.36%。腰锭主要流通于河南、山西,锭面腰部条戳文字多见有洛阳、嵩县、商丘、信阳、绛州、曲沃、闻喜等地名,还有些条戳文字是店铺或工匠名,如日升长、德兴恒、祥裕、侯自新、佘嵩年等，用以昭明信用。

### 2. 槽锭

槽锭其形态为起边，下圆形，面压一方戳印（表地点、铺名或人名）。槽锭也是这批银锭数量中的一个大项，共有 210 个，占总银锭个数的 14.32%。槽锭一般重三至五两，经称量这些槽锭重量起伏较大，大多重量在 110—200 克之间，轻的有不足 100 克的，重的有达到 240 克的，这些槽锭共重 31597.7 克，占银锭总重量的 2.73%。槽锭主要流通地点为陕西，甘肃也有一定数量的使用，锭面方戳文字多见有西安省永兴庆、甲寅韩城李财、会镇宝顺、三原厘局等。

### 3. 椭圆锭

椭圆锭锭面椭圆，起边，下圆形，一般面压二至四枚戳印。椭圆锭在这批银锭中数量中等，共有 72 个，占总银锭个数的 4.91%。椭圆锭一般重十两左右（少数重五两左右），经称量这些椭圆锭大多重量在 330—380 克之间，这些椭圆锭共重 24883.8 克，占银锭总重量的 2.15%。椭圆锭又称"圆锭"、"票色银"、"川白锭"，主要流通于四川、贵州、湖北、陕南等地。锭上戳记记录店铺、地名、时间、银料所涉税收来源等，如"合江县 宣统元年 匠裕国泉"、"新繁县 二十七年 地丁 匠涂裕盛"。

### 4. 中元宝

中元宝是相对于大元宝和小元宝而言的，中元宝一般重十两左右，形态为两边起翘，锭面压一至四枚戳印。中元宝在这批银锭中数量较多，共有 197 个，占总银锭个数的 13.44%。经称量这些中元宝重量大部分集中在 350—400 克之间，低于 340 克的很少，这些中元宝共重 71451.5 克，占银锭总重量的 6.18%。中元宝多见于山东、河北，其中有官府的盐课银锭，两竖戳，多为"山东盐课"、"李金城"之类；有地名银锭，戳印一横两竖三戳，如"海阳"、"光绪年月"、"匠鞠正"等；有商铺银锭，多两戳，如"谦和成"、"十足色"等。

### 5. 大元宝

大元宝又被称为马蹄银。大元宝在这批银锭中数量最多，共有 481 个，占总银锭个数的 32.81%。大元宝一般重五十两左右，经称量这些大元宝重量大部分集中在 1840—1890 克之间，低于 1820 克和高于 1890 克的很少，这些大元宝共重 894250.6 克，占银锭总重量的 77.40%。从地名上看，还有一个值得关注的地方，一般银锭冠有地名时，地名都是县级以上的地方，而在大元宝上的地名，有一部分却是县级以下的地方，如会镇、西包镇、柳林镇、碛口镇等，其中的会镇地名还出现在此批银锭中的 36 枚槽锭上。

### 6. 方宝

方形大锭主要见于江西，称江西方宝，一般重五十两。方宝形态底和面皆呈方形，面的前后向上起边，锭面压有多方戳印，戳记表明地点、时间、制作者、重量等。方宝以万年、万载、万安三县所铸为多。方宝是这批银锭中数量较少的一项，共有 10 个，占总银锭个数的 0.68%。经称量这些方宝重量变化不大，重量在 1870—1880 克之间，这些方宝共重 18757.5 克，占银锭总重量的 1.62%。

### 7. 小银锭

小银锭指的是小重量的银两,与前几类银锭相比其制作不够规范,重量以二三两的为多。小银锭共计有 97 个,占总数的 6.62%,小银锭总重量为 6067.6 克,占总重量的 0.53%。小银锭的形态多样,有小元宝形的,有椭圆形的,有圆形的,也有碗形的。

8. 杂类银锭

杂类银锭之名并不规范,在这里只标示一些不属于前面 8 种类别各只有寥寥几个的"杂类",多为南方银锭,计有砝码锭 3 个(共重 1013.4 克),圆锭 13 个(共重 2693.9 克),椭圆镜面锭 4 个(共重 1111.4 克),华俄银行小元宝 3 个(共重 372.5 克),银砖 1 个(重 1400.7 克),共计 24 个,总重 6591.9 克,占总银锭个数的 1.64%,占银锭总重量的 4.24%。

## 三、对这批银锭的分析讨论

从这批分散来自民间的银锭,我们能分析、了解到以下白银流通方面的信息。

1. 这批银锭应反映的是山西银锭的存世、流通情况。从这批银锭所铭地名看,大部分属山西,所见同地铸造数量在 10 个大元宝以上的地方有 11 处,有 9 处在山西,这批大元宝中太谷县铸造的最多,达到 78 个,其次祁县 39 个、平遥 30 个,山西以外的两处一是蔚州,属河北省,而紧邻山西;一是归化城,虽属内蒙古,但当年却是晋商进行贸易活动的一个重要地点。内蒙古归化城(呼和浩特旧城)银锭和河北蔚州银锭流入山西是因这两个地方毗邻山西,与山西商人在其地的商业经营密切相关。

2. 从这批银锭的重量级别看,各地银两的使用一般被铸造成三个等级。大锭为五十两左右的银锭(大元宝、方宝),中锭有的地方为十两左右的银锭(中元宝、椭圆锭、砝码锭),有的地方中锭为四两左右的银锭(槽锭、腰锭),小锭为二三两以下的银两,形态各异。

3. 不同重量级别银锭的分布状况差异明显。从这批银锭的统计看,五十两的大锭(大元宝和方宝)在这批银锭中数量最多,占总银锭个数的 33.49%;大锭在这批银锭中重量占比重更大,竟占银锭总重量的 79.02%。中锭中十两左右的(椭圆锭和中元宝)占总银锭个数的 18.35%,占银锭总重量的 8.33%;中锭中四两左右的(槽锭和腰锭)占总银锭个数的 36.97%,占银锭总重量的 8.09%。小银锭的个数只占总数的 6.62%,小银锭的重量只占总重量的 0.53%。

4. 以上统计所显示的大锭比例之大和小锭比例之小是出人意外的,也是很值得注意的。存在一般而言是需求的反映,大锭比例之大应理解为,这一时期银两货币仍然主要承担着大额支付的功能和储藏的功能,因此需要大批的大额银锭;两类中锭加起来重量比虽不是很大(16.42%),数量则占到 55.32%,却反映了它们是日常流通使用的主要重量类型;小锭比例很小,且其中多有"喜"、"寿"等吉语锭,应是用于特定吉庆场合,表现出在小额交易中银两的使用并不广泛。从以上银两货币的重量分布构成上,似是向我们展示了其时"大数用银,小数用钱"的状态。

5. 我们知道清代银锭流通实行地区性的保护措施,各地都排斥外地银锭的流入,流入者必须重新熔铸成当地银锭(符合成色、衡制、形态要求)方可使用。然而在山西收购到的银两货币却有大量显然是外地流入的,它们未被改铸,数量巨大。仅以主要流通于山东、河北的十两元宝(197 个)、陕西的槽锭(210 个)、四川的椭圆锭(72 个)看,即已达此批银锭总数量的近三分之一,如再加上外地的大元宝、河南的腰锭等数量更大。如何理解这一现象?我们认为这现象揭示出,在当时的某些特定地区,存在着流通使用相邻地区和商业往来密切地区特色银锭的情况。山西出现这种现象,与山西票号在各地经营尤其有关。其经营的银钱汇兑,沟通着各地的银两交流,也为各地银两在山西的使用,以及平、色的认定提供了方便,因此使某些地区的特色银两得以在山西流通。

6. 银锭的制作时期肯定应是一项值得关注的内容,除早期的银锭外,打有年号的共有502 枚,绝大部分都是大元宝,计有嘉庆 3 枚、道光 12 枚、咸丰 55 枚、同治 12 枚、光绪 206枚、宣统 102 枚、民国 112 枚。可以看出,光绪、宣统、民国这 3 个时期的银锭存世量较多,而清其他各朝留存量则较少或没有。这说明银两货币在纸币、银元盛行的清末民初仍大量流通于北方,特别是山西一带。

7. 银锭的制作者也是一项值得关注的内容。为昭示银锭质量,银锭上多打有制作者的戳印,这些制作者多有信誉,人们在授受时可放心使用。查看此批银锭的戳印,见有银匠于文、匠刘春、马振铎、阎文明等,应是制作者之名,有泰山炉、德顺炉、鸿升银炉等应是制作银锭的银炉名。但是,大量银锭上的戳印名称,如晋泰银号、同和银号、志积银号、江西官银号、湖北厘局、和泰银局、华俄银行等则不一定是银锭的直接制作者,而是委托银炉制作银锭者,或可称为银锭的间接制作者、发行者。另有相当数量的戳印铺号如兴隆号、聚生魁、谦源胜等尚分不清是银炉名还是一般商铺名。直接记录委托者的名号很可理解,银炉乐意承揽大客户的来料加工业务,这些大商铺和银局、厘局、官银号等本身自有信誉,不必铭刻铸造银炉名字,其发行的银锭自可畅行流通。所以说,银锭戳印上的名字可以是直接制作者,也可以是间接制作者。

(附记:本文是在对 1400 多枚银锭进行整理的基础上写成,参加库房银锭整理工作的有金德平、赵颐丽、王金华、张芳,特此说明。)

(本文原载《内蒙古金融研究钱币增刊》2005 年第 2—3 期)

# 论我国主币单位"圆(元)"之由来

## ——兼说辅币单位"角"、"分"

货币在当今的经济生活中起着重要作用,货币单位"圆、角、分"为人们所习用,然而这些最为大家熟悉的货币单位,特别是主币单位"圆"的由来如何? 它们产生的背景、原因、时间,以及确立过程都有探讨的必要。

## 一、货币单位"圆"的产生背景

"圆"是在西方货币的影响下,我国旧的货币制度走向崩溃,新的进步的货币制度逐渐形成中的产物。货币单位"圆"的出现与新货币形态紧密相关,欲讨论"圆"的由来必先了解新型货币的由来与发展。

有清一代,实行银钱并行的货币制度,白银的使用较前有了很大的发展,白银多被铸为元宝形、锭子形等使用。这类银质货币无统一形态,无统一含银量,无统一的铸行、管理部门,各地所行的银锭称量标准又不一致,故交易、授受白银时,须验成色、称重量、做计算,时起争执,使用者倍感烦难。康有为等当时就曾指出:"而吾元宝及锭,形体既难握携,分两又无一定,有加毛、减水、折色、贴费之殊,有库平、规平、湘平、漕平之异,轻重难定,亏耗滋多。"[①]银两制的种种不便,必然促使人们去寻找一种不同于银锭的货币形态,寻找一种更简便易行的货币制度。如果处于一个完全封闭的封建社会体系内,这种改革的开始以至完成将经历一个异常漫长的过程。

远在万里之遥的欧洲,自经历一场产业大革命之后,商品生产能力大大提高,资本主义势力迅速发展。为获取更大的利润,大力发展航海能力,伴随着殖民政策将其产品推向全世界。他们的这种世界性贸易活动对中国产生了直接影响,封建封闭性被打破了,东西方以海路为主要通道的贸易大大发展了,中国的丝、茶、瓷器等商品大批出口,在贸易中西方货币大量流入中国。

西方产业革命后,高效率的机器生产也被用于货币制造,大量成色划一、重量相同、形制整齐、图案美观、可以计枚行使的银圆被大批量生产出来。这种白银货币随西方贸易船舶源源进入中国。

---

① 中国人民银行总行参事室《中国近代货币史资料》(第一辑) 636 页,中华书局 1964 年。

## 二、西方银币对中国的影响

### 1.西方银币大量流入中国

西方商人来到中国,面对基本上处于自给自足状态的中国人民,他们打算销售的商品在中国不受欢迎,而中国盛产的丝、茶、瓷器等,西方却大量需要。外国商人不得不用西方的银圆进行交易购买,致使大量外来银圆流入中国。西方银圆大量流入中国始于明代中晚期,前后流入的外国银圆不下几十种,其中在中国影响最大的是西班牙的"本洋"(制造于西班牙的殖民地墨西哥)和墨西哥的"鹰洋"(1823年墨西哥独立后所铸)。

由于欧美白银供过于求,银价跌落,而将银圆运到东方有利可图;外国银圆因便于使用,后来社会上甚至出现银圆价格高于同重量银两货币的情况(外国银元成色大多低于银锭),外国商人纷纷以银圆套购白银,及用出售鸦片所得白银,运回本国再加工制造银圆,输回中国以赚取差价。这又加剧了外国银圆的流入。

### 2.中国民间对外国银圆的接受

外船来华,清政府并不愿与他们通商贸易,故外商多在沿海与商民作私下交易。流入中国社会的外国银圆开始只被视为银块,使用时须与银两一样称重、验色,转手之间又需不断重复这种过程。时间渐久,经多方验证,人们得出结论,同种类外国银圆的重量、成色相同,可以放心使用。所以外国钱币逐渐被以枚计值,广为接受,免去了种种麻烦和争执,以至出现自闽广、江西、浙江、江苏,渐至黄河以南各省洋钱盛行,出现凡完纳钱粮及商贾交易无一不用洋钱的状况。这种情况在一些官吏的奏折上反映得很清楚:"洋银一项,来自夷船,内地因其计枚定价,既不必较银色之高低,又无需称分量之轻重,远行服贾,便于携带,是以东南沿海各省市廛通行,而粤东为夷人贸易之所,行用尤广。大商小贩无不以银洋交易,海口出入向不查禁。"[①]外国银圆的流入,在中国市场上出现了一种新的货币形态,由于可计枚流通,使其货币的最主要职能——交易媒介的性能大大优于中国的银两货币,中国市场对新型银币的欢迎和需求,是外国银币得以大批量进入中国的客观条件。

### 3.清政府对洋银冲击的反应

面对外国银币大批涌入中国市场,银两在市场受到排斥的状况,清政府出于其保守性和对白银外流的忧虑,对外国银圆采取了排斥、抵制的态度。道光皇帝在道光九年曾下旨:"向来外洋与内地通市,止准以货易货……该御史奏称该洋人赋性狡黠,纯用机心,卖物则必索官银、制钱,买物则概用番银夷钱,银低钱薄,仅当内地银钱之什七。或仍以番钱给还,则断不收纳,是以番银之行日广,官钱之耗日多。嗣后该省通市务当恪遵定例,止准易货,毋许易银。"[②]但是,外商在中国进行的是民间贸易,使用不使用货币,使用何种货币决定于交易双方,官府的态度并不起决定作用;外国银圆使用涉及的是外国商人的利益,外商的经济利益

---

① 中国人民银行总行参事室《中国近代货币史资料》(第一辑)43页,中华书局1964年。
② 刘锦藻《清朝续文献通考·钱币一》7692页,浙江古籍出版社1988年11月。

受到西方殖民政策、炮舰外交的支持,软弱的封建统治者不可能实行断然的政策,禁绝外币的流入和使用;民间对货币选择,一旦形成使用习惯,"自难骤加遏绝"。所以清政府在具体处理时只能是软弱和无奈。

一部分清政府统治阶层的人士,在这种形势下,也看到了外国银圆的先进性,主张中国自造银圆,以收利权。咸丰时即有周腾虎提出铸银钱,"今洋银之贵无已,若不为之变通,竞趋争用,其用愈急,其害愈深,病国病民,莫此为甚……故为今之计,宜准洋银分两,铸造银钱,以钢铁制为板式,面为咸丰宝货,环以年月并银工名字,摹文为龙凤,环以满文,亦仿洋钱之式,以板石椎而成之……今一仿洋银之式,变其文字,以为中国宝货,凡官府与民间,以及丁银田税关市之征,无不取之于此,便民甚矣。何为而不行耶"[①]。从这段话可明显看出,这些有识之士是要"为之变通","仿洋银之式",制造中国本国的新银币,用于公私交易,与洋银相"竞趋争用",以免洋银"病国病民"。但此类主张或被斥为"变更成法,窒碍难行",或被置之不理。

直至光绪年间,两广总督张之洞力主中国自铸银元,几经周折,"始用机器如式试铸,李鸿章继任续成之"[②]。这是中国地方政府首次得到朝廷批准,使用外国造币机器自铸的新式银币,正式开铸时间是光绪十六年(1890)四月初二。因所造龙洋受到社会欢迎,湖北、北洋、江南、安徽等地紧接着纷纷开铸,终于中国自己的银圆流通在了自己的国土上。

## 三、中国主币单位"圆"的使用

### 1.中国货币单位"圆"源于"银圆"之名

外国银币流入中国后,中国民众必然要给这种流通于市的新型货币以某种"称呼"。由于其时不可能有人来作统一规范的命名,所以出现了杂乱、多样的命名。从来源角度出发者,名之曰洋银、番银、洋钱、墨洋等;从图案角度出发者,名之曰大髻、小髻、篷头、蝙蝠、马剑、双柱、花边、鹰洋等;从与小银币相对角度出发者,名之曰大洋;从形状角度出发者,名之曰银圆。应该说银圆是多种名称中较为科学的称呼。这个名称突出了与旧银两制货币形态上的根本差异——圆形;可作各类外国银币的统称;其含义并可涵盖中国自己后来铸造的龙洋、袁像币、帆船币等。所以银圆之名早有使用,且行用最广。

银圆使用的最大优点,在于成色、轻重有定规,不需称重验色,可计数使用,这样原银两制的单位量词两、钱、分、厘等已不适用,而需有与银圆相应的特有的单位量词。故从名词"银圆"派生出了此物的单位量词"圆",这是老百姓约定俗成的创造,也合于汉语量词产生的规律。如名词"担子"引申为量词"担"——一担(柴);名词"尺"引申为量词"尺"——三尺(布)等。所以名词银圆引申表示货币数量的量词"圆",与数词相结合,形成"五圆(钱)"之类的用法,自在情理之中。清末度支部尚书载泽将"圆"的来历解释为:"货币计数,当先定名。

① 刘锦藻《清朝续文献通考·钱币一》7692 页,浙江古籍出版社 1988 年 11 月,7700 页。
② 《清史稿·食货志》3648 页,中华书局 1976 年 7 月。

中国古制号称圜法，圜者圆也。现铸新币，拟请沿用九府遗法，定名曰圆。"①这种解释并非事实，计数单位"圆"不是始于宣统年间铸新币而定出之名，而是早已广泛行用；货币制度与古代圜法联系，再联系圜是圆的意思，再用圆来命名几千年后的货币的量词，实为牵强。实际上是清统治者无力改变社会已形成的东西，为改成法只得从古书寻找"根据"，以"托古改制"，自找台阶。

2. 圆与元

圆，《说文》释其义为"圜，全也"，是完整、周全、丰满的意思，后引申指圆形的东西，又引申为货币单位量词圆。元，《说文》释其义为"始也，从一，从兀"，《尔雅·释诂下》"元，首也"，《左传·僖公三十三年》"（先轸）免胄入狄师，死焉。狄人归其元，面如生"，杜预注："元，首也。"从甲骨字形看，元的本义确为"首"义，并引申出"开始"等意义。圆和元两字不但意义不同，原来的读音也有异。宋代《广韵》"圆，王权切"，属云纽仙韵字，"元，愚袁切"，属疑纽元韵字。声、韵皆有别。因此以前诸书两字少见有通用之例。近代读音中，中古的仙、元两韵合流，云、疑两纽变为零声母，两字读音变得相同，这才具备了同音假借的客观条件，又由于"元"字笔画简单，所以民间逐渐以"元"代"圆"，取其便捷。故旧《辞源》"银圆"条说："铸银货作圆形，始自近代……俗省作元。"②所以"银圆"也被写作"银元"，"壹圆"也可写作"一元"，在货币范围内"元"成了"圆"的简写。

开始定货币单位时，"圆"也曾简写作"员"，两字在古书中本通，如《孟子·离娄上》"规矩，方员之至也"，但到后来，"圆"字简写一般都写作"元"了。

3. "圆"开始被使用作货币单位的时间

民间始用货币单位"圆"的时间。彭信威先生曾指出："圆和元的名称不是自外商银行发行钞票开始。早在乾隆年间就已使用。例如乾隆五十四年闽浙总督奏明厦门到鹿耳门的船价就是以圆计算。西藏铸的银币，在当时的公文中也称圆或元。"③此彭书所举两例都是乾隆晚期事。从所见资料考察，民间始用"圆"计银圆数，似不晚于乾隆十年。《台湾南部碑文集成》中有几条材料值得注意，台南市中区民权路北极殿有雍正八年（1730 年）《上帝庙店屋地租碑记》"本庙地税番银四两"；高雄市左营区旧城国民小学有乾隆十二年（1747 年）《新建明伦堂碑记》，其中捐银记录计 35 条，记以"两"的有 13 条，记以"员（圆）"的有 22 条；台南市开基武庙内，嘉庆二十三年（1818 年）《重兴开基武庙碑记》捐银以"员（圆）"计的有 52 条，以"两"记的有 3 条。雍正时用"番银"仍按重量纪值，应是称重行使银圆，乾隆十二年捐银记录以"两"记的只占 37%，以"圆"记的已达 63%，说明计"圆"使用番银已较普遍，故"圆"的使用应已有了一段时间。所以，说乾隆初民间已开始使用货币单位"圆"应无大问题。

官方始用货币单位"圆"的时间。清政府长期欲将银元的计量纳入到银两制的规范中去。道光十六年七月对两广总督邓廷桢的上谕中即说："着该督等即行文移知沿海行使洋钱

---

①　中国人民银行总行参事室《中国近代货币史资料》（第一辑）784 页，中华书局 1964 年。

②　《辞源》戌二六，商务印书馆 1933 年。

③　彭信威《中国货币史》811 页，上海人民出版社 1988 年。

各省督抚,务须严饬所属晓谕商民人等,嗣后行使洋钱,必以成色分两为凭,不得计枚定价。"①即使在中国自铸银圆之后,清政府仍是"计元计两,尚持两端",各省督抚也意见不一,自铸的银币上,时而写圆、角,时而写两、钱、分。直至光绪三十四年九月的上谕中,仍在说:"中国两钱分厘习用已久,实难废改。"终因民众的使用习惯不可逆转,新的货币单位远优于银两制单位,使得清政府在宣统二年四月十六日公布了政府的《币制条例》:"中国国币单位,着即定名曰圆,暂就银为本位。以一元为主币……元角分厘各以十进。"至此,单位"圆(元)"在政府法令中得到了正式的承认,取得了国币单位的地位。

4.在货币上开始标注"圆"的时间

在《币制条例》定"圆"为国币单位之前,一些硬币、纸币已在本身标以"圆"。中国自造的机制银币中,首先在币面注明"壹圆"、"一角"等字样的大约是北洋机器局光绪二十二年(1896年)所造银币;中国纸币上最早使用"圆"单位的是同治元年(1862年)的"台湾筹防总局银员票"②;中国自办银行中首发银圆票的是"中国通商银行"发行的光绪二十四年版壹圆、伍圆、拾圆、伍拾圆、壹佰元票。

5.货币单位"圆"地位的逐渐巩固

宣统二年四月的《厘定币制拟定则例》第六条,对大清银币的形制作了统一规定,"一元银币一面铸龙纹,一面铸大清银币一圆字样",明确改变了以前龙洋多铸"七钱二分"、"一两"等字,银币上铸"圆",此后即成为标准形式,这更推动了交易中货币以"圆"为单位计价流通。

中华民国始立,临时政府即公布《币制纲要》,第四条宣布,中华民国的"新币单位定名曰元。折一元为百分,折一分为十厘"③。北洋政府于民国三年二月颁布《国币条例》,"第二条以库平纯银六钱四分八厘为价格之单位,定名曰元","第四条国币计算,均以十进,每元十分之一称为角,百分之一称为分,千分之一称为厘。公私兑换,均照此率"④。同时北洋政府成立了币制局,开铸袁世凯像"壹圆"银币,因形式划一、重量成色稳定,明显优于清后期各省所铸的成色不一的龙洋;又由于墨西哥在1905年改为金本位制后,中国的鹰洋来源断绝,原本在中国势力很大的鹰洋流通数量减少;加之1919年爆发了"五四"运动,在反帝、反封建声势的影响下,上海钱庄业决议取消鹰洋行市,只开国币一种,外国银币势力逐渐衰落,这样袁像币成为了流通中的主币。客观上讲,袁像币的大量铸行,适应了商品经济的需要,有利于统一国内的货币。这时期,日常生活中银元虽取代了银两,但在通商贸易等方面银两仍在使用,货币制度仍然混乱。故民国二十二年(1933年)三月八日,当时的南京政府为"废两改元"公布施行了《银本位币铸造条例》,"第二条银本位币定名曰元","第四条银本位币一元等于百分,一分等于十厘","第八条凡公私和款项及一切交易用银本位币授受",民国二十二年三月十日财政部通令:"本部为准备废两改元先从上海实施,特规定上海市面通用银两与银本位币一元……以规元七钱一分五厘合银元一元为一定之换算率,并自本年三月十日起施

①　中国人民银行总行参事室《中国近代货币史资料》(第一辑)49页,中华书局1964年。
②　吴筹中《中国历代货币大系·清纸币》17页,上海书店出版社1993年。
③　中国人民银行总行参事室《中华民国货币史资料》(第一辑)5页,上海人民出版社1991年。
④　中国人民银行总行参事室《中华民国货币史资料》(第一辑)88页,上海人民出版社1991年。

行。"民国二十二年四月五日财政部布告:"兹定四月六日起,所有公私款项之收付与订立契约、票据及一切交易,须一律改用银币,不得再用银两……至持有银两者,得依照银本位铸造条例之规定,请求中央造币厂代铸银币,或送交就地中央、中国、交通三银行兑换银币行使,以资便利。"①"废两改元"的实施宣告了银两制的结束,进一步统一了国内的货币和货币单位,方便了货币的流通使用。

中华人民共和国成立以后,1955年2月21日发布了由周恩来总理签署的中华人民共和国国务院《关于发行新的人民币和收回现行的人民币的命令》,宣布发行第二套人民币,并说明:"新币面额,主币分为一元、二元、三元、五元、十元五种,辅币分为一分、二分、五分、一角、二角、五角六种。"②同日,《中国人民银行通告》宣布发行主币壹圆券、贰圆券、叁圆券、伍圆券、拾圆券和辅币壹分券、贰分券、伍分券、壹角券、贰角券、伍角券。这样,明确了中华人民共和国的货币单位,主币单位为圆(元),辅币单位为角、分两级十进制。又由于政府加强了对外汇、金银的管理,人民币成为了我国唯一的合法货币,维护了国家的货币主权和金融秩序,使货币单位圆、角、分的地位和格局最终得以确立和巩固。

6.块

对于我国的主币单位,人们口语中常习惯使用"块"这个量词。"块"被民间用作主币量词大致经历这样一个过程:"块"繁体写作"塊",从土鬼声,其本义郭璞注《尔雅·释言》释为"土块也";引申为块状物的通称,如石块、煤块等;又引申为量词(多指块状物)。外国银元进入中国,开始一段时间被视作银块称量使用,故部分使用者以"块"作银元这种"块状物"的量词,后计枚使用银元也无碍于用"块"作量词,"一块洋钿"、"两块大洋"、"三块袁大头"即是其客观表现。量词"块"长期与银元相联系计量使用,关系逐渐凝固,而被当作主币单位量词使用。后虽纸币取代银元,但"块"的这种用法却被保留下来,成为今天群众使用的一种非正规的主币单位量词。

## 四、辅币单位角(毛)、分的由来

1.角

角本义为兽角,《说文》:"角,兽角也,象形。"外国银元进入中国时,与银元配套分等的小银元也流入了中国,民间称其为角子、银角子、银毫。辅币单位"角"应是由名词"角子"发展而来,与数词结合而表示小额货币数量的"一角"、"二角"等,且一直行用于民间。清后期一些材料中可看到对角币和货币单位"角"的记载,如龙湛霖于光绪十二年七月上奏:"现在沿海各市面,凡贸易至百十文以上,从无用现钱者,皆以一角、二角之洋钱代之,即取其轻重有定,成色有定,甚便于零用也。"③后来清政府自铸龙洋时,一元以下的小银币也被称为角子或

① 中国人民银行总行参事室《中华民国货币史资料》(第二辑)91—94页,上海人民出版社1991年。
② 中国人民银行货币发行司《人民币图册》169页,中国金融出版社1988年。
③ 中国人民银行总行参事室《中国近代货币史资料》(第一辑)634页,中华书局1964年。

小洋,有的并在币面注明"一角"、"二角"、"五角"。

2. 毛

毛本义指毛发,《说文》:"毛,眉发之属及兽毛也。"毛引申有粗糙、未加工义,如毛坯、毛样等。中国北方所称货币单位之"毛"应与这一引申义有关,盖指此类银辅币质地不精。因为角子是作为辅币制造出来的,成色比主币为低,虽名义规定十角可兑一圆,实际两者含纯银量并不相等。据民国三年九月币制局总裁梁启超呈大总统文:"依《国币条例》以铸各种辅币,铸一元主币及五厘、二厘铜辅币,皆须亏耗,铸其他各种辅币,皆有赢余,此其大略也。"[1]这种情况下,各造币厂大量生产角币以谋利,有的更生产劣质银角,以至角子在社会上须打折扣流通,须以十一角、十二角以至更多方能兑换大洋一圆,故一角、二角被称为一毛、二毛,形成了民间对辅币单位"角"的又一称谓。这种情况20世纪30年代初期日本有关材料有所记载,"由于铸造的时候,其重量成分不同,所以这类小银元比照一圆银币的多少打折扣使用……在华北地区,二角、一角被叫做二毛、一毛。毛钱就是要打若干折扣(使用),农村不喜欢收受,打折扣的幅度愈大"[2]。

3. 分

《说文》:"分,别也。从八从刀,刀以分别物也。"本义为分别、分开,后引申亦指被分开后的部分。故于长度而言,一尺的百分之一为分,于重量而言,一两的百分之一称分,于地亩而言,一亩的十分之一称分。引用到货币方面,一圆的百分之一亦被称为分。

# 结　语

一种因大机器生产引发的先进的货币,伴随着海路的开通和东西方商贸的发展进入了中国。在对新、旧两种货币形式的比较中,是社会民众的抉择行用,推动了中国货币制度的变革。终于历经数百年的历程,结束了旧的货币制度,确立了圆、角、分货币单位的行使。

(本文原载《中国钱币》1995年第1期)

---

① 中国人民银行总行参事室《中华民国货币史资料》(第一辑)111页,上海人民出版社1991年。

② (日)长野朗著、李占才译《中国(民国前期)的货币》,《中国钱币》1994年1期。

# 对中国当代金银币的统计与分析

自 1979 年中国发行当代第一套金币——纪念中华人民共和国成立 30 周年纪念币开始，至 2005 年当代金银币已发行了 27 年。当代金银币的发行丰富了中国货币的品种，通过这些货币展示、宣传了我国的政治事件、历史人物、文化艺术、科学技术、自然风光、民俗民风等。当代金银币作为中华人民共和国货币的组成部分，作为受到人们重视的收藏、投资门类，受到社会很大的关注。

金银币发行 20 多年来，虽见到一些金银币的经营性宣传、图谱类介绍、制作类经验等的发表，但是基本未见到当代金银币统计性的数字发表，也很少见到客观、及时地总结、评述金银币的论著。有鉴于此，同时也想为金银币管理者、生产者、收藏者提供一点参考资料，特收集、整理了见诸公布的 27 年来所有金银币的发行情况，并就其历史发展、币材种类、面额、币重、所受关注等分门别类作出量化统计，在此基础上作初步分析。限于资料，一些人们关心的问题如金银币销售等，本文不作具体的统计和分析；中国金币总公司发行的金银章本文也不予涉及。

本文所作统计的主要依据材料，一是由夏立平任主编，朱纯德任副主编，1998 年 10 月西南财经大学出版社出版的《中华人民共和国人民币大系》（下）（内容截止于 1998 年 7 月 1 日）；一是由中国金币总公司编写，2000 年 10 月中国大百科全书出版社出版的《中国现代金银纪念币大全》（内容截止于 1999 年底）；2000 年至 2005 年的发行情况以《中国金融年鉴》、《中国人民银行公告》、《中国钱币》所刊"我国发行的当代贵金属纪念币一览表"公布资料为依据。本文据以进行统计的基本数据都出自这些公开出版物。本文涉及的钱币包括由中国金币总公司及其前身组织生产、经销的金银币系列中的金、银、铂、钯、铜币和双金属币，其发行时间跨度为 1979—2005 年。

## 一、当代金银币生产数量与发展阶段分析

根据统计，27 年间中国当代金银币发行的总量是 290 套、1515 个品种，按历年公布的发行数字，统计得出 27 年间中国当代金银币发行的总枚数为 32962416 枚（因 1982 年至 2000 年熊猫金银币的部分品种和 1996 年、1997 年的麒麟币部分品种未公布发行数量，故本文的"枚数"统计不含这些未公布的数量）。以上各项数字分类统计于表一（表中各年品种数为各类材质品种数之和）。彩色币属于一种制作工艺，是在不同材质的币面上进行印刷，其不属

于币材角度的分类,故于附类列出彩币品种数。

表一:1979—2005 年金银币发行套数、品种数、枚数一览

| | 套数 | 品种数 | 金币 | 银币 | 铂币 | 钯币 | 铜币 | 双金属币 | 发行枚数 | 附彩币品种 |
|---|---|---|---|---|---|---|---|---|---|---|
| 1979 年 | 2 | 8 | 6 | 2 | | | | | 310500 | |
| 1980 年 | 2 | 36 | 4 | 16 | | | 16 | | 838000 | |
| 1981 年 | 3 | 8 | 6 | 2 | | | | | 24500 | |
| 1982 年 | 3 | 10 | 6 | 3 | | | 1 | | 141500 | |
| 1983 年 | 3 | 13 | 8 | 4 | | | 1 | | 128500 | |
| 1984 年 | 6 | 19 | 8 | 10 | | | 1 | | 228250 | |
| 1985 年 | 6 | 16 | 7 | 9 | | | | | 171000 | |
| 1986 年 | 8 | 27 | 15 | 12 | | | | | 374550 | |
| 1987 年 | 4 | 24 | 14 | 9 | 1 | | | | 268000 | |
| 1988 年 | 6 | 38 | 19 | 17 | 2 | | | | 490000 | |
| 1989 年 | 8 | 46 | 20 | 23 | 2 | 1 | | | 851700 | |
| 1990 年 | 12 | 68 | 26 | 35 | 5 | | | 2 | 1097550 | |
| 1991 年 | 9 | 51 | 24 | 24 | 1 | | | 2 | 613210 | |
| 1992 年 | 14 | 93 | 33 | 52 | 6 | | | 2 | 732286 | |
| 1993 年 | 17 | 119 | 61 | 49 | 8 | | | 1 | 1056736 | |
| 1994 年 | 15 | 99 | 46 | 46 | 3 | | | 4 | 837446 | |
| 1995 年 | 23 | 155 | 72 | 73 | 4 | | | 6 | 1185972 | |
| 1996 年 | 18 | 97 | 38 | 49 | 6 | | | 4 | 818714 | |
| 1997 年 | 26 | 134 | 47 | 79 | 4 | | | 4 | 4006969 | 5 |
| 1998 年 | 20 | 85 | 28 | 56 | 1 | | | | 3015435 | 8 |
| 1999 年 | 20 | 85 | 25 | 59 | 1 | | | | 2195448 | 17 |
| 2000 年 | 9 | 48 | 19 | 28 | | | | 1 | 1064809 | 17 |
| 2001 年 | 10 | 40 | 18 | 22 | | | | | 2039077 | 14 |
| 2002 年 | 12 | 51 | 20 | 30 | | | | | 2483877 | 14 |
| 2003 年 | 11 | 50 | 21 | 27 | 2 | | | | 2735289 | 17 |
| 2004 年 | 12 | 48 | 23 | 22 | 2 | 1 | | | 2921277 | 7 |
| 2005 年 | 11 | 47 | 22 | 23 | 1 | 1 | | | 2331821 | 8 |
| 合计 | 290 | 1515 | 636 | 781 | 50 | 3 | 19 | 26 | 32962416 | 107 |

依据上表中历年发行的金银币枚数还可制作以下折线示意图。

### 1979-2005年金银币发行枚数折线图

1979—2005 年金银币发行枚数折线图

从以上两个图表可明显地看出我国金银币的发展走势。

1979—1988 年的十年是金银币发行第一阶段。设计、生产、市场开发等处于起步、摸索、积累经验之中，表现在数字上，每年发行套数在 2—8 套之间，发行品种在 40 种以下(其中有 6 年年发行品种不到 20 种)，年生产枚数基本低于 50 万枚，且发行情况起伏不定。尤其是第二年(1980 年)虽然只发行两套币，但总枚数却由第一年的 31 万急升至 83.8 万枚(其中 61.8 万枚是铜币)，第三年却直落至 2.45 万枚。这种数量的变化，反映了在金银币生产、销售的起步时期，本身工作、计划正在摸索、整合中，也反映了此阶段初期外销市场的不稳定性。此阶段较低的发行量是与当时金银币面向国外发行、创汇的发行目的，与国外收藏者当时对中国金银币的吸纳量相关联。

1989—1996 年这 8 年是金银币发行的第二阶段。从图表可看出，此阶段每年生产套数基本在 10—20 套之间，每年品种由 50 种发展到 100 种左右，年发行枚数由上一阶段的低于 50 万发展为 100 万枚上下(8 年内共发行 721 万枚，年平均发行 90 多万枚)。随着国外市场的开拓，在国外形成了比较稳定的中国当代金银币的收藏群体，又由于国内经济的发展，也促使了金银币逐渐在国内增加了销量。这阶段金银币发行上了一个台阶，并处于相对稳定的时期。

1997—2000 年是第三阶段。这一阶段金银币发行呈急起直落态势。1997 年是当代金银币发行的最高峰，这一年的发行量出现了爆发式的增长，此年共发金银币 26 套，为历年之最，发 134 个品种，占历年的第二位。如果看套、种还不明显的话，这一年发行的枚数最为可观，总量竟超过 400 万枚，几乎是上一年——1996 年枚数(83 万)的 5 倍！仅 1997 年发行的一套"香港回归祖国金银纪念币"(第三组)中的一个品种，普制 10 元银币就发行了 80 万枚！孤峰突起之后，1997 年至 2000 年四年即呈急剧、持续走低之势，年套数由 26 套降至 9 套，年品种数由 134 种降至 48 种，年发行枚数由 400 多万降至 100 多万，平均每年递降 100 万枚左右。这一阶段的发行数字的突起与跌落，反映了金银币销售向国内市场的大幅度转移，反映了钱币市场的不规范因素、炒作因素，人们盲目入市对金银币市场的冲击，也反映了金银币生产、销售工作存在着一定的盲目性，对金银币市场预测、培育、保护不力。

2001—2005 年是金银币发行第四阶段。年套数稳定在 11 套左右，年品种数约在 40—

50 种之间,年发行枚数基本稳定在了 200 万至 300 万枚之间。看上面的两个统计图表,感觉这 5 年时间金银币生产销售逐步有所恢复,有所好转。但是,第四阶段的统计数字与前阶段相比实际增加了一个变量——全部熊猫金银币发行量,由于自 2001 年起全部公布了熊猫金银币各个品种的发行数量(以前大量普制熊猫币不公布数量),并被统计于上两个图表内,所以会造成读统计数字时感觉上的误差。那么,增加的变量数字有多大?下面列出第三阶段、第四阶段各年度公布的熊猫金银币品种数和发行枚数以作比较:

| 1997 年 | 品种 17 个(公布发行数量 10 个) | 统计枚数 | 218,657 |
| 1998 年 | 品种 10 个(公布发行数量 5 个) | 统计枚数 | 651,998 |
| 1999 年 | 品种 9 个(公布发行数量 3 个) | 统计枚数 | 102,067 |
| 2000 年 | 品种 8 个(公布发行数量 2 个) | 统计枚数 | 2,068 |
| 2001 年 | 品种 8 个(公布发行数量 8 个) | 统计枚数 | 1,202,068 |
| 2002 年 | 品种 10 个(公布发行数量 10 个) | 统计枚数 | 1,445,068 |
| 2003 年 | 品种 10 个(公布发行数量 10 个) | 统计枚数 | 1,579,068 |
| 2004 年 | 品种 11 个(公布发行数量 11 个 | 统计枚数 | 1,587,068 |
| 2005 年 | 品种 12 个(公布发行数量 12 个) | 统计枚数 | 1,273,100 |

全部公布普制熊猫币数量后的 2001 年,熊猫金银币枚数比 2000 年熊猫金银币枚数多出了 120 万枚。计入普制熊猫币数量的第四阶段熊猫金银币年平均枚数竟比第三阶段的年平均枚数多出了 150 多万。因此,上面第四阶段各年度的统计数字在理解时可以相应减去这个差额。考虑了以上这个变量因素所造成的影响之后,再来评价第四阶段金银币发行情况,应该说这一阶段已止住了大幅的跌势,有所恢复,趋于再一次的稳定,但总体发行量不大。

## 二、对 1979—2005 年各种材质金银币发行的统计和分析

我国当代的金银币系列从造币的币材分类,可分为金币、银币、铂币、钯币、铜币、双金属币等几类。

金币和银币。金银币系列的主体是金币、银币。自 1979 年以来,金币、银币每年都保有较大的生产量。至 2005 年止,金币共生产了 636 个品种,占全部 1515 个品种的 41.98%,若以枚数计,占总量的 26.03%;银币共生产了 781 个品种,占全部品种的 51.55%,以枚数计占总量的 70.56%。两者相加,品种占到 93.53%,枚数占到 96.59%。

铂币。铂币自 1987 年开始生产,共发行 50 个品种,占全部品种数的 3.3%,铂币共生产298715 枚,占总发行枚数的 0.91%。

钯币。钯币在当代金银币系列中仅发行过 3 种,共生产 19000 枚,占总发行枚数的0.06%。

铜币。就中国人民银行发行的货币而言,可分为两大类,一类是用于流通领域的货币,由专门的货币发行部门计划、发行、管理,包括纸币和低值金属硬币,此类币、钞发行量大,在发行公告上都有"与现行人民币具有相同职能,与同等面额人民币等值流通"等语。另一类货币不

用于日常流通领域,是专为收藏而生产发行的,由中国金币总公司(及其前身)总经销,这类货币原则上说是以贵金属制作。对于在金银币系列中配套发行的低值金属铜币,可看作是金银币发行尚不规范时期的产物。这部分铜币产生于上世纪八十年代初期,以始发金银币的第二年(1980年)发行最多。这年发行的"第13届冬季奥运会纪念币"铜币和"中国奥林匹克委员会纪念币"铜币共发行了16个品种,61.8万枚币(16个品种中含8个加厚品种);1982年至1984年每年各生产1个品种,数量分别为4万、3万、3万。其后金银币系列再未发行过铜币。铜币共发行19个品种,共生产71.8万枚,占总品种数的1.25%和总发行枚数的2.18%。

　　双金属币。双金属币是外环和内芯分别采用两种不同材料制作的货币,其主要制作时间是1990年至1997年。双金属币一共发行了26个品种87097枚,分别占总品种数的1.72%和总枚数的0.26%。至2005年为止,金银币系列中的双金属币采用的都是金和银这两种金属,所以说,目前所说的双金属币并非使用了其他材质的金属,而只是使用了特别的制作工艺,将两种原已利用了的金属组合成了一种新的币种。双金属币的制作量一般不大,26个品种中只有3个发行过万,其他多在两三千枚之间。也有个别少的,1995年至1997年的熊猫500元双金属币,发行量都是仅199枚。

　　彩色币。彩色币是一新兴的币种,它不以金属币传统的雕刻工艺加工制作,而是别走蹊径,以特殊的工艺在金银币上印刷彩色图案,以色彩形象取胜。彩色币并未使用新的币材,故从币材角度讲,不应将其另列一类。但是由于彩色币近年引起人们关注,因此附在此处加以说明。我国当代金银币系列中出现彩色币,始于1997年的熊猫彩银币和虎年彩银币,自1997年以来,共生产107个品种,占全部品种数的7.06%,超过铂币、铜币、双金属币的比例。从发行枚数说,一共发行4046100枚,竟占1997年至2005年发行总量(22794002枚)的17.75%!如果把彩色币的大发展与近几年金银币发行总量的大递减对应起来看,更可看到彩色币发展势头之强劲。彩色币在1999年发行量达到80多万枚的记录后,数量已在逐年递减,近两年年发行量多在20多万枚的水平。今将各种材质币按年度分别统计发行枚数于表二,彩色币发行枚数也列于表中附类。

**表二:1979—2005年各种材质金银币发行枚数一览表**

| | 金币 | 银币 | 铂币 | 钯币 | 铜币 | 双金属币 | 年发行量 | 附彩币 |
|---|---|---|---|---|---|---|---|---|
| 1979年 | 293500 | 17000 | | | | | 310500 | |
| 1980年 | 36000 | 184000 | | | 618000 | | 838000 | |
| 1981年 | 10500 | 14000 | | | | | 24500 | |
| 1982年 | 6500 | 95000 | | | 40000 | | 141500 | |
| 1983年 | 56500 | 42000 | | | 30000 | | 128500 | |
| 1984年 | 30250 | 168000 | | | 30000 | | 228250 | |
| 1985年 | 30000 | 141000 | | | | | 171000 | |
| 1986年 | 86550 | 288000 | | | | | 374550 | |
| 1987年 | 87000 | 179000 | 2000 | | | | 268000 | |
| 1988年 | 132000 | 354000 | 4000 | | | | 490000 | |

| | 金币 | 银币 | 铂币 | 钯币 | 铜币 | 双金属币 | 年发行量 | 附彩币 |
|---|---|---|---|---|---|---|---|---|
| 1989 年 | 131300 | 713400 | 4000 | 3000 | | | 851700 | |
| 1990 年 | 173750 | 906000 | 13800 | | | 4000 | 1097550 | |
| 1991 年 | 196110 | 396600 | 500 | | | 20000 | 613210 | |
| 1992 年 | 79336 | 646150 | 2800 | | | 4000 | 732286 | |
| 1993 年 | 207360 | 841076 | 5800 | | | 2500 | 1056736 | |
| 1994 年 | 106758 | 713788 | 7800 | | | 9100 | 837446 | |
| 1995 年 | 287459 | 870999 | 16315 | | | 11199 | 1185972 | |
| 1996 年 | 146116 | 648099 | 16800 | | | 7699 | 818714 | |
| 1997 年 | 589823 | 3400247 | 8300 | | | 8599 | 4006969 | 120000 |
| 1998 年 | 372737 | 2642398 | 300 | | | | 3015435 | 568800 |
| 1999 年 | 124899 | 2070249 | 300 | | | | 2195448 | 825600 |
| 2000 年 | 178721 | 866088 | | | | 20000 | 1064809 | 616200 |
| 2001 年 | 877989 | 1161088 | | | | | 2039077 | 501400 |
| 2002 年 | 1078989 | 1384888 | 20000 | | | | 2483877 | 473600 |
| 2003 年 | 1176201 | 1476088 | 83000 | | | | 2735289 | 478900 |
| 2004 年 | 1219789 | 1610488 | 83000 | 8000 | | | 2921277 | 228300 |
| 2005 年 | 864133 | 1429688 | 30000 | 8000 | | | 2331821 | 233300 |
| 总计 | 8580270 | 23259334 | 298715 | 19000 | 718000 | 87097 | 32962416 | 4046100 |

## 三、关于 1979—2005 年金银币发行的面额的讨论

中国当代金银币系列共 6 种材质的钱币自发行以来,共发行了 26 种面额,如果加上 1982 年版熊猫无面额金质纪念币(此年首发熊猫币,其 1、1/2、1/4、1/10 盎司金币都未标面额)和 1998 年的一种 5 加元币,中国当代金银币面额种类一共是 28 种。以下将各材质币面额分布情况统计于表三。

**表三:1979—2005 年金银币品种面额一览表(元/币材)**

| | 金币 | 银币 | 铂币 | 钯币 | 铜币 | 双金属币 | 合计 |
|---|---|---|---|---|---|---|---|
| 无面额 | 4 | | | | | | 4 |
| 0.5 | | 2 | | | | | 2 |
| 1 | | | | | 19 | | 19 |
| 3 | 1 | | 6 | | | | 7 |
| 5 | 37 | 166 | 6 | | | | 209 |
| 10 | 74 | 396 | 6 | | | 7 | 483 |

| | 金币 | 银币 | 铂币 | 钯币 | 铜币 | 双金属币 | 合计 |
|---|---|---|---|---|---|---|---|
| 15 | | 2 | | | | | 2 |
| 20 | 5 | 33 | | | | | 38 |
| 25 | 59 | 2 | 7 | | | 9 | 77 |
| 30 | | 13 | | | | | 13 |
| 35 | | 3 | | | | | 3 |
| 50 | 129 | 91 | 4 | 1 | | 7 | 232 |
| 100 | 125 | 29 | 27 | 2 | | | 183 |
| 150 | 14 | 5 | | | | | 19 |
| 200 | 45 | 13 | | | | | 58 |
| 250 | 3 | | | | | | 3 |
| 300 | 3 | 19 | | | | | 22 |
| 400 | 6 | | | | | | 6 |
| 450 | 2 | | | | | | 2 |
| 500 | 57 | | | | | 3 | 60 |
| 800 | 1 | | | | | | 1 |
| 1000 | 22 | | | | | | 22 |
| 1500 | 4 | | | | | | 4 |
| 2000 | 31 | | | | | | 31 |
| 3000 | 1 | | | | | | 1 |
| 10000 | 12 | | | | | | 12 |
| 30000 | 1 | | | | | | 1 |
| 5 加元 | | 1 | | | | | 1 |
| 合计 | 636 | 781 | 50 | 3 | 19 | 26 | 1515 |

　　从表中可见,面额最小的是0.5元,有两种,一是1983年发行的马可·波罗2克银币,一是1990年发行的龙凤2克银币。面额最大的原是1991年中国熊猫金币发行10周年10000元纪念金币,但现在最大面额已被2000年发行的30000元千年纪念金币打破了纪录。金币共标有22种面额,分布在3元至30000元的区间,金币最主要的面额依次为50元(129种)、100元(125种)、10元(74种)、25元(59种)、500元(57种)。有些面额如:800元、450元、400元、300元、250元等大多为金币制作初期使用的面额,后来很少采用。银币共标有15种面额,分布在0.5元至300元的区间,银币最主要的面额依次为10元(396种)、5元(166种)、50元(91种)。有些面额如:35元、30元、25元、15元等也大多为银币制作初期使用的面额,后来很少使用。另外,面额5加元的银币是中国金银币中的特例。1998年为纪念白求恩到达中国60周年,中国人民银行和加拿大皇家造币厂联合发行了一套两种银币,一以人民币纪值,一以加元纪值,以加元纪值即是此一品种。铂币共有100元、50元、25元、10

元、5 元 5 种面额,以 100 元面额的为最多。钯币只有 3 个品种,分别是 50 元和 100 元两种面额。铜币只有一种面额,19 个品种的铜币都是 1 元币。双金属币计有 500 元、50 元、25元、10 元 4 种面额。

## 四、关于 1979—2005 年金银币币重的讨论

### 1. 币重计量单位

作为国家法定货币的金银币计量单位、计重系列应是统一、规范的,然而笔者却发现我国使用的金银币计量单位存在一些混乱现象。

可以看到,铜币以外,金银币中的大多数使用了"盎司"这一计重单位,这种计重单位与世界通用的贵金属重量单位相一致。但在很多情况下,金银币又大量使用"克"、"公斤"等计量单位来计重。以 1981 年始发的生肖系列金银币为例,1981 年至 1986 年其计重单位都用的是"克",1987 年至 1992 年中每年都混合使用"盎司"和"克"两类计重单位,1993 年后统一改"盎司"计重,然而 1995 年以后生肖 2000 元金币又出现以"公斤"计重的情况。又如 1995年中国恐龙金银币(1 金 2 银)50 元的金币重量标为 1/2 盎司,用"盎司";两枚 10 元银币重量标为 27 克,用"克"。重量单位的双轨制一直在延续,如 2000 年千年纪念币(4 金 3 银)中30000 元金币重量为"10 公斤",200 元银币重量为"1 公斤",此套中其他 5 枚却都以"盎司"计重。

金银币在这两类计重单位之外,又在一些币中采用了中国旧的衡制单位"两"。如 1993年观世音 1500 元金币重量是"含纯金 18 两",1994 年观世音 300 元金币重量是"含纯金 3.3两",1998 年观世音 50 元银币重量是"含纯银 3.3 两"。"两"制常使人不明白其在金银计量中是 10 进制,还是 16 进制这点姑且不论。仅以标两计重而言,就与国务院 1984 年 2 月 27日发布的《关于在我国统一实行法定计量单位的命令》不符。在国务院 1984 年 1 月 20 日常务会议上,讨论通过的国家计量局的《中华人民共和国法定计量单位》中,明确了我国法定质量(重量)计量单位为克、千克(公斤)。讨论通过的国家计量局的《全面推行我国法定计量单位的意见》中明确了"1984—1987 年底四年期间,国民经济各主要部门……和政府部门,应大体完成其过渡,一般只准使用法定的计量单位","1990 年底以前,全国各行业应全面完成向法定计量单位的过渡。自 1991 年 1 月起,除个别特殊领域外,不允许再使用非法定计量单位。"因此说作为国家货币,我国金银币中的一些品种在 1990 年以后还在使用旧衡制的"两"来计重是不合适的,在统计中可以看到自 1999 年以后,金银币以两标重的情况已不再出现了。

对"盎司"的使用可再作一点讨论。国家计量局《全面推行我国法定计量单位的意见》第10 条有个规定:"个别科学技术领域中,如有特殊需要,可使用某些非法定计量单位,但必须与有关国际组织规定的名称、符号相一致。"金银币的计量如符合于此规定,则金银币系列则应统一使用"盎司"为计量单位;如不符合于此规定,则中华人民共和国的法定货币当然应使用中华人民共和国的法定计量单位,在贵金属币上统一使用"克"、"千克(公斤)"为宜。

2.币重和面额的关系

贵金属币基本的特点是金属原料具有较高的价值,因此币重越重价值越高,价值较高的贵金属币其标注的面额也应较高。那么金银币系列中币重与面额的关系如何呢?

笔者就此对金币和银币这两类进行了整理。发现在金币类中,可以 1983 年为界加以区分。1983 年前币重和面额间的关系较为纷乱。在 1979 年金银币发行之初,两者之间没有建立较固定的对应关系,一定重量的金币,其面额标注带有相当的随意性。1979 年国际儿童年纪年金币面额 450 元,重 1/2 盎司,而其加厚币重 1 盎司,面额仍然是 450 元;同年发行的中华人民共和国建国 30 周年纪念金币同样重 1/2 盎司,而面值却标为 400 元,而且它的纯度是 91.6%,高于儿童年金币 90% 的纯度;又如 1981 年鸡年生肖纪念币,8 克重的金币面额为 250 元,1982 年狗年生肖纪念币 8 克重金币面额变为 200 元,1983 年猪年生肖纪念币 8 克金币面额再变为 150 元!

在 1983 年可以看到金币的面额标值发生了某些变化,面额与币重的关系得到了一些体现,以前偏高的面额降下来了,纷繁多种的面额减少为一些较常见的面额。面额脱离了金银币本身的实际价值,成了一种名义币值,也与金银币的销售价无关,面额只表示着其所具有的一种"货币身份"。1981 年出土文物系列第一组,1 盎司金币面值标为 800 元,1/2 盎司金币面值标为 400 元,面额数字多少还考虑一点制作金币相应所用黄金的价值;到开始标出熊猫金银币币值的 1983 年,1 盎司熊猫金币的面值是 100 元,1/2 盎司的是 50 元,1/4 盎司的是 25 元,1/10 盎司的是 10 元,1/20 盎司的是 5 元,这时面额与实际金银币价值脱离得越来越远了。也从这套币起始,1 盎司金币对应 100 元面额之类的新的对应关系开始出现,并在贵金属币中沿用了很长时间。

在建立起面额和币重的基本对应关系后,也还长期存在着与基本对应不一致的情况:同样的面额,币重却不同。如在 100 元金币多为 1 盎司的情况下,1983 年以后连年发行的中国历史人物系列、世界文化名人系列 100 元金币,币重都只有 1/3 盎司;同样的币重(甚至纯度也相同),所标名义面额却不同。如在 1 盎司金币多为 100 元的情况下,1991 年熊猫发行 10 周年 1 盎司纪念金币面额却为 50 元!有时同一年,同一套纪念币中也出现有面额和币重对应的明显不同。如 1996 年鼠年生肖这套纪念币中,100 元金币(32 毫米直径)币重 1 盎司,100 元金币(27 毫米直径)币重 1/2 盎司。这些显示出在面额与币重的对应趋向规整的过程中,仍有很多其他因素,对"规整"产生冲击。

在银币中,情况与金币大致相同,发行之初的几年币重和面额也看不出固定的对应关系。如 1980 年中国奥林匹克委员会纪念银币重 10 克和 20 克者,面额都是 15 元;1983 年 10 元熊猫银币重 27 克,而 1983 年猪年生肖 10 元银币却重 15 克,更奇怪的是同年发行的马可·波罗纪念银币 5 元面额的竟重到 20 克!

1984 年第 23 届冬季奥运会纪念银币出现了 5 元对应 1/4 盎司,10 元对应 1/2 盎司,面额与币重按比例对应的情况;自 1985 年西藏自治区成立 20 周年和新疆自治区成立 30 周年银币开始,10 元银币对应 1 盎司,1986 年第 13 届世界杯足球赛 5 元银币对应 1/2 盎司;1987 年 99.9% 的熊猫银币 10 元币重 1 盎司,50 元币重 5 盎司;1988 年熊猫 100 元银币重 12 盎司。其后,银币面额和币重的对应关系方略有规律可循。

　　而因为使用"盎司"、"克"重量单位的双轨制,金银币纯度的多样性,某些系列的"独创性",不对应者仍比比皆是。如1991年发行的10元银币,既有重1盎司的熊猫币,又有重2盎司的熊猫币发行10周年币;1993年生肖鸡年10元银币,既有2/3盎司(纯度90%)者,又有1盎司(纯度99.9%)者;1998年万象更新10元普通银币,一种重1盎司,另一种重2盎司。

　　应该肯定的是,金银币面额与币重的关系逐渐走向规范,这在2001年发行的金币上表现得很明显。从这一年公布的金币规格中,可以看到新的面额体系出台,这一体系考虑到了金币本身含金量当时所具的价值,使一定重量的金币所标面额又有脱离"名义面值",靠向实际价值的倾向。新的金币面额与币重的对应关系是:20元—1/20盎司;50元—1/10盎司;100元—1/4盎司;200元—1/2盎司;500元—1盎司。

　　银币尚延续旧的对应关系。

## 五、从嘉德钱币拍卖看中国当代金银币的市场表现

　　当代金银币的主要发行对象由国外转到国内,为广大钱币收藏者、爱好者提供了新的收藏品种,那么,当代金银币的市场表现如何? 在钱币市场上所占份额有多大? 这个情况很有必要了解,但在分散的钱币交易中很难具体了解到。本文采用的方法是,对一个较为成熟的拍卖公司的钱币拍卖采取长期连续追踪的形式,作采样式的了解、分析。具体做法是将中国嘉德国际拍卖有限公司的相关拍卖作为具体调研对象。这个公司已有十多年的历史,它在北京的拍卖行业中占有重要的位置,特选取它在2003年春拍至2006年春拍共举办的十次钱币拍卖为调研范围,以保证对各类钱币具有比较大的涵盖面。在对十次钱币拍卖会总计11218项拍品分类统计之后,可以发现,当前钱币收藏发生了许多变化。以前传统的钱币收藏被分为四大门类——古钱、纸币、金银币和铜元,其中古钱类历来被视为当然的"主角",而现在最令人瞩目的却是金银币"板块"的兴起,金银币已由一个"配角"地位成为钱币收藏中一个举足轻重的角色。十场拍卖总成交金额是81,947,755元,其中金银币成交金额是35,532,075元,金银币占到总成交金额的43.36%!

　　为了对钱币收藏中兴起的金银币板块有更进一步的认识,特将金银币具体分为两大类加七小类,并将每一类拍品在每一场的拍品数量、成交数量、成交比例、成交金额、排名等统计后列于表四,以备查看。

表四:嘉德十场拍卖各类金银币拍品数与成交比例

| 品种 | 拍卖成交金额排名 | 拍品数量 | 占总拍品比例 | 成交数量 | 成交比例 | 成交金额(单位:元) |
|---|---|---|---|---|---|---|
| 银元 | 1 | 1074 | 9.57% | 744 | 69.27% | 15,410,065 |
| 近代机制金币 | 2 | 37 | 0.33% | 23 | 62.16% | 11,066,000 |
| 银锭 | 3 | 967 | 8.62% | 685 | 70.84% | 4,839,490 |
| 当代金银币 | 4 | 98 | 0.87% | 59 | 60.20% | 1,400,850 |

| 品种 | 拍卖成交金额排名 | 拍品数量 | 占总拍品比例 | 成交数量 | 成交比例 | 成交金额(单位:元) |
|------|------|------|------|------|------|------|
| 外国金银币 | 5 | 356 | 3.17%% | 282 | 79.21% | 1,109,460 |
| 古代黄金货币 | 6 | 39 | 0.35% | 29 | 74.36% | 607,530 |
| 近代金锭金条 | 7 | 51 | 0.46% | 43 | 84.31% | 574,200 |
| 少数民族金银币 | 8 | 62 | 0.55% | 44 | 70.97% | 391,820 |
| 古代白银货币 | 9 | 37 | 0.33% | 25 | 67.57% | 132,660 |
| 共计 | | 2721 | 24.25% | 1934 | 71.08% | 35,532,075 |

当代金银币在十场嘉德钱币拍卖会上出现的拍品数是 98 项,占总拍品比例 0.87%,成交 59 项,成交比例 60.20%,成交金额 1,400,850 元,占金银币类成交金额的 3.94%,占十场钱币拍卖会成交总金额的 1.71%。在大小九类金银币之中,当代金银币的成交金额排第四,成交比例则排于最后(其成交金额尚可,与当代金银币拍品的贵金属重量有一定关系)。与中国当代金银币巨大的发行量、存世量相比,其拍卖会上的表现并不理想。拍卖会上人们对当代金银币收藏兴趣不高,收藏群体较小,出价较低,流拍较多,自然也造成持有者不愿出售,拍卖组织者注意力不在于此的状况。

本文的选点调查可能不能代表全面的情况,但从嘉德钱币拍卖的调查统计情况看,中国当代金银币的市场表现和在广大钱币收藏者中造成的影响并不理想。

# 六、几点看法和建议

1. 必须明确中国当代金银币的性质。中国当代金银币由中国人民银行发行,币面有中华人民共和国国名、年号和面值,所以它是中华人民共和国的国家货币。在中国当代金银币的发行文告中,并无"与现行人民币职能相同,与同面额人民币等值流通"的规定,所以它不是流通货币,而是一种名义上的货币。货币的定义是充当一切商品等价物的特殊商品,由于它的贵金属材质,金银币与当今社会流通的信用货币相比,具有较强商品性,金银币进入市场被买卖,它实质上是一种商品。既是国家货币又是市场商品是中国当代金银币的双重属性。

2. 必须明确中国当代金银币两个出发点。由以上性质决定了,金银币作为中华人民共和国的国家货币必须保证生产、发行的严肃性,包括题材的选择、设计的水平、制作的质量、销售的规范等;金银币作为一种名义上的货币,又是由中国金币总公司组织生产,负责总经销的进入国内外市场的商品,它又必然考虑赢利性,在运作的各个环节追求商业利润,这是无可厚非的。但是在严肃性和赢利性这两个出发点中必须首先保证第一个出发点,并力争做到两者相辅相成。

3. 客观认识当代金银币生产、发行的状态。二十多年来,我国当代金银币的生产、发行走过的是一条创业、发展之路,相关人员付出了聪明才智和辛勤努力,他们的工作取得了巨大的成绩。但是相对于国际上先进的造币技术而言,我国的金银币制作水平还有很大的提升空间；就广大群众日益增长的收入水平和投资收藏意识而言，当代金银币的发行数量远远没有达到原本可以达到的水平，当前阶段的发行数量比十年前的第二阶段增长不大，目前尚看不到有大改观的迹象。

4.要科学认识和处理金银币发行中的相关问题。金银币发行实质是一种市场行为，因此要防止官商意识，要认识市场规律，按市场规律办事，要有宏观的、前瞻的、发展的视角。当代金银币发展第三阶段所出现的大起大落对我们金银币发行的影响是巨大的，当时除了种种外部因素外，金银币发行生产部门自身对形势判断不准，对后续发展趋势缺乏认识，扩张过快，发行过量，也是对其后金银币市场造成长期的负面影响的因素之一。

5.要注意培养和形成中国当代金银币收藏群体。金银币的生产、发行要着力考虑销售链终端的收藏者，要吸引越来越多的人成为金银币收藏者，这才能使金银币发行具有坚实的群众基础。要吸引私人款项购买、为自身收藏购买、更广泛范围人群购买。要做到这一点，除了加强有关宣传的力度，生产出优质产品以外，必须注意销售价格的合理性。现在的消费者越来越理性，从他们的角度来看，金银币售价包括着金银币所用币材的价值、加工销售的附加价值（参考金银首饰、外国金银币），以此来衡量欲购金银币售价是否合理，并综合题材、设计、制作、发行量、自身收藏专题等，以考虑欲购金银币收藏价值和增值空间，然后决定是否购买。所以在当代金银币的生产、销售中（包括普制币和非普制币）都要考虑终端购买者的思路，引发他们的购买欲望，方才有可能逐渐扩大当代金银币的收藏群体，进一步做好我国当代金银币的发行工作。

（本文原载《中国钱币》2007 年第 2 期）

# 考说在中国发现的罗马金币

## ——兼谈中国钱币博物馆 17 枚馆藏罗马金币

### 一、过去在中国境内发现的罗马金币[①]

长期以来,古代东西方的交往一直是引人注目的课题,不少历史和考古工作者在这方面倾注了许多心血。一些研究者关注古代西方流入中国的货币,认为这是昔日东西方交流的可贵物证,从钱币的时代、发现的地点,可以提供很多可贵的线索。其中在中国发现的罗马金币一直是个被关注的重点。

例如夏鼐就曾说:"1953 年在西安附近的咸阳底张湾的一座隋墓中,出土了一枚东罗马(拜占庭)帝国的金币。这枚金币于 1954 年在北京的全国出土文物展览会中陈列时,立刻引起大家的注意,都以为这是中西交通史上的很重要的物资资料。"[②]

近代,最早著录在中国境内发现罗马金币的是西方学者,发现时间约在 19 世纪末 20 世纪初。其后,百年来在新疆、宁夏、甘肃、陕西、内蒙、河北、河南、辽宁、浙江又陆续有所发现,并见诸于报道。对于散见于各处的出土发现,笔者见到有三处材料曾专门予以归纳、整理、探讨[③]。

其一是《中国大百科全书·考古学》(下简称《大百科》)在"中国境内发现的东罗马遗物"条内列出"中国境内发现的东罗马金币表"[④],共列出 14 个发现地点,8 种帝王时期的 14 枚金币(另有"铸年不明"的 7 枚)。

其二是康柳硕《中国境内出土发现的拜占庭金币综述》一文(下简称康文)[⑤],文中整理出"中国境内出土发现的拜占庭金币及仿制品通览表",按发现时间顺序,共记录了 38 枚金币

---

① 罗马帝国在 395 年分裂为东罗马帝国和西罗马帝国,三者都发行有金币。统言之,三类金币都归于罗马金币系统。析言之,则分为罗马帝国金币、西罗马帝国金币、东罗马帝国金币。又有人将 498 年以后发行的东罗马金币称为拜占庭金币。

② 夏鼐《咸阳底张湾隋墓出土的东罗马金币》,《考古学报》1959 年 3 期 67 页。

③ 作者在参加 2004 年 7 月新疆召开的"丝绸之路货币"研讨会时,得知罗丰新写有《中国境内发现的东罗马金币》一文(发表于科学出版社 2004 年 1 月出版的《中外关系史·新史料与新问题》一书中),也做的是这方面的工作。特补充说明。

④ 《中国大百科全书·考古学》677 页,中国大百科全书出版社 1986 年 8 月。

⑤ 康柳硕《中国境内出土发现的拜占庭金币综述》,《中国钱币》2001 年第 4 期。

（其中 2 枚未曾公开发表）。

其三是法国学者 F·蒂埃里、C·莫里森的《简述在中国发现的拜占庭金币及其仿制品》（下简称蒂埃里文）[1]，文章中将在中国境内发现的 36 枚拜占庭金币及其仿制品，按出土发现的省份分类列出，又按可归纳出的铸造时期，排列出了 10 类帝王钱币（有 12 枚因公布资料不明，未被归纳分类）。

从已发表的三份整理资料，我们可以了解在中国发现的罗马金币的总体概貌，其中对所据材料出处的注明更可使读者作进一步的考察。

由于原公布金币出土发现的各项材料有详有略，公布者对罗马金币的认识程度有高有低，材料有的附有币图，有的不附币图。所以有的材料能使人了解其为何帝王时期币，有的因只在文中笼统介绍为“东罗马金币”、“拜占庭金币”而使人无法确知其时代。反映到三份综合整理资料中，其一统计了 21 枚，分辨出所属帝王时期的是 14 枚；其二统计了 36 枚被公开发表的钱币，分辨出了所属帝王时期的是 19 枚；其三统计了 36 枚，分辨出所属帝王时期的是 24 枚。

这三份材料大体涵盖了百年来在中国发现的罗马（拜占庭）金币[2]，相互之间因所据统计材料的不同而个别有所出入，但可使我们总体得知：在中国发现的罗马（拜占庭）金币及其仿制品约在 40 枚左右，其中考订出帝王时代的是 20 多枚。

中国钱币博物馆馆藏的这批罗马金币，部分是过去银行从社会上按黄金价格收兑而来，后逐级上交，在中国钱币博物馆成立时转入博物馆。另一部分是中国钱币博物馆 1993 年成立后征集而来，据了解这后一部分主要来自新疆、甘肃、陕西、河南等地[3]。在此特公布 17 枚罗马金币，并加以辨识。

## 二、关于 17 枚罗马金币的介绍和考释

1. 格拉蒂安努斯（Gratianus，378—383 年）金币（图 98、图 99）

此币直径 21.3 毫米，重 4.45 克，是罗马帝国时代的索利多（Solidus）金币。

钱币的正面是罗马帝国时期的帝王格拉蒂安努斯的侧面胸像（面右），头系缀珠的束发带，衣袍佩甲。环绕人像的文字是 DN GRATIANVS PF AVG，这串文字中 DN 是 Dominus Noster（我主）的缩写，GRATIANVS 是制造此币的帝王，也即是币面人物的名字，U 在罗马帝国时期钱币上所用拉丁文中写作 V，PF 是 Pius Felix（幸运之帝）的缩写，AVG 是 Augustus（奥古斯都）的缩写，意为“至尊”，整句连读下来是“我主格拉蒂安努斯是幸运之帝，是至尊之帝”。因币面构图美观的需要，罗马钱币上常有币文一词断开在两处的情况。

---

①　［法国］F·蒂埃里、C·莫里森著，郁军译《简述在中国发现的拜占庭金币及其仿制品》，《中国钱币》2001 年 4 期。

②　所见还有一些零星发现，如定边县发现的罗马金币（羽离子考定为怎诺金币）等，但本文对过去的发现是以经过整理的前三项统计为基础来谈。

③　所公布馆藏 17 枚金币中，1、2、5、9、12、13、14 为原银行从社会上收兑，后转交中国钱币博物馆者；3、4、6、7、8、10、15、16、17 为建馆以来原征集者；11 为近年征集。

钱币背面的币图中间坐有两人，共持一球，其上方是背展双翼的维多利亚女神。两旁的文字是 VICTORIA AVGG，其中 VICTORIA 指常见于罗马币中的胜利女神维多利亚，胜利女神源于希腊神话故事，原在希腊币中也有使用，在罗马币中的胜利女神名字已由奈基转为维多利亚，其显著特征是背有双翼。

格拉蒂安努斯是罗马帝国晚期时的帝王，在位期间曾一度与其同父异母弟瓦伦拉尼安努斯二世一起称帝于罗马帝国（共帝），383 年死于战争。钱币背面所坐二人应是这"共帝"的两兄弟。

AVG 意为"至尊"，因其时为"共帝"状态，故将缩写的最后字母重复，以 AVGG 形式表复数，说明制造钱币时有两位"至尊"，有两"帝"。

双人像下是字母 TROBT，表明此币由当时的特里尔造币场制造。

2. 洪诺留（Honorius，395—402 年）金币（图 100、图 101）

此币直径 21.1 毫米，重 4.46 克，是西罗马帝国时代洪诺留的索利多金币。

钱币的正面是西罗马帝国时期的帝王洪诺留的侧面胸像（面右），头系缀珠的束发带，衣袍佩甲。环绕人像的文字是 DN HONORIVS PFAVG，DN 是 Dominus Noster（我主）的缩写，HONORIVS 是制造此币的帝王，也即是币面人物洪诺留的名字，PF 意为幸运之帝，整句连读下来是"我主洪诺留是幸运之帝，是至尊之帝"。

币背中央是洪诺留的立像，面右，左脚踏一敌人，一手持军旗，一手持球，球上是带翼的维多利亚胜利女神，女神手持花环。周围的文字是 VICTORIA AVGGG，线下文字是 CO-MOB。VICTORIA 是胜利女神的名字，AVG 是奥古斯都（至尊），之所以 G 连写三遍，应是表示其时有三人共帝。线下的 COMOB 是 Comes Obryzum 的缩写，意为国库官足（赤）金，是对此金币黄金成色的说明。在站立人像的两边，分别有 M、D 两个字母，表示这枚金币是由米兰造币厂生产的。

393 年，9 岁的洪诺留被其父狄奥多西一世立为"共帝"。395 年，狄奥多西一世决定将庞大的罗马帝国分为东罗马帝国和西罗马帝国，由二子分治，次子洪诺留成为西罗马帝国的国王。分治后的西罗马动荡不安，战乱不断。洪诺留在 423 年因病去世，所以洪诺留在位时经历了罗马帝国和西罗马帝国两个时期，他既是罗马帝国的末代国王，又是西罗马帝国的首位国王。

3. 狄奥多西斯二世（Theodosius Ⅱ，408—450 年）金币（图 102、图 103）

此币直径 16.5 毫米，重 2.59 克。标准的索里得金币重量应为 4.55 克，直径应为 20 毫米左右，此枚币可能经过剪边。金币正面为身穿盔甲，右手持长矛，左手持盾牌的皇帝 3/4 侧面像，环图文字：DN THEODOSIVS PF AVG。DN，即 Dominus noster，Our Lord，"我主"之意；THEODOSIVS 即狄奥多西斯，为皇帝名；PF，Pius Felix，"幸运之帝"之意。背面为君士坦丁城之神坐像，右手持球，球上十字架，左手持十字形权杖，背面文字：VOTXXXM-VLTXXXX。Vot(ive)为誓言之意，mult 为长久之意。右侧一星。下有造币厂名和含金量：CONOB。CON 即 Constantinople（君士坦丁堡）的缩写，即此币为君士坦丁堡造币厂铸造。OB 为 Obryzum（refined gold 纯金）的缩写，以示此币的成色。

狄奥多西斯二世,系阿卡尔狄乌斯(Arcadius)之子,402 年立为共帝,408 年继位,他长期为妻、姐控制,其姐姐 Pulcheria 为虔诚的基督徒,对其影响较大。

4. 狄奥多西斯二世(Theodosius Ⅱ,408—450 年)金币(图 104、图 105)

此币直径 20 毫米,重 3.89 克,这枚币亦为狄奥多西斯二世金币,但与上一枚币有所不同,特别是背面差别更大,这两枚币应是狄奥多西斯二世在位的不同时期所造。正面图案为身穿盔甲,右手持长矛,左手持盾牌的皇帝 3/4 侧面像,文字:DN THEODOSIVS PF AVG。背面文字:SALVS REIPVBLICAE (安全共和国)。背面为左手持十字架的东罗马帝国皇帝狄奥多西斯二世和瓦伦蒂那三世(Valentinian Ⅲ),中间似还有一小孩,不知身份,币中有一星。

5. 朱里安诺斯·马约里安努斯(Julius Majorianus,457—461 年)金币(图 106、图 107)

此枚币直径 12.6 毫米,重 1.44 克,是东罗马帝国时代的特雷米西斯金币。

此钱币的正面是马约里安努斯的侧面胸像(面右),头系缀珠束发带,身着带褶衣袍(佩甲),环绕人像的文字是"DN JVLIV……PFAV(G)",中间文字有缺损,外廓的珠圈边纹也只余了一小部分。因特雷米西斯金币是一种小金币,只相当于 1/3 索利多金币,所以钱币的直径、重量均小于索利多,这造成了币面文字和边纹的残缺。JVLIV(S)应指造此币时的帝王朱里安诺斯·马约里安努斯(Julius Majorianus),整句连读下来是"我主朱里安诺斯是幸运之帝,是至尊之帝"。

钱币背面的中间是一个十字架,外围以花环,下面的文字是 COMOB,与上一枚洪诺留索利多金币背面的文字相同,也是意为国库官足(赤)金,是对此金币黄金成色的说明。

在朱里安诺斯·马约里安努斯成为罗马帝王之前,西哥特人(Visigoths)曾扶植 Avitus 为帝(455—456 年),但 Avitus 不得罗马人心,后为 Ricimer 将军所杀。帝位空缺 6 个月后,出身古老罗马贵族的朱里安诺斯·马约里安努斯被扶上王位。他于 458 年出征高卢,挫败西哥特人,并准备在西班牙聚集战舰,出征非洲汪达尔人(Vandals),但事前却为汪达尔人阴谋所败。回去后,461 年被 Recimier 将军所杀害。

6. 阿那斯塔修斯一世(Anastasius,491—518 年)金币(图 108、图 109)

此币直径 16.5mm,重 2.76 克,此枚币可能经过剪边。此币流通时间是 492—507 年。正面图案为身穿盔甲,手持长矛的皇帝 3/4 侧面像,文字:DN ANASTASIVS PP AVG。ANASTASIVS 即阿那斯塔修斯,为皇帝名;PP, Perpetuus,"永恒"之意。背面为手持十字架的维多利亚女神立像,文字:VICTORIA AVGGGH。GG 表示复数,本意是应该有几个皇帝共治便有几个。H 为官方希腊数字记号 8(8 似是表示造币的某种序号),右侧一星,下有表示造币厂名和含金量的 CONOB。

阿那斯塔修斯一世,491 年继位,因其推行币制改革而知名,很多学者将其铸造的货币视为拜占庭货币的真正起点。其币正面充分展示了军事征战的色彩,皇帝身着盔甲,右肩扛一长矛,左边盾牌上是战马的形象。另一个与罗马铸币显著不同的特征是肖像上强调睁大的眼睛。其币背面仍是异教和基督教结合的形象,站立的有翼维多利亚女神是早期罗马铸币上的形象,而手持的十字架则是基督的象征。

7. 阿那斯塔修斯一世（Anastasius，491—518 年）金币（图 110、图 111）

这一枚馆藏币直径 17 毫米，重 2.61 克，此币可能经过剪边。此种阿那斯塔修斯一世币流通时间是 507—518 年，晚于上一种币。钱币正面为身穿盔甲，手持长矛和盾牌的皇帝 3/4 侧面像，文字：DN ANASTASIVS PP AVG。背面为手持长基督符（Christogram）带翅膀的维多利亚女神，其基督符由小圆点组成，基督符即希腊文基督名字（I X P）首字母组合成的字符，4 世纪中叶起币面上开始出现。背面文字：VICTORIA AVGGGH，CONOB（君士坦丁堡造币厂），左侧一星。

8. 查士丁尼一世（Justinian I，527—565 年）金币（图 112、图 113）

此币直径 16 毫米，重 2.67 克，钱被剪边。正面是手持长矛的皇帝 3/4 像，文字：DN IVSTINI ANVS。背面是右手持由圆形点组成的长十字架，左手持球（球上十字架）的男性天使立像，右侧一星，文字：VICTORIAAVGGG△，△（delta）为官方希腊数字记号 4（4 似是表示造币的某种序号）。从查士丁一世（Justin I 518—527 年）开始，金币背面的维多利亚女神转变成这种男性的天使形象，在整个 6 世纪，成为钱币背面的基本图案。

9. 查士丁尼一世（Justinian I，527—565 年）金币（图 114、图 115）

此币直径 20.49 毫米，重 4.45 克。正面是手持十字架球的皇帝 3/4 像，文字：DN IVSTINI ANVSPPAVG；背面是右手持长十字架，左手持十字架球的男性天使立像，右侧一星，文字：VICTORIA AVGGG △。查士丁尼一世是拜占庭帝国最伟大的皇帝，在军事、律法、艺术等方面都有杰出的成就，恢复了罗马帝国的大部分领土，修订了罗马的法典，建造完成了著名的圣索菲亚大教堂。查士丁尼征服天下的政策在其钱币上表现得很明显，币面上原来持长矛的右手在他后来的币上变成举着一个圆球，球上有一十字架。圆球历来是罗马帝国权利的象征，加上十字架表示皇帝直接从上帝那里得到权利，至此，这种形象成为拜占庭帝王在币面上常用的图案，之前这种十字架则经常是在背面的维多利亚女神手中。

10. 福克斯（Phocas，602—610 年）金币（图 116、图 117）

此币直径 20 毫米，重 4.42 克。正面是手持十字架的福克斯正面半身像，身穿斗篷，头戴饰有十字架的皇冠，文字：DNN FOCAS PERP AV。背面为右手持有"基督符"的权杖，左手持十字架球的天使，文字：VICTORIA AVGV，CONOB。

福克斯是个有蛮族血统的低级军官，在反对政府的暴动中成功地取得了皇权。福克斯铸造的钱币上比较强调人物形象特征，这种在罗马帝国时代很流行的铸币习俗在拜占庭帝国早期并不提倡。帝王形象多整齐化一，表情刻板，似乎只有这样才能够表现出皇帝半神化的特殊地位。福克斯的钱币则充分强调了其蛮族的出身，引人注目的胡须、蓬松的直发，明白无误地表明了其外族人的身份，自他之后许多帝王的钱币都采用了有胡须的形象。

11. 赫拉克力斯（Heraclius，610—640 年）金币（图 118、图 119）

此币直径 20 毫米，重 4 克。币面为手持十字架的皇帝半身正面像，币图人物身穿军队斗篷，头戴饰有十字架的皇冠，文字：DNHERACILЧSPPA。背面为台阶、十字架（cross potent），象征基督的墓地；文字：VICTORIAVVЧ，最后一个字母为官方关于造币记录的记号，CONOB（君士坦丁造币厂）。

12. 君士坦斯二世(ConstansⅡ,641—668 年)金币(图 120、图 121)

此币直径 20.14 毫米,重 4.36 克。正面为右手持球(球上有十字架)的皇帝正面半身像,身穿披风。文字:DN CONSTANτINЧS PP AV。背面为阶(四阶)上十字架,文字:VIC-TORIA AVCЧЭ,最后两个字母为官方关于造币记录的记号。

君士坦斯二世曾和其叔叔赫拉克里奥斯为共帝,11 岁时自己称帝,尽管他在硬币上自称君士坦丁,但拜占庭习惯上称他为君士坦斯。他统治期间,边界遭阿拉伯人入侵,同时还受到意大利伦巴蒂人的威胁,于 668 年被谋杀。其子君士坦丁继位,称君士坦丁四世。君士坦斯造币模仿其祖父赫拉克留,将其年轻无须的肖像加上了短须,并且最终变成满脸长须,其币背面保留了阶上十字架的图案。

13. 君士坦斯二世(ConstansⅡ,641—668 年)金币(图 122、图 123)

此币直径 18.85 毫米,重 4.22 克。正面君士坦斯二世和他儿子君士坦丁四世半身像,文字:DNCONSTU。背面是君士坦斯二世的另外两个儿子的立像,中间为阶上十字架,象征基督的墓地,左边高个的为赫拉克留,右边小个的为提比略,均手持家族式"干"形十字架,文字:VICTORIAAYSЧXL;背面虽然仍为 CONOB,意为钱币制造地是君士坦丁造币厂,实际上该币是在西西里的 Syracuse Mint 造币厂铸造的。

14. 西奥菲雷斯(Theophilus,829—842 年)金币(图 124、图 125)

此币直径 19.79 毫米,重 4.39 克。正面为西奥菲雷斯穿盔甲、披风正面像;文字:希腊文帝名 ж Є OFILOS bASILEO,西奥菲雷斯·巴西勒(意为希腊教父)。背面是他和共帝的迈克尔二世(自己的父亲)的图像,希腊文:MIXAHL SCONSτAnτin,迈克尔二世。

西奥菲雷斯是坚决的宗教偶像破坏者。东罗马历史上,726—843 年期间为反偶像崇拜阶段。这一阶段钱币上宗教的偶像都消失了,甚至连阶上十字架的图形也很少出现。钱币两面都表现帝王,人物一般是帝王和他的继承人,还常出现帝王的其他儿子们,有时也有王后,甚至死去的先王。

15. 罗曼努斯三世(RomanusⅢ,1028—1034 年)金币(图 126、图 127)

此币直径 25 毫米,重 4.38 克。正面是耶稣坐像,文字:＋IhSXISREXREqN NTIhm(耶稣基督,王中之王);背面表现的是皇帝加冕仪式,圣母玛利亚在为罗曼努斯加冕,文字:OCEbHO' RWm Nw(罗马人的圣母)。均为希腊文。

从 843 年起,宗教形象在币面上复苏,并一直延续到 10 世纪中期,基督形象已经成为常用的正面图案,圣母的形象也开始出现。

16. 君士坦丁九世(ConstantineⅨ,1042—1055 年)金币(图 128、图 129)

金币直径 27.5 毫米,重 4.30 克。正面为耶稣半身像,文字:＋IhCXICRCXRCSN Ntihh(耶稣基督 王中之王)。背面为左手持球(球上十字架),右手持长十字架的皇帝着盔甲半身正面像,文字:CWnSTAN InOSbASR(君士坦丁,罗马国王)。

17. 迈克尔七世(MidhaelⅦ,1071—1078 年)金币(图 130、图 131)

此币为碟形币,直径 29 毫米,重 4.22 克。正面是耶稣半身像,文字:IC XC(耶苏 基督);背面是身穿盔甲的皇帝半身像,左手持十字架球,右手持东罗马帝国后期军旗,希腊文

MIXΛHΛR CIΛO△（迈克尔·杜卡斯国王）。

从迈克尔四世（1034—1041 年）开始就发行了一些成色较差又较轻的金币，成色很差的碟形币是君士坦丁九世时（1042—1055 年）开始铸造的，这种碟形币制造技术要比原来的币复杂。

## 三、对以往发现罗马金币的综合考订

要认识中国钱币博物馆新整理出的这批罗马金币的价值，就需与以往发现的罗马金币作一比较。但是前所举三家统计所据互有出入，各自对钱币的认定也有所不同，有必要作一个综合考订，才能大致落实过去在中国发现罗马金币的时代、发现地和数量，为此，特将三家的统计和我们的考订列表于下。

**表一：以往发现罗马金币的综合考订表**

| 帝　王 | 公元纪年 | 《大百科》 | 康　文 | 蒂埃里文 | 综合考订 |
|---|---|---|---|---|---|
| 狄奥多西斯二世 | 408—450 | 1（赞皇 1） | 1（赞皇 1） | 3（固原 1 仿、商州 1、赞皇 1） | 3（固原 1 仿、商州 1、赞皇 1） |
| 里奥一世 | 457—474 | 1（土默特左旗 1） | 2（土默特左旗 1、杭州 1） | 2（土默特左旗 1、固原 1） | 3（土默特左旗 1、固原 1、杭州 1） |
| 阿那斯塔修斯一世 | 491—518 | 1（磁县邻和墓 1） | 1（磁县邻和墓 1） | 3（磁县茹茹墓 1、武川 1、西安 1 仿） | 2（磁县茹茹墓 1、西安 1 仿） |
| 查斯丁一世 | 518—527 | 1（和田 1） | 5（和田 1、吐鲁番 1，2 仿、咸阳贺若氏墓 1） | | 2（和田 1、磁县茹茹墓 1） |
| 查斯丁和查士丁尼一世 | 527 | 4（赞皇 2、磁县邻和墓 1、闾氏墓 1） | 4（赞皇 2、磁县邻和墓 1、闾氏墓 1） | 3（固原 1、赞皇 2） | 3（固原 1、赞皇 2） |
| 查士丁尼一世 | 527—565 | 3（吐鲁番 3 仿） | | 4（于阗 1 仿、吐鲁番 2 仿、磁县茹茹墓 1） | 3（于阗 1 仿、吐鲁番 2 仿） |
| 查斯丁二世 | 565—578 | 1（咸阳 1） | 1（咸阳独孤罗墓 1） | 2（咸阳独孤罗墓 1、贺若氏墓 1） | 2（咸阳独孤罗墓 1、贺若氏墓 1） |
| 莫里瑟·蒂贝里 | 582—602 | | | 1（吐鲁番 1 仿） | 1（吐鲁番 1 仿） |
| 福克斯 | 602—610 | | 2（清水 1、洛阳 1） | 2（天水 1、洛阳 1） | 2（天水 1、洛阳 1） |
| 赫拉克留 | 610—641 | 2（西安土门村 1 仿、何家村 1） | 3（西安土门村 1 仿、何家村 1 仿、朝阳 1） | | |
| 赫拉克留和赫拉克留·君士坦丁帝 | 641 | | | 3（西安土门村 1 仿、何家村 1 仿、朝阳 1） | 3（西安土门村 1 仿、何家村 1 仿、朝阳 1） |
| 君士坦丁五世 | 741—775 | | | 1（于阗 1） | 1（于阗 1） |
| 明确时代币 | | 14 | 19 | 24 | 25 |
| 未明确时代币 | | 7 | 17 | 12 | |
| 共计 | | 21 | 36 | 36 | |

考订需作如下说明：

1.康文表中时代尚有疑问的两枚币列入未明确时代币中。

2.康文中曾提到,1989 年西安唐墓出土的 1 仿制币,以及《中国丝绸之路货币》彩版图中的 35、37、38 号币都应是阿那斯塔修斯一世币,但在他的通览表中此币种只列磁县 1 枚,在此据其通览表列出。

3.在诸家的统计中,我们发现河北磁县竟有三座墓(闾氏墓、邻和公主墓、茹茹公主墓)出土罗马金币,经查原出土报告内附有墓主人墓志:"魏骠骑大将军开府仪同三司长广郡开国公高公妻茹茹公主闾氏……长广郡开国公妻茹茹邻和公主奄然长逝……"①再细看出土报告,可知茹茹是墓主所属族名(即柔然),闾氏是其姓,邻和公主是其封号,所以是否存在三名同指一墓,而重复统计的情况,今暂按同一墓处理②。

4.在阿那斯塔修斯一世币一栏中蒂埃里文列有内蒙古武川出土的一枚,查《呼和浩特是草原丝路的中转站》的原文③,其所述币文与蒂埃里文中的第 13 号币的币文有出入,故武川出土的这一枚不作统计。

5.磁县所出两枚金币之一,《大百科》与康文都认为是查斯丁与查士丁尼一世共治时的币,蒂埃里文认为是查士丁尼一世币,但据出土报告此枚应是查士丁一世币(报告中发表的币图不清),现据出土报告处理。

6.福克斯金币,康文表中列有清水出土一枚,但文字说明是出土于天水,故与蒂埃里文出处相同,故应指同一枚币。

7.西安土门村、西安何家村和辽宁朝阳发现的 3 枚金币,《大百科》和康文将之系于赫拉克留金币(编按:各家译名略有不同),蒂埃里文则将之系于赫拉克留与赫拉克留·君士坦丁帝共治时期金币。以哪种说法为妥,为此我们查阅了原出土报告。关于出于土门村的币,报告谈道:"正面没有铭文,仅有半身像,图形和拜占庭的希拉克略(Heraclius,610—641 年)所铸的金币相同。两个像中,左侧较大的是他自己,额下有须;右侧年轻无须的是他的儿子希拉克略第二君士坦丁(Heraclius Ⅱ Constantine)的像。"④关于出于何家村的币,"这次发现的唐代文物中,有日本的和同开珍银币、波斯银币、东罗马金币和宝玉珍饰等文物……东罗马金币是希拉克略(610—640 年)的货币"⑤。关于出土于朝阳的币,蒂埃里在他文章的第 48 注中特别指出:报告"原文将此币作赫拉克留帝,但是根据照片判断应为赫拉克留帝及赫拉克留君士坦丁帝(641)"⑥。由以上可知,在各出土报告中,的确是把这 3 枚币认作为赫拉克留金币,但从随文公布的钱图看,都是两位帝王出现在这 3 币的正面,表明的是两帝共治,所以蒂埃里将之归为赫拉克留与赫拉克留·君士坦丁帝金币应是正确的。

经我们初步的综合考订,以往在中国发现的罗马金币能被考订的有 25 枚(含 6 枚仿制

　　① 磁县文化馆《河北磁县东魏茹茹公主墓发掘简报》,《文物》1984 年 4 期。

　　② 据罗丰告知,他听说,上世纪 70 年代磁县另发掘过一闾氏墓,出土一枚东罗马金币,但出土报告一直未见发表,特在此注明。

　　③ 内蒙古呼和浩特文物事业管理处《呼和浩特是草原丝路的中转站》,《内蒙古金融研究》1987 年(总 8 期)。

　　④ 夏鼐《西安土门村唐墓出土的拜占庭金币》,《考古》1961 年 8 期。

　　⑤ 陕西省博物馆、文管会革委会写作组《西安南郊何家村发现唐代窖藏文物》,《文物》1972 年 1 期。

　　⑥ [法国]F·蒂埃里、C·莫里森著,郁军译《简述在中国发现的拜占庭金币及其仿制品》,《中国钱币》2001 年 4 期。

币),分属 12 个帝王时期,这些币中最早的是始于 408 年的狄奥多西斯二世币,最晚的是结束于 775 年的君士坦丁五世币。

## 四、此批馆藏钱币中发现的新品种

此次公布的中国钱币博物馆 17 枚馆藏罗马金币从用材、制作、图案和文字来看,应属罗马官方的钱币。这 17 枚钱币,分属 13 种帝王钱币,其中 4 种(7 枚),即狄奥多西斯二世金币、阿那斯塔修斯一世金币、查士丁尼一世金币、福克斯金币见于已公布的在中国发现的钱币;另外的 9 种(10 枚)却是过去发表的材料中未见在中国发现的,这些钱币是:格拉蒂安努斯金币、洪诺留金币、朱里安诺斯·马约里安努斯金币、赫拉克留金币、君士坦斯二世金币、西奥菲雷斯金币、罗曼努斯三世金币、君士坦丁九世金币、迈克尔七世金币;而有 7 种原在中国发现的钱币,即里奥一世金币、查斯丁一世金币、查斯丁和查士丁尼一世金币、查斯丁二世金币、莫里瑟·蒂贝里金币、赫拉克留和赫拉克留·君士坦丁帝金币、君士坦丁五世金币在馆藏中未被发现。为展示以上异同,我们特制作了表二。

表二

| 帝　　王 | 在位时间 | 原见钱币综合考订 | 馆藏新见钱币 | 合　计 |
|---|---|---|---|---|
| 格拉蒂安努斯 | 378—383 | | 1 | 1 |
| 洪诺留 | 395—402 | | 1 | 1 |
| 狄奥多西斯二世 | 408—450 | 3(固原 1 仿、商州 1、赞皇 1) | 2 | 5 |
| 朱里安诺斯·马约里安努斯 | 457—461 | | 1 | 1 |
| 里奥一世 | 457—474 | 3(土默特左旗 1、固原 1、杭州 1) | | 3 |
| 阿那斯塔修斯一世 | 491—518 | 2(磁县茹茹墓 1、西安 1 仿) | 2 | 4 |
| 查斯丁一世 | 518—527 | 2(和田 1、磁县茹茹墓 1) | | 2 |
| 查斯丁和查士丁尼一世 | 527 | 3(固原 1、赞皇 2) | | 3 |
| 查士丁尼一世 | 527—565 | 3(于阗 1 仿、吐鲁番 2 仿) | 2 | 5 |
| 查斯丁二世 | 565—578 | 2(咸阳独孤罗墓 1、贺若氏墓 1) | | 2 |
| 莫里瑟·蒂贝里 | 582—602 | 1(吐鲁番 1 仿) | | 1 |
| 福克斯 | 602—610 | 2(天水 1、洛阳 1) | 1 | 3 |
| 赫拉克留 | 610—641 | | 1 | 1 |
| 赫拉克留和赫拉克留·君士坦丁帝 | 641 | 3(西安土门村 1 仿、何家村 1 仿、朝阳 1) | | 3 |
| 君士坦斯二世 | 641—668 | | 2 | 2 |
| 君士坦丁五世 | 741—775 | 1(于阗 1) | | 1 |
| 西奥菲雷斯 | 829—842 | | 1 | 1 |
| 罗曼努斯三世 | 1028—1034 | | 1 | 1 |

| 帝　　王 | 在位时间 | 原见钱币综合考订 | 馆藏新见钱币 | 合　计 |
|---|---|---|---|---|
| 君士坦丁九世 | 1042—1055 | | 1 | 1 |
| 迈克尔七世 | 1071—1078 | | 1 | 1 |
| 明确时代币 | | 25 | 17 | 42 |

馆藏品中,4 种在中国发现的钱币可以进一步充实过去的发现,9 种过去未在中国发现的钱币更值得关注,尤其是早期的 3 种币和后来的 4 种币。

格拉蒂安努斯金币、洪诺留金币将在中国发现的罗马金币的时间向前推进了 30 年。以前在中国发现的罗马金币都属于东罗马帝国币,格拉蒂安努斯金币是尚未分裂的罗马帝国的钱币,洪诺留金币则是分裂后的西罗马帝国的钱币,所以这是两个时代金币在中国的首次发现。朱里安诺斯·马约里安努斯金币虽是东罗马帝国时代币,但它属于特雷米西斯类型的金币,特雷米西斯金币是一种小金币,只相当于三分之一索利多金币,此枚币应是在我国发现的最早的特雷米西斯金币。从制作上讲,这 3 枚币亦不同于过去所见钱币,它们成色高,制作精,更多的保留了罗马造币风格。帝王像在币面采用的是侧面像,而非正面像,人像制作精准,帝王像个人特征明显,其后罗马金币上的人像则多缺乏个性,钱币显现拜占庭风格。

过去我国发现的罗马金币时代最晚的是君士坦丁五世金币(741—775 年),这次整理的馆藏品中却有晚于它的西奥菲雷斯金币、罗曼努斯三世金币、君士坦丁九世金币、迈克尔七世金币等 4 种,它们将罗马金币流入中国的时间又向后延续了 300 年,因此这 4 种币的发现应该说也是很有意义的。从钱币的制作类型上说,后 3 种币又有其特色,它们币重减轻,变薄,含金成色降低,珠圈外变阔,迈克尔七世金币甚至制作为中间隆起状,这枚币是罗马碟形金币首次在我国发现;从币面反映内容看,这几枚币的宗教色彩越发浓厚,罗曼努斯三世金币的正面是皇帝加冕仪式,是由圣母玛利亚在为罗曼努斯加冕,君士坦丁九世金币和迈克尔七世金币正面表现的都是耶稣半身像,币上还有"耶稣基督,王中之王"一类的文字。这些币为我们展示了后期罗马金币的形态。

## 五、对在中国发现的罗马金币年代和数量的分析

罗马金币是随贸易的商人或其他人员直接或间接被带入我国的,所带入的多是当时正在行用的货币,其中可能夹杂有前朝的金币和外族的仿制金币,但流入的主体应是罗马当朝帝王发行、行用的币。被发现的古代外国钱币,往往标示着古代的人员交往与流动,特别是如果这些外国钱币中孕含着明确的时间信息,而且达到一定的数量,那么就给我们提供了一个据以研究这种交往与流动的基础。综合过去在中国发现的 25 枚可考订时代的罗马金币,并加上此次公布的 17 枚,明确帝王时代的罗马金币总数已达 42 枚(分属 20 个罗马帝王时期,时间跨度长达 700 年左右),这个数量,可以使我们作一些相关的探究了。根据这些钱币

的相应时代和数量,特制作了表三,从钱币遗存的角度,反映罗马钱币流入中国的大致时间和流入频度的变化,并发现一些问题。

　　从表三和折线图看,罗马金币流入中国大致始于4世纪后期,后逐步增加,在6世纪上半期数量达到最高,其后又逐步下降,到7世纪下半期后流入数量就很少了。4世纪后期至7世纪后期,这300年左右的时间是罗马金币最集中的流入期,据我们目前的统计,这一时期流入钱币的数量占到了总数量的88%。4世纪后期至7世纪后期这段时间在我国大致相当于两晋南北朝至唐前期,流入数量最高的时期是北朝的北魏晚期。在经过850—1000年的统计空白后,在11世纪又发现了3枚罗马金币,其时正当北宋。

表三

| 金币时代 | 各时间段发现数量 |
| --- | --- |
| 300—350 | |
| 350—400 | 2 |
| 400—450 | 5 |
| 450—500 | 5 |
| 500—550 | 11 |
| 550—600 | 5 |
| 600—650 | 7 |
| 650—700 | 2 |
| 700—750 | 0 |
| 750—800 | 1 |
| 800—850 | 1 |
| 850—900 | 0 |
| 900—950 | 0 |
| 950—1000 | 0 |
| 1000—1050 | 2 |
| 1050—1100 | 1 |

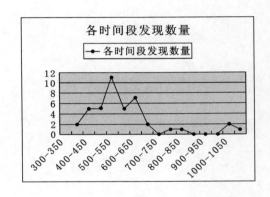

　　这段时期罗马钱币的大量流入,是因为丝路的畅通,商贸的发展,还是因为西北一些民族的内迁?8世纪以后罗马金币流入的减少,是因为罗马到中国商贸道路的被阻隔,还是因为丝路交易媒介的变换,或者是因罗马国力的逐渐衰微?

　　从我们统计的流入中国的罗马金币的时间看,这些金币进入我国大致因为两种原因:其一是由于丝路商贸的交往,带来了这些西方的金币,隋和唐前期,以及北宋时期的经济发展提供了商贸往来的条件。其二是我们面对前面的统计数字不得不想到的,罗马金币进入中国的集中期在东晋至初唐,流入数量最多的时期是在北魏,发现地基本又都在中国北方,这段时期正是五胡乱华,大批西北民族入侵、内迁的时期。实际上这300年间的大部分时间中国北方战乱频发,并非进行丝路贸易的理想环境。其后发现3枚金币的11世纪又是辽(契丹)进据中国北部的时期,所以罗马金币流入我国的第二个原因,很可能与我国西北方其他民族的入侵和内迁有关,他们带来了西方的货币,并将带来的金币使用于多种用途。

罗马金币流入中国主要原因的最后确定,有待于今后的进一步研究。我们在这里提出的是东西方交流的一批历史证物——古代罗马钱币,是一批有数量、有年代、有演变曲线的物品。它们对历史的反映可能是折射性的,须加以调整的,但它们基本是可靠的。

本文写作的主要目的是将中国钱币博物馆馆藏的这批钱币公诸于世,以供相关学者了解和研究。写作中我们查阅了部分资料,尝试对此类钱币作了一些说明和探讨,由于初涉早期西方钱币领域,限于水平,文章内容仅供读者参考。

(本文原载于《中国钱币》2005 年第 1 期,由金德平、于放撰写,在写作中,得到了李铁生先生、屠燕冶先生、康柳硕先生的帮助。)

# 读翁树培《古泉汇考》

## 一、翁树培与《古泉汇考》

清代乾嘉以后,钱币的收藏和研究在士人之中蔚然成风,形成泉学的一个高潮期,这一时期为中国钱币学的形成期,为中国钱币历史面貌的揭示打下了一个坚实的基础。在这一高潮中,翁树培属领军人物之一,其所著《古泉汇考》一书是极有影响的钱币著作。

翁树培字宜泉,顺天大兴人,生于乾隆二十九年,卒于嘉庆十六年(1765—1811 年)[①]。翁树培自九岁即蓄古泉,数十年如一日,"官京师时,家贫甚,而每遇古物,辄流连不能释,尤好藏泉币,至典衣置之,不少吝,所蓄恒甲于同人"[②]。

既有宏富的收藏,又受乾嘉时期考据风气的影响,且翁氏久居京师,在国史馆等处任职,有接触《永乐大典》等书籍的方便条件,因"慨旧谱之简略失据",而著《古泉汇考》。这本书的写作,"苦心探抉殚力者数十年,稿凡屡易,始辑成是编,博引旁征,几于无书不采,凡泉之重轻薄厚,轮郭大小,一点一画,罔不析及毫厘,匪特辨其形也,兼辨其声,匪特辨其质也,兼辨其色,折衷详审,为近代谱家第一该博之书"[③]。以上清代钱币学家鲍康的评价,并不过分。民国时张絅伯评价此书说:"翁氏瘁毕生精力,搜求实物征集史料,《永乐大典》、私家笔记之凡关于钱货者,采录靡遗,辑成《古泉汇考》……考据精审,吉光片羽,掇拾皆是,发前人所未发,为后学门径,其功不可没也。"[④]今天,看张絅伯的这个评价,也感到是客观、公正的。

《古泉汇考》分上、中、下三册,编为八卷,涵盖先秦至明末各时期钱币,以及外国钱、压胜钱。

翁树培生前《古泉汇考》未得付梓,身后其稿本辗转于世,刘喜海得到后,因其"已涂乙几不可辨",遂积三年心力,使人校录正本,并加批注。后山东省立图书馆王献唐先生借得此书抄录一部,藏于馆中。丁福保闻知后又再借于山东省立图书馆,将其书的内容打散,分收于《古钱大辞典》各条目下,终使世人得窥翁书之大概,而已非翁氏书之原貌。刘喜海原批校本后也入藏山东省立图书馆,据此批校本,由中华全国图书馆文献缩微复制中心于 1994 年影

---

① 翁树培生卒时间的考订见艾俊川《〈泉志〉的〈永乐大典〉本校文及整理札记(下)》,《中国钱币》2002 年 4 期。
②③ 鲍康《翁氏古泉汇考书后》,《古泉学》1 期 27 页。
④ 张絅伯《古钱大辞典拾遗序》,《古钱大辞典》2221 页,中华书局 1982 年版。

印出版了 100 套,收入中国公共图书馆古籍文献珍本汇刊之中,使《古泉汇考》终得正式出版面世。

本文所据即此影印本。

## 二、《古泉汇考》的体例

翁氏为写此书下了几十年的心力,搜罗了历代钱币和诸家泉说,如何组织安排这些材料,如何展现自己的看法,翁树培在总体框架、具体先后摆列方面,都作了细致的考虑。

兹举例以具体说明其体例。

梁高祖武皇帝"五铢(女钱)条"(541—543 页):

> 培按:此种,《泉志》列正用品者题曰公式女钱,列不知年代品者题曰女钱,其图并同,实即一种,而背有有郭无郭之分耳,今并列所引书于此。

> 《隋书·食货志》曰:梁武帝铸钱,文曰五铢,又别铸除其肉郭,谓之(培按,《通典》、《册府元龟》俱有"公式"二字)女钱,二品并行,百姓或以古钱交易……

> 顾烜曰:天监元年铸公式女钱,径一寸,文曰五铢,称两如新铸五铢(《通典》有"二品并行"四字),但边无轮郭,未行用,又听民间私铸,以一万二千易取上库古钱一万,以此为率,普通三年始兴,兴(培按:疑当作舆)新钱五铢并行用,断民间私铸。

> ……

> 张台曰:背有好郭者谓之公式钱,女钱背无好郭者正(培按:疑当作止)谓之女钱,盖听民私铸有不精也。

> 洪遵曰:余按此钱谓之五铢女钱,梁武帝新钱亦曰女钱,盖梁之前已有女钱矣。

> 培按:梁初古钱名女钱,故新铸者加公式字以别之。隋志谓除其肉郭,顾氏谓边无轮郭,盖俱兼面背言之……张台谓背有好郭者为公式,与隋志除肉郭之义颇不符合,且汉至隋之五铢,除梁初面有郭一种外,孰非面无郭而背有郭者耶?今所见小五铢钱多无轮郭者,有径六分弱,孔甚小,字去边较远者;又一种面无轮,其式中高,而靠外周围一层之边,当有轮之处凹,背却俱有轮郭……

从上例可见到,翁氏对每一种钱,一一引用前人看法,对于引文是负责任的加以对勘、审核。所以校订以上引文,梁武帝所铸女钱应前加"公式"二字,"兴"疑当作"舆","正"疑当作"止",这样文意方能读通。

通过以上所引史志记载和顾烜等人的说解,读者可明了公式女钱的发行时代、发行背景、流通情况、公式女钱制作特点和得名由来等。在此基础上翁氏加以综述,得以进一步理清头绪,并说以版别。每一钱币经如此方式的征引和注解、说明之后,其情况即可大体清楚了。而各种钱币之间是依各朝、各帝、各钱先后相系而下,从而展示了中国钱币发展历史的一个大的轮廓。

## 三、翁树培对钱币(六朝)的说解举例

六朝时期政权分立,更迭频繁,经济凋敝,币制杂乱,有关当时钱币铸行的史料、记载也多有缺失、矛盾,为认识六朝的钱币情况,翁树培参证史籍,综合众说,考察实物,提出自己的看法,其中多有具新见卓识者,特举数例如下。

翁树培认为,六朝钱币是中国钱币制度转变的关键时期,"六朝,钱制之转关也"。转变主要表现在两方面,一是钱文内容由纪重开始向纪朝代年号变化,"汉兴为纪年号之始";另一是钱文书体的变化,"隋以前钱文皆篆书,楷隶者其变体……有唐以下,而楷隶行草滥焉,至于元明篆书者十之一焉"(509 页)。

他对一些六朝钱币的时代、铸主的考订也提出了自己的看法。如对宋的景和钱,顾烜认为是宋中废帝所铸,洪遵认为:"烜,梁人,距宋不远,其说当审矣。"同意顾烜的看法,张端木也说"以永光为前废帝钱,景和为中废帝钱"。翁氏却认为,景和也是前废帝所铸,指出:"《宋书·前废帝纪》永光元年乙巳八月癸酉改元为景和元年,一年两改元,而明帝泰始元年亦即乙巳年也。"故景和钱铸主自明,并认为:"中废帝之称始自顾烜……宋书并无中废帝之称。"(533 页)

六朝时期的五铢钱多轻小者,而名称又各异,造成后人认识的困难。翁氏在对文五铢条下,特地辨析了对文钱、女钱和稚钱的异同,细述对文钱的特点:"绎女钱、稚钱、对文钱三种之制,去肉郭谓之女钱,狭小其制谓之稚钱,有轮郭去尽谓之对文者。《泉志》谓狭小者未言无轮,则字之完整可知也,去肉郭者虽无轮亦未言其字不全也,若轮郭去尽为对文,则剪取其轮(因郭在内不能剪取,是以但取其外轮而用之耳)所余甚轻小,则五铢二字势必不能完全,盖轮之为地无多,则字形不免侵蚀其半。今所见小五铢钱(使其字果完整又复有轮,其形式原与寻常五铢之大小无异,徒以被剪而觉其小)既无轮矣,五铢二字各仅其半者,殆即对文钱欤?"他还就对文钱的形成和制作谈了看法:"此种钱却非剪去者,若逐枚剪之,则必参差不一,且于人工亦烦费也,今所见此种钱,每数百枚同出土,其边痕自然整齐,如范如规,盖其始剪轮为之,其后竟特铸此五铢二字各半之小钱耳。"(511 页)

有些钱币与前代钱币钱文相同,有的又有伪品,这就需分前后,别真伪。《古泉汇考》做了此类的一些分辨工作。如在周武帝"布泉"条下,"培按:《泉志》所图,泉作𣲁,误,今所见,径七分,重一钱一分,面有郭,文字形制绝类五行大布,布字尤肖,其为周钱确有可据……此钱有作伪者,一依《泉志》为之,不可不辨。莽泉泉字中直皆断作两笔,唯此钱泉字中直直下不断。"(602 页)翁氏指出了两种布泉的分辨方法,以及伪品如何辨别。

翁氏引述前代文献时多参证以钱币实物,而且能引申作纵向比较,更有所发现。如隋文帝五铢条(616 页)。

《隋书·食货志》曰:高祖既受禅,以天下钱货轻重不等,乃更铸新钱,背面肉好皆有周郭,文曰五铢,重如其文……是时见用之钱皆须和以锡镴……

《新唐书·食货志》曰:隋行五铢白钱。

　　　　旧谱曰:径一寸,重一钱六黍,肉郭平阔,五字右边傍好有一画,余三面无郭,用镴和铸,故钱色白。

　　翁树培即由此五铢白钱制作用镴的记载,上联永安五铢,下及初期唐开元,探索前后钱币加镴情况(618 页):

　　　　培按:《泉志》所图作黑质白文,误也。旧谱记及唐末,距隋不远,其说必确有所据……此则因用镴色白,犹大定之用银,因细审五铢白钱之制作、大小、字体、铜色与魏永安五铢相近,开皇辛丑上距永安已酉才五十三年耳,盖镴永安五铢已有用铸者,故铜亦多白。数十年后之五铢白钱则制逾小,字逾细,轮郭逾阔。今所见开元钱色青白,轮郭阔厚,有似乎白钱者,皆唐初之钱也。是以培谓五铢白钱上延魏制,下启唐规。

　　翁树培根据隋五铢用镴的记载,联系其前后钱币的制作、色泽,指出魏永安五铢和初唐开元在铸造中都使用了镴。

## 四、《古泉汇考》的价值所在

　　研究历代钱币应读一读翁树培的《古泉汇考》,其原因有以下几点。

　　(一)《古泉汇考》汇集了乾嘉以前的主要钱币文字资料。翁氏博览群书,几十年间为写《古泉汇考》而不断搜罗、补充相关材料,蔚然而成大观,因而使读者读此书而诸说毕集,省却了大量找寻翁氏之前泉说、著述的功夫。他在记录史籍和前人有关说法时,有着高度客观的科学态度,对原话一一记录,不以己意妄改、妄断,忠实地保留了原文,实际也保证了其书的价值,所以他的书可看作是对先于他的诸家泉说的一个汇集。丁福保编著《古钱大辞典》时,自诩《古钱大辞典》有八大特色,特色之三即是收入了《古泉汇考》的内容。其方法是除对翁书卷一、卷八"稍从删节"外,"将全稿辑入是书",使用时是"先将原书拍成胶片,然后将其分段剪贴于各钱条目之下"[1]。可以说,丁书各条目下的早期各泉家说法,几乎全用了翁氏之书的内容,也可见对翁书的推崇。

　　(二)《古泉汇考》考订了乾嘉以前的钱币文字资料。翁氏在保留资料原貌的同时,"慨旧谱之简略失据",本人又有考据的功力,他将这种考据的方法应用于钱币之学,用以整理历代钱币,探究前代泉说。从钱币著作而言,翁氏以前的泉书,固也有一些可观者,但总体而言都是著于泉学的发端时期,内容较为粗疏,对中国钱币发展的脉络尚缺乏系统整理,对具体钱币的考识也往往不足。因此《古泉汇考》对前人说法并非简单罗列,而是以多种材料对比、互校、考订,引导读者认识和分析这些资料,对疑其有误者,以小字注于其下,说以根据,或在后面以"培按"为标志,说明自己的看法,表明自己明确的态度。

　　"宋·小泉直一"钱条(534 页)下,列:"《颜竣传》曰:景和元年沈庆之启通私铸,由是钱货乱败,一千钱长不盈三寸大小,称此谓之鹅眼钱,劣于此者谓之綖环钱,入水不沉,随手破碎……太宗初,惟禁鹅眼綖环……"翁氏在"景和元年"下注小字"《玉海》作永光元年九月戊

①　《翁树培〈古泉汇考〉及其流传》(代前言),《古泉汇考》541—543 页,中华全国图书馆文献缩微复制中心 1994 年。

午,不知何据"。提供给读者另一说法,以"不知何据"一语说明未见此说的依据。在"太宗"二字下,小字注出:"此宗字《通典》作始,当再查《宋书》核之,且《通典》太始上有明帝二字,《通志》亦如《通典》,乃明帝太始也。"翁氏以它书对核,指出禁鹅眼铤环事在宋明帝太始初。笔者经查《二十史朔闰表》,刘宋并无"太宗"的庙号,前废帝景和之后,即是明帝太始的年号①,"太宗"改为"明帝太始"四字之后,此段记载方可读通。所以说,翁氏在"不妄改"的宗旨下,默默做了许多考订工作。

也是在"小泉直一"条下,除了记载顾烜等人的说法之外,还记录了《钱币考》的说法:"鹅眼为当时私铸,而诸家谱亦以为废帝所铸,文曰小泉直一,非也,小泉直一篆文者,王莽时钱,楷书者后代伪作,唐以前钱文未有楷书者也。"翁树培基本同意《钱币考》的说法,在"培按"中分析了前误之由来:"此说是也,《泉志》于沈郎钱则图一,无字小钱。于鹅眼钱则图二,小钱文曰小泉直一,一系篆文,与莽钱同,泉作 ,一系楷书。按洪氏并无鹅眼钱文曰小泉直一及有篆楷二种之文,或是画图者妄为之耳。谓莽之小泉传至宋时沿用之,可也,谓鹅眼钱文与莽钱同,则诸家谱录则未言也。且楷书者今并未见,盖并非后人伪作,直是图《泉志》者妄以楷书写之耳。鹅眼铤环乃小钱之通称,其钱文昔人初无明文,当本无字,不必定指是何钱也。"这段话承《钱币考》而来,进一步说明了几点:将鹅眼钱与小泉直一钱混淆,源于《泉志》的鹅眼钱图;洪遵书的原文并无鹅眼钱钱文为小泉直一的说法,错误的出现应是为《泉志》补图者的"妄为之";楷书小泉直一未见过实物,应非后人有伪作,也是为《泉志》补图者的妄作;鹅眼钱是一类小钱的通称,未必指某一特定钱文。翁氏的解说不囿于前人之说,而又使读者明白前人错失的由来,在这里,是使读者认识了列于前废帝时代的小泉直一,了解了鹅眼钱。

(三)翁书的又一突出点是他对钱币版别的重视。对钱币版别的重视源于翁树培对钱币实物的广泛接触和分类,版别分类是对钱币学研究深化的表现。在介绍各种钱币时,翁氏大都详细介绍每种钱币的不同版别,使人能够了解和分辨,并从中剔除伪品,而于各版别之下,则不强求分辨铸主、铸地、铸时。如他在论及五铢版别时就说:"五铢品类至多,今五铢钱多六朝物,纷纷鼓铸,殆不可辨,今悉列其名,不敢以臆说为断。"(509 页)其版别分类和具体描述可以对五行大布的说解为例:"今所见一种径七分强,重一钱一分,行作 ,大作 ,面之轮郭较字稍高,略如大泉五十之制,文字制作精好特甚。有郭作菱花孔者,一种径七分,一种径六分强或径六分弱,此种较小者背轮郭欹斜夷漫,几如半两之无轮郭者。此钱有作伪者,竟依《泉志》为之,文曰五行泉布,不可不辨。"后并述及五行大布背龟蛇、星剑、货泉、丑时等多种版别。他对钱币版别的罗列力求完备,可看出他对钱币品种的展示已力图细化为以版别为对象了。这种工作在他之前虽也有人做过,但像他如此全面、深入的,似乎还没有。

## 五、《古泉汇考》的不足

在看到《古泉汇考》的种种价值点之外,也感到其书存在着一些不足,或说是读后的一些

---

① 陈垣《二十史朔闰表》68 页,中华书局 1962 年。

遗憾,虽然说我们不应脱离其所处的时代来苛求之,但还应指出如下:

(一)今天我们见到的《古泉汇考》实际是一个稿本,可能还不是一个定稿本;刘喜海觅得流落世间的这一稿本时,稿本的状态是"涂乙几不可辨",虽经刘喜海"竭三年心力,校录正本,属抄胥写而存之",但是据当年鲍子年入秦访刘,索读此书时所记:"相见即索是书,观察(按:观察为刘喜海的官职)举以相授,八巨帙,厚几盈尺,且谓余曰:此本出抄胥之手,未及校雠,亥豕乌焉,开卷即是。"①可见,由稿本而来的抄本错失亦多,刘喜海本人也不满意。正因为这两个原因,此书存在不少失误,还有待进一步的整理。此外,《古泉汇考》本身没有句读,往往也易造成读者阅读、理解的不准确。

(二)翁书以"汇考"为名,作者的主观意图是汇集有关泉币之说,是一本资料汇编类的书,而非一本泉谱,故未附入钱图。但因为此书所谈是从先秦至明代的大量钱币,述及各种钱币的制作、文字、版别等,无图则很难使读者形象直观地了解文意,故从读者的角度看,这点也是一个缺憾。

(三)客观地罗列前人的泉说是翁书的一大优点,但也多少带来反面的一个问题,必要的筛选不足,如果再去掉一些低水平的、重复性的说法,此书当能更精当一些。

《古泉汇考》诞生于乾嘉时期,受当时朴学影响,是注重史料、实证、考据的一部重要的泉学著作,它代表了封建时代钱币研究的高水平,在钱币学研究领域内将长期发挥其影响和作用,并在中国钱币学史中占有应得的一席之地。

(本文原载《中国钱币》2004 年第 3 期,本文的写作得到了王贵忱先生的大力支持,特此说明)

---

①　鲍康《翁氏古泉汇考书后》,《古泉学》1 期 28 页。

# 《唐宋时代金银之研究》评述

  日本加藤繁先生所著《唐宋时代金银之研究》一书是上世纪 20 年代外国学者研究中国历史货币的一部著作，今天看来在历史金银币的研究中，这部书仍具有重要的参考价值，在中国货币史研究中应占有一个重要的位置。

  作者加藤繁先生(1880—1946 年)毕生致力于中国经济史、货币史的研究，一生发表了大量论著，其用功之勤，功力之深，涉及之广，对中国史料之娴熟，相信每一个读过他作品的人都会留下深刻的印象。

  《唐宋时代金银之研究》于大正十五年(1926 年)作为东洋文库论丛之六，由东洋文库出版发行，昭和二年(1926)该著作获日本帝国学士院奖。其书的一部分曾由傅安华译成中文，以《唐代绢帛之货币的用途》发行于《食货(一)》(北京大学法学院，1934 年 12 月)。1944 年中国联合准备银行编辑发行了该书的中文译本，把加藤繁先生对中国古代金银币研究的这一部著作全貌介绍给了中国的读者。本文所谈即根据这一中文译本。

  《唐宋时代金银之研究》一书从内容上看，首先考察唐代金银与宋代金银之用途，以大量信而有征的历史文字资料，排比、归纳、比较、总结了唐代和宋代金银在官方经济和民间经济中的使用情况，包括了赋税、国费、军费、赏赐、专卖、收入和贿赂、赠送、布施、悬赏、赌博、物价表示、物价支付、赔偿、借贷、蓄藏等经济活动中的作用。作了金银与绢帛、纸币货币性的比较和金银与绢帛、纸币关系的分析。以此考察为基础，得出结论：唐代金银已具备了货币的所有职能，具有了货币的资格；受数量限制，其使用则以官府与上层阶级为主体；唐代货币流通，流通最广的是钱，其次是绢，银和金又次之；宋代金银货币使用程度和范围加大，其货币地位加强，官方收支更多地使用金银，社会上普通百姓也已较普遍地使用银货币。在以 17 万字的篇幅考证、明确唐宋金银的货币性质之后，作者以广阔的视野，进一步关注诸多与金银币相关的问题："唐宋时代金银之种类及其形制"、"唐宋时代之金银钱"、"唐宋时代之金银器饰"、"唐宋时代之金银价格"、"唐宋时代之金银出产地及其输出与输入"、"唐宋时代之金银铺"、"金时代之银"、"隋以前及元以后的金银"。"唐宋时代金银之种类及其形制"考证了唐宋金银的种类，其铤、饼、牌等形制和重量的计算法等，"在唐宋时代之金银钱"一章中指出：唐宋时代有将金银铸成仿铜币的金钱银钱者，但此类金钱银钱仅供贵族玩赏之用，虽具铸造货币的形式，而未获朝廷和民间的承认，未成为真正用于授受的货币形态。"唐宋时代之金银器饰"一章述说了唐宋两代金银器饰的风行于世，这种流行促进了金银生产量的增加，有助于金银货币使用的发展。唐宋时代金银货币地位的加强，除了社会经济的发展外，与金银的供应量也有相当关系。"唐宋时代之金银出产地及其输出与输入"一章中,通过对其时金银出产地、金银坑冶制度、金银岁课、输出与输入的调查,认为在中国内地金银的生产,至宋增加甚速。宋代银的供给量可与其需求大致相等,而金的供给对于其需要似乎颇有不足。"唐宋时代之金银铺"一章中,又注意到与金银货币相关联的金银铺等,论证了唐宋时这类金银铺在社会经济中占有的重要地位,其功用除制造、买卖金银器外,还承担当时金银铤、金银饼等的铸造、鉴定和买卖兑换等项业务,金银铺对中国后来发展起来的银行业有着一定的影响。

从以上所略述加藤繁先生考察唐宋金银的诸多方面来看,其内容是丰富的、全面的,其观点大都是论据充分,论说清楚,结论可靠,所以这部书不管从研究成果,还是从资料利用来说,至今仍具有很高的参考价值。

在肯定该书的同时,还应探讨一下,在70多年前,一个外国学者对中国历史货币的研究,为什么能写出如此高水平的研究著作?在他那个时代,在人们看得见的学术成果的背后,有着哪些支持、引导作者取得这些成绩的东西?

一项研究取得进展和成功,往往与三个方面相关:研究对象的选取、研究方法的运用、研究材料的发掘,加藤繁先生的书在这三方面都有可观之处。

一、敏锐地注意到中国的金银货币,以之作为研究对象。现在研究金银币的论文、著作相当多,中国古代金银货币问题得到钱币学、货币史学界很大的重视。但是,在70年前人们对历史货币——金银币的重视程度却很低,大家的着眼点多在于铜币。以能代表中国钱币界20世纪30年代和40年代研究内容和研究水平的《古泉学》和《泉币》两刊而言,《古泉学》共出版5期,收录正式文章58篇,其中只有一篇谈银钱及金银币的文章;《泉币》一书除谈清、民国的文章中有一定数量(以谈银元为主)涉及金银币外,其他论说自先秦至明的文章共375篇,只有7篇与金银币有关!加藤繁敏锐地将长期被研究者忽视的金银币作为自己的研究对象,无疑,他面对的是一座尚待开发的"富矿",这已奠定了他成功的基础。

二、采用钱币学与货币史相结合的研究方法,从金银币的社会功用角度,从金银币历史发展的进程看问题。中国钱币学传统的研究方式,原本注重的是对钱币本身的研究,诸如其形态、材质、文字、版别、珍稀度等,即使查找有关史料,也多限于为搞清某钱的铸主、时代、铸地,其出发点和归结点是钱币本身,较少考虑从社会经济、金融的大背景下去看钱币,较少通过钱币研究去反映历代与钱币有关的各个方面;也往往缺乏一种历史的、发展的、从事物发展进程去认识各个阶段、各个种类钱币的高度和眼光。钱币学在这方面的欠缺,正是货币史研究的长处;而钱币学对钱币本身研究的精到,又可弥补货币史在此方面的不足。加藤繁写作此书时,正是作了将货币史与钱币学相结合的早期尝试,是基本成功的。

加藤繁对各类金银币从钱币学角度予以了必要的重视,论述了唐宋时代金银的种类,包括以形态分类和品质分类者,其中特别详细地考察了铤的使用、形制、时代、大小、重量,对饼、牌、马蹄金等古代主要金银币的形态都作了考证,且论及隋以前、元以后的多种金银币。加藤繁注重从货币史角度研究金银币,注重从广阔的社会经济生活中看待金银币,从各个与之联系、促进、限制的方面关注金银币,从东西货币文化的比较中注意中国的金银币,这可以从他书中第一章的绪言看出。"货币对于一社会与一国国民之经济生活的维持与发展上有极重要的关系。因此,我们欲探究一社会与一国国民的经济生活的历史,则对于其社会与国家的货币问题,就不能不注意,我们现在对于中国货币史的研究,也有同样的用意……金银的问题,在欧洲与西部亚细亚从古代即已作为货币使用,在中国是否亦已发挥其货币的机能?若已发挥其货币机能,则中国始于何时?并其变迁情形如何?皆有待于考证的必要……金银可用作货币之外,亦有充作器物装饰等原料用者,其与货币之关系如何?金银的价格、生产额与进口出口的情况如何?又金银之买卖交换,其流通之中心点何在?凡此等等事项皆探究之后,然后可以窥知以金银为货币与贵金属在当时社会中占如何的地位?"正是在这样的主导思想指引下,本书作者的金银币研究才展开了广阔的层面,写出了多方位的内容,并以唐宋时代为基点,进而与前后时期相连贯,写出金银在中华货币史中地位的演进、变化,勾勒出金银币的一条清晰的历史发展线索。

三、丰富的史料的挖掘与运用。考察、论证历史货币诸问题,史料的查找、整理、运用是一个重要的基础。中国的典籍浩繁,各类史料众多,金银币的资料,特别是金银币在社会中使用情况的资料,散见于各类古书之中。为了写作此书,加藤繁的资料搜集工作令中国学者都为之惊叹,我们看到书中资料来自形形色色的正史、笔记、小说、戏剧、古代字典和辞书等,许多书都是不常见的。加藤先生这样做是有感于过去"学者的论证觉得很不充足。讨论此问题需要收集更多且广的资料,用适当的解释与综合,详细地明了银或金在某时代发挥如何样的机能"。曾见到和田清先生谈加藤繁的一篇文章,文章中回忆起他曾认为研究其他国家的经济史,外国人总不及通晓实际情况的本国人。加藤繁正颜厉色地对他说:不是这样,那只是在常识方面而已,如果真正进入学问深处,外国人和本国人,并没有两样。从这话中可见他的自信。《唐宋时代金银之研究》正是在"收集更多且广的资料",并作适当的解释与综合后写成的。充分、扎实的史料工作为本书的成功打下了坚实的基础。

与该书的巨大成绩相比,其不足之处显然不应去苛求,特别是对 70 多年前写作此书的一位外国学者,但为了使人们对此书有个全面的认识,还是在此谈一点看法。

《唐宋时代金银之研究》以文字史料发掘、考证取胜。虽作者也注意到了实物材料,但限于身在中国之外,也限于一些实物尚未被考古挖掘发现,所以写作时参考历史金银币实物不足,使得有些论断今天看来需加以修正。如书中说到"金之成为货币作用的明显时期,大概自从战国时代开始"。但对战国时的重要黄金货币形态楚金版如"郢爰"等却无一语涉及。又如对金朝所铸行的中国最早的分为五等的银币——承安宝货,书中认为"承安宝货恐亦采用钱的形式。即周郭圜圆,中央有方孔之一种形式"。上世纪八十年代黑龙江、辽宁等地陆续发现了"承安宝货"壹两、壹两半实物,其为束腰形银锭形态,这样,理所当然地就应修正他的说法。

也有些考证,可能因所见文字资料尚有欠缺,以至论断有可商议之处。如对铤的考证,作者下了很大的功夫,也多有卓见。但对金银铤的产生时代,他多处提到,"在两汉文献中所谓金银铤的用语一个也没发现……因此,银铤在后汉时代绝不能存在""有一桩事情可以值得注意。即在南北朝时代有叫作铤的金银地金的一种形式已经发生了……在两汉时代尚无称叫铤的一种金银地金形式。"对此问题，我曾在《中国钱币》1991 年 4 期写过一篇《说铤》的文章，其中引用了唐代慧琳所著《一切经音义》的一条资料。即该书卷二十九对《金光明经卷第五》所加的一条注释，"铤，亭顶反，上声字，许叔重注《淮南子》云，铤者金银铜等未成器铸作片，名曰铤，形声字也"。许叔重即东汉《说文解字》的作者许慎，曾注释《淮南子》成《淮南鸿烈解诂》一书，此书今已不传，但唐慧琳所著《一切经音义》还保留了许慎那本书中的一些解说，既然许慎曾解说过金银铜铤，故此，金银铤至少在早于南北朝的汉代就已经存在了。

另外，如果能在著作的行文之中，将资料、例证更加以精选，其书可能会更紧凑、精炼一些。

应该说，这些都是小疵，加藤繁以他毕生的研究，为东方货币文化、东方经济史的研究作出了贡献，在学人向前探索的道路上，加藤繁的学术成果和治学方法将长久地受到大家的重视。

（本文原载《中国钱币》2000 年 1 期，由金德平、李景阳撰写）

# 中国钱币刊物的先行者——《古泉杂志》

中国钱币研究植根于源远流长、丰富多采的钱币文化，得益于一代代钱币收藏者、研究者的开拓和进取，学术成果不断得以拓展，近年来涌现出大量有深度、有见解的著述。对于钱币研究的开展，钱币刊物起了很大的作用。

钱币刊物本着推进钱币学研究的宗旨，集中了众多研究者、爱好者的思想成果的精粹，实物发现的精华；面向着一大批相对固定的读者群，联系、适应、提高着他们；一定的出版周期，丰富的栏目编排，负责的编、校加工，有固定的发行渠道，又保证了刊物持续的生命力。

目前，国内发行着 10 种左右钱币刊物，以各自特有的地区、特点、层次面向读者。其中《中国钱币》自 1983 年创刊以来，历时 17 年，发行 70 期，对中国钱币学这一古老而又新兴的学科建设作出了很大的贡献。回首钱币刊物的历程，不能不忆起中国人自己办的第一种钱币刊物——《古泉杂志》，《古泉杂志》在中国钱币学史上，应占有其开创性的一席之地。

## 一、发行《古泉杂志》的古泉学社

1926 年，由张乃骥发起，上海成立了早期的钱币组织——古泉学社。张乃骥字叔驯，号齐斋，精鉴别，嗜古泉，藏泉之富甲于东南，时与津门方药雨并称为"北方南张"。他除发起上世纪 20 年代的古泉学社外，又曾任 30 年代古泉学会的副会长、会长之职。

古泉学社的宗旨是"阐明古泉学识，订正旧说，鉴定真赝，辨别时代，参考制作，启人好尚之心"。在组织上古泉学社设理事二人：张乃骥（叔驯）、程文龙（云岑）；鉴定员六人：龚心钊（怀希）、张乃骥、邓实（秋枚）、张晋（絅伯）、程文龙、郑家相（葭湘）；编辑员五人：董康（绶金）、王荫虬（荫嘉）、邓实、张宗儒（翼成）、程文龙；评议员为：方若（药雨）、周德馨（仲芬）、宝熙（瑞宸）、陶洙（心如）、罗振玉（叔言）、杨啸谷、陈敬第（叔通）、张丹斧、朱崧生（峻夫）、王琛（朴全）、宣哲（愚公）、蒋中觉（坚志）、李国松（木公）、范兆京（纬君）、方尔谦（地山）、范兆昌（志恒）、余筹（艇生）、翁思益（友三）、郑希亮（松馆）、周书（笃孚）、刘体智（晦之）、蒋寿镗（伯堘）、顾震福（竹侯）、朗悟（痴泉）、袁克文（寒云）。学社的经费，除由发起人承担外，特别社员每年交纳 12 圆，普通社员每年交纳 6 圆。学社的活动安排为：每月的第一、第三个星期日下午三时至五时为学社会议时间，对钱币进行欣赏、研讨；每月第一个星期日开办展览会一次，征集各家藏泉，分卖品、非卖品两类分别陈列。一经鉴定、列号，社里即出立收据，取回泉品时纳回收据。古泉学社的社址设在上海贝勒路口蒲柏路鸿仪里二号。

从古泉学社的组成和活动等可看出,这是以共同的爱好为基础自发组成的民间收藏、研究组织,人员以上海为主,兼有外地有造诣者,总人数不会太多,但具一定层次。其活动以观摩、讨论泉品为主,交流心得,启人好尚,亦通过钱币展览、陈列,便利社员辨别真伪,互通有无。古泉学社的成立标志着中国钱币界由个体收藏开始走向群体交流,是钱币收藏社会化的表现。

## 二、《古泉杂志》(第一期)简介

古泉学社成立之时即对出版钱币刊物事予以很大重视,特设立了五人的编辑班子,并在学社的章程中专门列有"出版"三条:其一,"本社发行月刊,将泉拓用玻璃版印行,泉说、诗文并列,以增益见闻,广博兴趣。但诗文不涉考据者,佳构亦从割爱"。其二,"选录须由鉴定员审查,认为真确方能入选,稍涉疑义,宁舍弗录"。其三,"凡有泉说及诗文著作,经常会开会时,认为雅训者,得次第付刊,并搜录名人遗著"。这三条对刊物的目的、审查、录用标准都作了规定,态度是积极、慎重的。

《古泉杂志》仅出版一期,于1927年发行,编辑兼发行者程文龙,发行所为古泉学社。此刊印数当不大,今日寻觅,相当不易。《古泉杂志》线装,封皮灰蓝色,上书"古泉杂志"(篆体),下为"董康署",并加印章,杂志长270、宽163毫米,共42页。用宋版书字体,不标句读,珂罗版影印,印刷精美。分用两种纸张印刷,一为罗纹纸,每册价壹圆捌角,一为宣纸,每册价壹圆(特别社员赠阅罗纹纸本,普通社员赠阅宣纸本)。

此本《古泉杂志》从目录看,内容分为钱拓和文章两部分,前几页列有经审定的一些钱拓,计有空首布五品,方足布二品,尖首布一品,圆足布三品,圆泉二十品。每品钱币下都有收藏者姓名,有些附有审定者所作的简短说明文字,如在一空首布图下注:"罗雪堂藏,空首布非尖首者,大倍常品,旧谱所无。"在一乾封泉宝背天府下注:"齐斋藏。此泉背文二字罕见,铜铸者尤少。"有的还注有"×××故物"等语。其后为八篇文章,以下略述内容而绍介之。

《古泉杂志》封面

第一篇《翁宜泉校洪志》,翁树培曾据《永乐大典》所载有关文字,对毛氏本洪遵《泉志》做了校订。翁氏以朱、墨详注其异同,这里选载的只是《泉志·序》的校订内容,其前后有翁树培的说明,程文龙于此说明中又作说明。翁氏对《泉志》所做的校补本,后为方地山所藏,后《永乐大典》又有佚失,故"翁校所引若干条亦宇内孤本矣"。此篇文字不多,登载本篇目的应是介绍翁树培对《泉志》曾做的校订工作和校订体例。

第二篇文章是《金砚云古泉考》,此篇实际是阮元为《古泉考》所作之序。金砚云原为官家子弟,而"键户著书,不求仕进",所撰《古泉考》四卷由其孙特为之校而刊之。问序于阮元,阮元感古泉"有资于考证,有裨于史传","岂独游艺云尔哉",又看到钱币的收藏"聚之固难,聚而不散,更无其理。是宜笔之于书,传之其人,乃可以有补于前文,有裨于后世耳",为此,阮元欣然为其书作序。

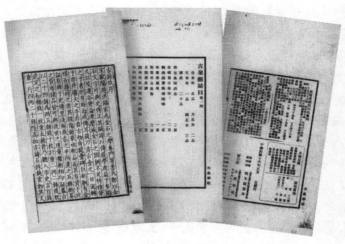

《古泉杂志》书影

第三篇《刘燕庭嘉荫簃随笔》,系刘燕庭在道光初年从叶东卿处借得翁树培《古泉汇考》稿本八册,在阅读时凡有所思所见,即书写下来,后将这些随笔汇为一册,即为是书,在此刊有"宝六化范"等三则随笔。

第四篇《吴窸斋藏泉》公布吴窸斋所藏一枚不见于钱谱的面七字、背一字布币,并对之略作说明,但未考明此币时代、地域、币面文字。

第五篇《程云岑古泉审》内收程氏谈自己藏品的三则短文,其一为"东周布歌",以作者得于汴梁叟处的东周布为题,以七言歌体,歌咏、绍介之。其二为"玉质东阿四朱",程氏于赴曲阜孔陵途中得于洙泗农人之手,"文曰东阿四朱,满身黄晕,间有璊斑,篆法雄湛,审是汉京遗制,非今向壁虚造"。认为此玉质四朱"即今之法马,天平衡物所用"。砝码铜质者曾见著录,"近亦每多出土",但"玉质者从未之见"。其三"元政四年王政",属被称"藕心钱"之类,作者得于京师海王村式古斋,认为"藕心钱"过去"洪志及各家谱录均列入钱类,非是……或是锁钥之属欤?"

第六篇《王荫嘉泉解》,内含"燕化初后铸之比较"、"绍兴元宝小平正样对钱"两篇。前一篇王氏由自己所收大小二品燕化钱,对百余年来将面文释为"宝货"的说法提出驳议,并认为所藏大者为初铸品,小者为后铸品。后一篇谈一组真篆相对的绍兴小平正样对钱,说明其珍贵之处。

第七篇《风雨楼异泉图录》,作者邓实将自己收藏的特大型大泉当千、文字有异的大泉当千、大泉二千、特大型大泉五百公布,并略作说明。其中于特大型大泉当千,说明其为难得一见之径寸五分者,前只有《钱略》曾列其目而未得刊其图。此钱原出南京雨花台,一坛中只出此一枚特大型,后转至作者手中。

第八篇《张叔驯齐斋泉乘》,列刘宋废帝所铸永光、景和钱各一品,叙述其时代、形态及得泉之由。

## 三、评说《古泉杂志》

《古泉杂志》于 1927 年 5 月面世，在此之前的 20 年代初，旅居沈阳的日本人古谷若松等曾在当地组织古泉研究会，并印行石印本《古观杂志》。但基本上仅著录钱拓，无论述文字，应属图谱类。所以中国人自己办的，以文字论述为主的，有固定的编辑班子，定期刊发（《古泉杂志》原定为月刊，年发 12 期）的钱币刊物，《古泉杂志》理当为第一种。

《古泉杂志》第一期版权页注明，本期"编辑兼发行者程文龙云岑"，杂志前几页图谱部分又注明"金山程文龙吴泉审定排类"，可知程文龙在创办和编辑这份刊物时起了重要的作用。实际上非但刊物，古泉学社之筹办，张乃骧亦倚重于程氏。故应对《古泉杂志》的实际办刊人略作说明。程文龙，字云岑，金山人，原籍休宁，曾习声音训诂之学，后任余姚县知县、司法部秘书等职。程文龙自小即喜聚古泉，累年多有前代泉家藏泉相继归之，因得孙吴大泉五千，遂自号吴泉。后游沪上，海内藏家多请其鉴别泉品，遇奇钱即手拓以归，故其所集泉拓至富，著有《古泉审》十六卷。程氏因学业自小学入手，富藏泉，精鉴别，所以当时请他主编刊物是合适的。

一个刊物必有其办刊宗旨。一般刊物新创，于创刊号应有发刊辞，而《古泉杂志》第一期却无此项文字，但在目录页有两行字，特作出说明："杂志弁言董绶金先生自任撰述，因匆匆去国，尚未将定稿寄到，本社下期续登。"可见，此项内容已作安排，而执笔者突然出国，文稿未能及时交排，第二期即能刊出。可惜第一期之后《古泉杂志》便停刊，世人终不得见此弁言了。然从学社宗旨和第一期内容，读者可得其办刊宗旨之梗概。古泉学社是"以阐明古泉学识，订正旧说，鉴定真赝，辨别时代，参考制作，启人好尚之心为宗旨"，其社刊必是贯彻和实行这一宗旨，且学社的实际董理者与刊物的责任编辑者同为程文龙，其一致性应更无问题。现在审视此宗旨，可看出古泉学社和《古泉杂志》着眼点在于钱币实物，对实物鉴真伪，辨时代，考制作，正旧说；泛而论之是阐明古泉学识，启人好尚之心；注目的是中国"古泉"。

从学社章程的三条出版规定中对收录文章的要求，又可看出其刊出文、图要有利于"增益见闻，广博兴趣"，即以刊物为载体，将社员之泉品、识见发行至社会进行充分交流，这是囿于个人收藏，或限于小范围个人之间的观摩讨论所做不到的；"但诗文不涉考据者，佳构亦从割爱"，此条要求刊载文章需对泉品有所研究。可以说以上两条录稿的标准是对学社宗旨的具体化。另外规定中要求来稿须"雅训"，也是应有之义，实则提倡了平等、客观的讨论风气，以防止不负责任的中伤现象的出现。刊物用稿要"搜录名人遗著"，能虑及此项，说明办刊者的眼光。学术探索中前人多有识见，也有许多是做了有价值的整理性工作，而因其时出版条件所限，往往成果不得面世而湮没无闻，致使后人又费大精力从头做起。发掘有价值的名人遗作，是起始办刊者尤须提倡的抢救性工作。

第一期《古泉杂志》的内容表现了以上的精神。于珍贵钱币，或公之拓片，以增见闻，或论以文字，以正旧说，又摘登前贤遗作，以推荐、介绍有价值的学说和著作。

此外，这本杂志还带有自身的一些特点：因作者文化层次较高，故文辞雅训；内容注重钱币的收藏性、玩赏性;学术研究尚不深入,是社中学者不多,又受方法、视野诸项限制所致;草创性显著,曰刊物而未设栏目,印刷未入轨道,以致迟迟出版等。然而,创办第一本钱币刊物,这些都是正常的,可以理解的。翻检《古泉杂志》,总不免惋惜其面世的短暂,如能遂其计划,一月一期,哪怕只办好两三年,则二十年代的众多珍泉,诸多卓见,必可因之而流传后世,影响海内。

其夭折恐有多种原因。其刊物末尾附有几句话:"古泉杂志本拟年初出版,因缮录濡滞兼值印刷业发生工潮,致未能如期发行,殊负同好诸君属望,深以为歉。"此刊追求典雅,用宋版书字体,珂罗版影印,罗纹纸、宣纸印刷,线装装订,致费工费时费资,应是原因之一;工潮之起,固影响印刷、装订,而思其背景,"中华民国十六年五月发行",时间正当北伐军入沪、上海工人起义、蒋介石"四·一二"镇压群众之时,社会的大动荡、大变革,必然冲击小小的民间钱币社团,冲击一本初创的刊物,应是原因之二;以一个同仁性的学社,而维持一份刊物,并欲求做学术探讨,而非商业赢利性运作,投入必多,回收必少,经济亦将发生困难,由个人赞助,社员会费势不能维持刊物之运转,应为原因之三;《古泉杂志》以古泉学社社员为读者对象,圈子太小,内容尚不能兼及初学,加以文字不加标点,增加了普通群众的阅读困难,也必影响发行数量,影响效益,应为原因之四。因为只见到一期刊物,又缺少有关的背景资料,故以上四端应属臆测。但是,不管是环境所迫,还是本身运作维艰,在此敬佩的是前辈开创早期钱币事业的热情,在此深感悲哀的是横在开创者面前的种种艰难,那远不是其时以小小学社、小小刊物之力所能解决的。

《古泉杂志》在编办钱币刊物方面有发轫之功,其后三十年代的《古泉学》、四十年代的《泉币》,以至于今天的《中国钱币》等一批钱币刊物,正是《古泉杂志》的后继者,正是后续的一个时代又一个时代的开拓者。抚今追昔,我们不应忘记钱币刊物的先行者——《古泉杂志》。

(本文原载《中国钱币》2000 年第 3 期)

# 从《泉币》谈中国上世纪
# 四十年代之钱币研究

由中国泉币学社创办的《泉币》（双月刊），自 1940 年 7 月创刊，至 1945 年 9 月停刊，共出版 32 期，发表了大量文章，集中反映了中国二十世纪四十年代钱币研究的成果和状况，也在一定程度上代表了中华人民共和国成立之前中国钱币学界的水平。

《泉币》杂志共发表有关钱币的文章 651 篇（另有 140 多则的泉界活动、社员名录、财务报告等），展示了四十年代钱币界的业绩：对中国从古到今历朝历代的钱币做了大量钱币实物的收集和报导；参考前人著录和历史文献对钱币开始了系统的分类整理；在收集实物，理清线索的基础上进行了初步的研究工作。《泉币》办刊五年中宣传和提倡了钱币收藏和研究的风气，交流了泉界的研究成果和资料信息，为我们积累和保存了大量有相当价值的资料，其中许多至今仍是我们进一步研究的基础。

从《泉币》发表的文章篇目看，涉及先秦的 104 篇（占发表钱币文章总数的 15.98%），两汉 45 篇（6.91%），魏晋南北朝 33 篇（5.07%），唐代 11 篇（1.69%），五代十国 24 篇（3.69%），宋 93 篇（14.29%），辽、西夏、金 33 篇（5.07%），元代 15 篇（2.30%），明代 17 篇（2.61%），清代 87 篇（13.36%），民国 39 篇（5.99%），新疆等少数民族 9 篇（1.38%），外国 27 篇（4.15%）。这些数字说明以下问题：四十年代的泉界收藏和整理以先秦、宋、清钱币为主要对象；另从文章篇幅角度而言，先秦两汉的钱币文章有 70% 以上字数超过 1000 字，而其他时代的文章只有 20% 左右超过 1000 字，表现了在深入探索研究方面，早期货币更受重视。谈唐、五代十国、元、明的文章数量则显然偏少。

从发表文章的内容看，《泉币》第一期所登发刊辞，明确提出钱币研究的任务。针对往昔泉币界"斤斤于色泽肉好，戚戚于珍常多寡，范围狭隘学识疏陋"的状态提出"方今泉币一门，成为独立专门科学，应作有系统之推讨……要在详稽实物，考证史志，按诸货币原理，以究其制作沿革，变迁源流，利病得失之所在，治乱兴替之所系"。这一提法明确了钱币研究的方向：钱币不应止于玩赏，囿于珍稀、价格的了解，而应与货币史研究有机结合，以实物为基础，作系统的多学科的历史考察。《泉币》编辑者曾力图体现这一办刊方向。

先秦钱币研究方面，《泉币》连载的丁福保《历代钱谱》和郑家相《上古货币推究》作出了尝试。他们两人的文章都是从货币的起源、中国上古货币的发展谈起，进而分析先秦时期货币的种类、演进、分型、地域分布，并对钱币文字进行考释，作系统阐述。总体看此类钱币文章大都篇幅较长，不少文章尝试作些深入的分析，对先秦诸种钱币都有所论及，其中更多讨论的是布币、刀币、圜钱。定期出版的刊物为不同看法提供了讨论的园地，如陈铁卿、张絅伯、郑家相等即对钱币中的釿字各抒己见，发掘资料，互相启示，推进认识。张絅伯、罗伯昭、郑家相、陈铁卿等又对“钱”与“泉”之辨名，相互驳难，统一认识。包括对后代钱币如临安府钱牌“贰”字的辨识和讨论，都利用了钱币刊物的论坛，博征材料和证据，集思广益，经过论争，认识趋向一致，从而搞清问题，推进学术研究。

郑家相、张絅伯等对汉代钱币也作了深入考察。连续刊载的郑家相《五铢之研究》，针对五铢钱作全面排比、分类，归纳各时期五铢特征，并以钱、范互证。张絅伯《新莽货币志》考证王莽这一时期货币种类、形制演变等。相对而言，这一时期作者们对五铢的考察远远超过同样应予重视的半两钱。

魏晋南北朝隋时期，各国分立，币制混乱，史料缺载多，实物发现少，谈此段的文章固不多，深入者亦少，又多谈此段时期之五铢，谈其他钱币者既少且短，限于简介钱品而已。

唐钱研究应以开元为重点，但涉及开元钱只三四篇，且也是谈异品，说读法。五代十国时期社会动乱，政权分立，更迭频繁，反映在钱币上是钱制多样，且史籍多缺载。故彭信威《中国货币史》说：“在五代十国那个混乱的期间，钱制非常复杂，而且多不见于史书。这方面有赖于历代钱币学家和收藏家的搜集钻研，使我们能知道当时钱制的一个比较全面的轮廓。”《泉币》刊有罗伯昭、戴葆庭、张季量等人有关五代十国文章二十余篇，介绍了新发现的五代钱品，对五代钱制考订提供了新的材料。另外罗伯昭《南汉钱币》、王荫嘉《南汉乾亨钱》二文曾对南汉钱作了一番考证。

宋代是中国钱币文化多姿多彩的时期，钱币品类繁多，钱制复杂，但是对宋代钱币《泉币》所发表文章鲜见有从货币史角度入手者。大量文章从钱币学角度对铜、铁钱品作介绍，其中大量钱币实物发现于民间，丰富了宋钱的内容、种类，其资料价值不可低估。宋代纸币是世界最早的纸质货币，曾在社会生活中起重要的作用，也有相当多有关文字史料存世，但是可能与研究者主要搞硬币收藏有关，故写宋代货币的 93 篇文章中仅 3 篇涉及纸币，且其中两篇还是谈的印制纸币的钞版。宋代金银在货币领域应有一定位置，但 93 篇文章中只两篇与金银有关，且皆谈压胜金钱，对银锭等竟没有文章论及！写钱牌文章有 7 篇，有所创见。所以说宋代钱币文章中，对宋代铜钱、铁钱给予了相当重视，做了不少发掘、发现工作，对纸币、金银币则尚未重视，但也可以说是限于条件、限于实物的发现、限于认识水平，故在当时尚不可能对宋代钱币作全面的深入研究。

谈辽、西夏、金钱币文章不算少，发现、著录了一批新的材料，对某些钱币作了一些考辨，然而 33 篇文章中对辽、西夏、金这三个政权的钱币，均无综合性论述者。

有关元、明时代钱币文章不多，反映了对这两段钱币研究不够深入，但如王荫嘉等已对元代纸币有所重视和反映，其《元钞辑闻》可说是这时期研究者中不可多得的对中国古钞予以注意之作。

反映清代钱币的篇目相当多，著录了大批制钱和机制币的情况，各局、各厂制作的许多珍贵品类可从中知晓和查证，保存了大量可贵的钱币资料。此时对新式钱币——银元、铜元的产生、经过、品种及其铸厂的历史也有了相当的反映，如《张文襄公粤省购办机器试铸银铜钱全案》、《光绪十年吉林银饼》等对张之洞广东购办机器制造银、铜钱和吉林银元的有关情况等作了较详细的考察。

《泉币》作者们时当民国，于其当时钱币所见必多，且有相当了解，而且民国历时虽不长，货币的种类却很不少。但是，我们见到的文章，于民国钱币虽有所及，但文章不多，且大都是二三百字的短文，著录一些少见之品而已。于当时正在流通的普通流通币仅有三五篇短文言及，民国钱币几乎未被列为收藏和研究的对象。

纵观《泉币》所刊文章，侧重点在于中国古币，古币又集中反映古代铜质钱币；涉及近代钱币的文章，着眼点也多为金属币，其中只极少文章谈纸币，对这一类代表货币发展方向的新兴钱币未予重视，只王君复有关鄂省银元票一文《鄂省创印银元票文件跋》在谈纸币文章中超过千字；少数民族钱币的发现和探讨基本没有开展，共9篇有关文章中，8篇谈新疆地区钱币，且多晚期钱币，对有价值的早期少数民族钱币的发现和讨论几乎没有，这应与作者们身处内地的地域局限有关。边远地区的钱币难以见到，限于战争的环境，限于以个人收集品为研究对象的客观实际，自不应苛求；《泉币》对外国钱币有所反映，共刊有关文章27篇，但着眼点在于与中国有渊源关系的日、朝、越等东方国家。对自明代已开始流入中国的大量西方钱币，却只刊有两篇文章，一篇为200字左右的《西班牙银圆》，另一篇为400字左右的《吴湖帆君山品一八一二年拿破伦一法郎银币跋》。这说明当时的钱币界对于在中国近代货币史上产生了巨大影响的西方钱币认识不足，这源于对西方钱币了解的不足，从深层次来说，这种不足也是当时研究者对近代中国钱币发展方向认知不足的反映。

有21篇文章谈压胜钱，多为钱品介绍，文多不长，其中《义记金钱考》、《撒帐钱考》略可一观；有60篇左右的文章与造币方面相涉，涉及造币技术、母钱、钱范、钱局等，其中绝大多数介绍的是祖钱、母钱，包括铁母、样币，所以严格来讲，除《锡母之探讨》、《元之浸铜术》等少数文章外，这部分内容主要还是谈钱币，而非制钱技术。

《泉币》中刊有一些西方人的文章，计有耿爱德（E. Kann 又译阚恩）的论文《吉林银币之错版》（英文）一篇，以及其收藏并作介绍的《新疆省造光绪二钱》、《阴文吉字宣统二角》、《吉林戊申二角异版》、《民国二十四年中圆铜样》、《说民国二十五年之银币》、《华北廿九年拾分镍币》、《安古柏金钱》七篇，另还有 Piendivaller 的《宪政纪念币》一文。

从发表文章的作者群看，因日本侵华战争的发动，原散居各地的集泉藏家汇集上海，面对艰难国事，如"骨鲠在喉"，遂"聊事雕虫，藉消积磊"。而后来"登高一呼，基金立集"，组织上海泉币学社，交流心得，观摩藏品，形成了一个钱币圈子，也因之形成了一支《泉币》的作者队伍。这批作者相对集中和固定，文章多出他们之手，《泉币》所刊文章收有郑家相105篇、罗伯昭93篇、王荫嘉82篇、张季量64篇、张絅伯45篇、戴葆庭36篇、丁福保22篇，总计约占总文章数的69%。他们的学识渊博，藏品丰富，在《泉币》上互相印证与考释，共同探讨学术问题，为钱币学的发展作出了很大贡献。其中，郑家相连载的《上古货币推究》、《五铢之研究》和《梁范馆谈屑》几乎贯穿《泉币》始终，对先秦钱币、汉代钱币和个人藏泉作了详细研究与介绍；丁福保的《历代钱谱》考释先秦的货币文字、货币及鉴别作伪法，长期连载；罗伯昭对先秦、三国、宋钱等均有论述；张季量藏品颇多，文章多以介绍和考释藏品为主。另还有一批常见作者,如陈铁卿、张叔驯、马定祥、方药雨等。《泉币》研究者多为大家,这批作者对推动当时的钱币研究无疑起到了相当大的作用。但是,这支撰稿者队伍仍存在着一定的局限性。一是作者圈子较小,缺乏广泛的群众基础;二是作者研究对象基本限于本人藏品,其所处地域、获取方法、购置实力等必影响钱币收藏的范围,也必然影响到《泉币》研究的范围。

　　这一时期的研究从方法上讲有以下特点:继承和发展了过去钱币研究的优秀传统,重视钱币本身的研究和对钱币时代背景的考证;尝试联系文字学方面的材料解释币文和有关钱币名词,去解决多种钱币的铸地、时代、面额等问题;提出了钱币学与货币史相结合进行研究的方向。可惜的是,限于历史条件,绝大多数文章仍着眼于钱币本身,并未就各种钱币在货币史上的地位来认识其价值,未展开充分的分析研究;未能与考古发现相结合,实物资料来源多为民间零星收集或藏家辗转相让,这势必影响了材料本身的科学性,影响了许多钱币史上重大问题的研究深度。

(本文原载《中国钱币》1998 年第 1 期,由金德平、周艳杰撰写)

# 试谈人民银行对钱币市场的管理

1997 年下半年,《国务院办公厅关于禁止非法买卖人民币的通知》下发,继而中国人民银行、国家工商行政管理局又发布了联合通知《禁止非法买卖人民币》,非法买卖人民币和钱币市场的管理问题引起了有关领导和人们广泛的注意。两个通知下发后当前钱币市场中人民币的管理情况如何,人民银行如何参与市场管理,这是本文想谈的两个问题。

## 一、近年来钱币市场的混乱状况有必要加强管理

### 1. 钱币收藏热的兴起

在改革开放的大好形势下,国家经济发展,人民收入水平提高,人们在精神文化生活方面开始有了更多的追求。其中一部分人的兴趣、爱好进入到收藏领域,这是人民群众文化层次提高的表现,也是一种正常、有益的追求。钱币,作为一种世界性的集藏项目,受到了广泛的关注。钱币的特点是与群众日常生活最接近,由生活的使用,转入收藏,易于上手,无陌生感;钱币数量大,大多数品种集藏者易于获得,购取时经济能力可以承受;钱币重量轻、体积小、少占空间,金属币更不易损坏,便于长期存放;钱币是大量信息的载体,从钱币上可探究、学习多方面知识——政治、经济、文化、印钞造币、防伪反假、书法艺术……;可集多种门类、多种专题、多种系列;可以之为对象,作低层次的收集,也可作高层次的收藏,又可进而作学术上的研究。社会环境的发展加上钱币本身的这些特点,造成了钱币收藏热的兴起,其中,由于人民币更集中地具有以上优越性,而成为钱币收藏中的热点。

### 2. 钱币市场的混乱状况

集币热的兴起,带动了钱币市场的形成和发展。由于我国正处于由计划经济向市场经济转轨的重大变革时期,市场的建设、规范还有待加强、完善,与市场配套的各个方面往往还不能与之进行有效的、有制约的衔接,致使钱币市场近年来出现了不少问题。

(1)非法炒卖现行流通人民币,如 80 版 100 元券、80 版 50 元券、90 版 2 元券等。

(2)哄抬流通纪念币价格,使其价格从 1992 年以来暴涨。

1992 年至 1997 年上半年(两个通知发布前),流通纪念币套币价格竟上涨近 50 倍,5 年间每年虽续发新币,但价格飙升的主要是 1992 年以前发行的品种。这种巨大的涨幅远远脱离了社会物价涨落的正常规律,含有显而易见的人为炒作因素。在此过程中一些不法炒家牟取暴利,成百亿的社会游资乘机进入钱币市场转手套取高利,而正当的集币爱好者却不得

不以高价购币。

**表一：1992 年以来全套流通纪念币价格表**

| 时　　间 | 套　　数 | 面 值 总 额 | 市 场 价 格 |
|---------|---------|-----------|-----------|
| 1992 年 | 15 套 25 枚 | 22.30 元 | 80 元 |
| 1993 年 | 18 套 28 枚 | 29.30 元 | 250 元 |
| 1994 年 | 19 套 29 枚 | 30.30 元 | 450 元 |
| 1995 年 | 24 套 34 枚 | 39.30 元 | 1000 元 |
| 1997 年上半年 | 27 套 37 枚 | 50.30 元 | 4000 元 |
| 1998 年 | 34 套 45 枚 | 90.30 元 | 2300 元 |
| 2000 年上半年 | 41 套 53 枚 | 184.30 元 | 2139 元 |

（3）贵金属金银纪念币价格也出现了炒高价的现象。举香港回归纪念银币（第一组）为例，原批发价为 200 多元，零售指导价为 320 元，在 1997 年 4 月时，竟出现 4000 元的市场价。

（4）针对集币收藏者制作的假币充斥市场，古币有大量仿冒品，近代银元、铜元有大量仿冒品，人民币的流通纪念币以至普通铝制分币也出现仿冒。据说所有流通纪念币都有假币，有的品种的假币竟有不同的版别！

（5）集币市场中出现误导和无知炒作现象。人民币次品券是在人民币生产过程中出现的质量不合格产品，因质检不严而流入社会，它没有收藏价值。但有人或出于无知，或出于有意，极力抬高此类次品券价位以牟利。我国发行的普通金银币不同于纪念金银币，无发行数量限制，有人竟也对其炒作，如将 96 版熊猫银币，曾由 100 多元炒至 700 多元。

（6）还有其他不正常现象。如，内外勾结，致使流通纪念币非法大批量流入集币市场，破坏了人民币的正常发行和管理；珍稀古代、近代钱币向境外走私；外销的当代钱币向境内回流牟利；非法拍卖人民币等。

种种现象都说明钱币市场，特别是市场中的人民币交易行为必须加强管理，必须打击非法币商，必须制止非法买卖人民币谋取暴利的行为。因此 1997 年国务院办公厅和中国人民银行、国家工商行政管理局的两个通知的下达是必要的、正确的，对钱币市场起到了降温、规范的作用，使炒卖普通人民币券的现象大为减少，流通的纪念币、金银纪念币市场价格回落。如整套流通纪念币价，由通知发布前的 4000 元回落到 1998 年底的 2300 多元，降幅为 40% 左右。

## 二、当前的钱币市场和市场管理

目前钱币市场相对于 1997 年上半年处于市场萎缩，摊位减少，交易不旺的状态中。专门销售钱币的摊位较少，大多摊位是在邮票、磁卡、粮票、像章等中摆出一些钱币。其中有近代币，也有人民币，人民币多为流通纪念币或第二、三套纸币，钱币销售显得零星，不成气候。有的地方定时有一些钱币交易活动，交易时古币、近代币、外币较受关注。据了解，通知下达后价格受影响的主要是原被炒作的热门当代流通纪念币和金银纪念币,流通纪念币的市场价回落到比较正常的水平(见表二)。金银币则跌幅较大,而古币和近代币、钞价格未受到大的影响,处于平稳或略有上扬的状况。

客观地看待形成目前钱币市场状况的原因,固然两个通知是起了一定的作用,但是深层的原因可能是近年来国家经济增长率较前几年减缓,群众对收入增长的心理预期的降低;加之住房、医疗等改革措施的陆续出台,老百姓故紧缩自己的开支,理性地处理自己的投资取向;一批盲目集币以期高额回报者,也逐渐清醒地意识到集币的正常盈利空间。这样群众投入集币的资金大大减少,就使得一些钱币炒家和跟风炒作者没有了炒作的基础。

表二:2000 年 6 月流通纪念币市场价

| 序 号 | 名 称 | 价 格 | 序 号 | 名 称 | 价 格 |
|---|---|---|---|---|---|
| 1 | 中华人民共和国成立 35 周年 | 145 | 21 | 抗战和反法西斯胜利 50 周年 | 10 |
| 2 | 西藏自治区成立 20 周年 | 230 | 22 | 联合国第四次世界妇女大会 | 7 |
| 3 | 新疆维吾尔自治区成立 30 周年 | 140 | 23 | 联合国成立 50 周年 | 8 |
| 4 | 国际和平年 | 10 | 24 | 珍稀动物—金丝猴 | 57 |
| 5 | 内蒙古自治区成立 40 周年 | 21 | 25 | 珍稀动物—白鳍豚 | 29 |
| 6 | 第六届全运会 | 210 | 26 | 珍稀动物—华南虎 | 29 |
| 7 | 宁夏回族自治区成立 30 周年 | 275 | 27 | 朱德诞辰 110 周年 | 14 |
| 8 | 中国人民银行成立 40 周年 | 600 | 28 | 庆祝香港特别行政区成立 | 23 |
| 9 | 广西壮族自治区成立 30 周年 | 48 | 29 | 周恩来诞辰 100 周年 | 7 |
| 10 | 中华人民共和国成立 40 周年 | 10 | 30 | 珍稀动物—朱鹮 | 19 |
| 11 | 第 11 届亚运会 | 15 | 31 | 珍稀动物—丹顶鹤 | 19 |
| 12 | 全民义务植树运动 10 周年 | 9.5 | 32 | 珍稀动物—褐马鸡 | 18 |
| 13 | 中国共产党成立 70 周年 | 7 | 33 | 珍稀动物—扬子鳄 | 18 |
| 14 | 第一届世界女足锦标赛 | 10.5 | 34 | 刘少奇诞辰 100 周年 | 7 |
| 15 | 宪法颁布十周年 | 15 | 35 | 珍稀动物—中华鲟 | 17 |
| 16 | 宋庆龄诞辰 100 周年 | 17 | 36 | 珍稀动物—金斑喙凤蝶 | 17 |
| 17 | 珍稀动物—大熊猫 | 70 | 37 | 政协成立 50 周年 | 7.5 |
| 18 | 毛泽东诞辰 100 周年 | 10 | 38 | 共和国成立 50 周年 | 16 |
| 19 | 希望工程实施五周年 | 6.5 | 39 | 庆祝澳门特别行政区成立 | 21.5 |
| 20 | 第 43 届世界乒乓球锦标赛 | 15 | 40 | 敦煌藏经洞发现 100 周年 | 7.5 |
|  |  |  | 41 | 共和国成立 50 周年纪念钞 | 52 |

应该说钱币炒家不是真正的集币者,他们利用手里的资金不断买进、抛出纪念币以赚取高额利润,一旦他们的炒作将价格提高到过高的程度,终将使广大集币爱好者望而却步。所以脱离纪念币本身价值的高价炒作、广大群众开支的紧缩,加上"通知"的影响,必然造成纪念币价格的回落。而炒币者当初是高价进货,在突发性降价的情况下往往不愿低价出货,这样也就造成部分炒家资金被套,新的炒家不敢轻易入市的状况。

表面上看来,当前币市比以前平稳,实际上钱币市场的问题和管理的问题并未真正解决,尚未有使之有序发展的切实措施,如此,一旦形势变化,问题又会重现。

因为钱币交易本身是收藏性的市场行为,靠行政命令不能根本解决问题。只有按市场规律去调控市场,才有解决问题的可能。而且人民银行是金融管理机构,而非市场管理机构,面对众多分散的市场、商店、地摊,人民银行不可能在本身已繁重的工作任务之外,再抽出干部到市场检查。即使去了,一无稽查证,二无处罚权,也难以管理,如涉及到工商部门,又有部门之间的不同考虑,以及此类检查所需经费等种种问题。

### 三、人民银行对钱币市场管理什么? 怎样管?

人民银行不是市场管理部门,不适宜直接管理钱币市场。钱币市场出现的对人民币的无序倒卖,又直接与人民银行相关,人民银行不能不管。集币活动,特别是人民币的收藏,是一种有益活动,体现了人民群众对中华钱币文化的热爱、对中华人民共和国货币的热爱,以及对中国人民银行所发行各种普通流通币、各种纪念币的欣赏和重视。所以钱币市场要管理,而正当的群众集币要支持。

钱币收藏有着众多门类:古币、近代铜元银元纸币、外币、当代人民币。人民银行的管理对象应是人民币。对钱币市场而言,是进入钱币市场的人民币,其中重点又应是现在具有流通功能的人民币。而退出流通领域的人民币,已成为完全意义上的商品,受供求关系的影响。如第二套人民币 10 元券市场价 1 万元,第一套人民币一万元面额牧马图蒙文券(九五成新品)等在市场上被炒至天价,可不必多加管束,管了也不一定起作用。这样可使我们的管理对象明确、集中,也抓住了当前影响币市的主要问题点。至于其他币种,古币牵扯到文物法,外币牵扯到海关有关规定,只要不违犯外汇管理法规,人民银行也不必去管。

那么如何管理钱币市场的人民币?应是抓宏观管理、源头管理,作与钱币市场保持距离的间接管理,注重管理方法的可操作性。

应该说以往人民银行的有关部门对钱币市场的管理,为集币者服务方面做了不少工作,在市场调研、组织纪念币设计制作发行、装帧卡制作、加强流通人民币券和纪念币管理等方面都付出了许多辛劳。

在此就市场人民币管理特别是流通纪念币管理提出一些建议。

1. 明确"流通纪念币"的定位

自 1984 年发行第一套流通纪念币至今已 16 年的时间,流通纪念币也由当初不受重视,群众不愿持有,变为受到社会的普遍青睐。其社会地位的变化,引起了其性质的变化,"纪念"性仍无问题,"流通"性则变了。现在没有人将流通纪念币,按面值在市场上流通使用,因为纪念币的社会价格已是其面值的几倍、几十倍、甚至几百倍。这种现实使纪念币的面值成为"名义"上的面值,流通纪念币现在已失去原基本的属性——流通性,而凸显了收藏性、纪念性。

但如今的流通纪念币的发行,基本仍沿用着最初的方法,未根据流通纪念币的社会地位、市场价格属性的变化作出相应调整。只有解决流通纪念币在发行计划中与社会市场中地位的错位现象,明确其定位(今后是使其回到"流通币",还是认可其为无流通性的"收藏币"),才能有一个明确的出发点,才能决定其发行数量、发行方法、发行价格等方面是否需要作出改变。

2. 加强流通纪念币的发行数量管理

钱币市场的起落,根本上受供求关系的制约,因此源头控制,说到底是发行数量的计划安排,这就要根据社会的需求量、钱币市场的变化情况,在每一币种发行前做好调研、预测工作。从发行起始的一两年内的价格控制目标出发,结合调研所得的社会需求量,制定新币种发行量。

数量管理还应注意同一系列纪念币,虽发行时间有先后,但每套的发行数量应保持相应的统一,以满足收藏者配套的需要,这方面特种动物系列每套发行 600 万就掌握得较好。而领袖系列则发行量有的是 1000 万,有的是 2000 万,反映在收藏价格上,就有了"某某不如某某值钱"的说法,这类情况今后还应尽量避免。

3. 稳定和保持每年发行一定数量的流通纪念币品种

近年来流通纪念币发行每年为 1—6 套不等,今后应争取相对稳定,不要每年品种数量起伏过大。纪念币自然有其时间性要求,有的年份纪念活动多些,有的则少些,但如有一个总的品种量的目标控制则更好一些,可将一些特种纪念币穿插于纪念活动较少的年份之中。每年如果稳定地有四五个新品种发行,发行间隔适当调整开,在纪念日前一段日子即向社会公布发行纪念币公告,随即陆续投放纪念币,并配合以纪念宣传活动,在纪念日到达时形成发行高潮,那么流通纪念币的发行效果可能会更好一些。而且因每年稳定的发行,一方面丰富了人民币的内容,加强了国家政策、人物、事物的宣传;另一方面因每年流入钱币收藏领域的资金是大致相对稳定的,钱币品种、数量增加,既考虑了钱币市场的承受能力,又可使币品的单价控制在一定水平,这对平抑纪念币价格也应有积极的作用。

4. 加强对发行渠道的管理

流通纪念币的发行问题,是社会上群众反映比较强烈的一个问题。近年来一些银行在纪念币、钞发行时,组织了群众性的兑换活动。但绝大多数群众仍很难以人民币兑换到等值流通纪念币,大量纪念币被从内部倒贩出去。纪念币存在着价格的双轨制。有群众就提出,1 元面值的纪念币,市场价格按 10 元计,一枚就成 10 倍涨价,发行 2000 万枚,市场价总额就是 2 亿元,这与发行价形成 1 亿 8 千万元的价差,这部分资金在中间环节流失了!这个问题的解决与前面所谈第一点紧密相关,解决的方法也可以不同。如定位在流通作用上,则应加大发行量,直接向群众发行,将纪念币作一次性投放,使其按面值流通一两年后,随着流通中的沉淀,逐渐小幅升值,两三年后由流通为主转入收藏为主;如定位在纪念收藏作用上,则可在发行时即以异价出售,面值如金银币一样只具名义性,异价出售可抑制需求,减少发行数量(减少发行量可增加增值潜力,仍能保持一定的社会需求量)。将出售所得纳入国库,出售可考虑代理制,给代理机构、代理商以一定代理费。

5. 加强钱币知识的宣传普及

在加强管理措施的同时,还应加强钱币知识、货币政策、法规的普及教育工作,增强群众在人民币方面的防伪反假能力。结合各种纪念币的发行大力宣传有关人物、事件等,扩大人民币和人民银行在社会文化生活中的影响。同时通过中华钱币文化的宣传提高集币者的文化品味、收藏水平,提高其档次。钱币知识的宣传、普及也将有助于引导、培养一个健康、规范的钱币市场。

6. 加强金银纪念币的管理

金银纪念币也是中华人民共和国货币的一个类别,应有其严肃性和科学性。近年来金银币发行太多、太滥,从数量上看我国自 1979 年至 1999 年发行当代的金银币总量已近 1200 种,最高年份发行竟达一百二三十种;从题材上看一些不应表现于国家货币的纪念主题也制成了纪念币,如阴阳八卦、吉祥物、佛教等题材,这些如果制作成金银纪念章可能更合适一些。以上做法表现的是商业价值的过度追求;发行过多过滥造成的是收藏价值的降低,收藏者热情的降低,不利于培育市场;带来的是设计、制作的粗糙,致使设计制作水平目前明显地逊色于外国金银币;也造成了题材资源在短期内的过度开发。近来,中国金币总公司已开始了一些改进的举措,势头是好的,但在体制、组成、管理、设计、生产、销售等方面,今后还有很多改进工作要做。

7. 适时组建钱币总公司

以上几点都属于在源头调控市场,间接影响市场的措施,在适宜或必要时,也可考虑仿效集邮总公司成立集币总公司,以直接参与到钱币市场中,以市场手段影响市场。集币总公司可从头组建,也可利用原有的其他公司改建,也可考虑在各省建立分支机构,形成渠道网络。因其所经营的主要是人民币这种特殊商品,其上级管理者必须是人民币的发行机关——中国人民银行。经营品种可有流通纪念币、装帧币、金银币、退出流通的人民币;也可有纪念章、钱币仿制品和钱币工艺品;还可在文物法允许的范围内经销近代币和古币;经销外国钱币;甚至可以回购人民币等钱币,扩大货源,开辟钱币二级市场。这方面应该说是大有可为,潜力巨大。

钱币市场的管理,其根本出发点是对钱币市场的保护和规范,是对广大钱币爱好者集币热情的爱护,是对人民币在社会正常运作的关心。中国人民银行在发行流通币、钞和流通纪念币、钞时始终不以赢利为目的,表现了对社会、对群众的负责态度。相信中国人民银行今后在所涉及的钱币市场管理方面将会不断积累经验,改进方法,应对不断出现的新问题,把工作越做越好。

(本文原载《中国钱币论文集》第四辑,中国金融出版社 2002 年 9 月)

# 嘉德钱币拍卖三年(2003—2005)追踪调查

## 一、对钱币拍卖进行调研的原因和方法

钱币的陈列、研究离不开钱币实物,必须对所需钱币进行征集;钱币的购取、钱币藏品的估价也必须掌握钱币的市场价位,因此,钱币工作应贴近市场,了解市场,掌握市场动态,这是钱币工作的一个重要方面。

钱币市场包含诸多方面,但核心内容是流入市场的钱币是哪些品类,各品类的流入量是多少,被收藏的对象主要是哪些,价位高低如何,总成交的规模有多大,近几年来变化情况如何。这些是本文想探寻的问题。

探寻这一问题必须掌握钱币市场的第一手资料,而采集此类资料却有相当难度:目前大多钱币的交易行为都是分散的、零星的、不公开的,使人难以真实、全面地掌握情况;钱币的经销者也无能力系统地整理和提供此类材料;一些钱币图谱大多只标示反映某类钱币存世多寡的星级,且多呈现陈陈相因的状况,不能及时、动态地反映当前的情况,无法展示市场供求的变化和规模,亦不足以作为了解当前钱币市场的资料。

为此,我们把目光转向了钱币拍卖市场。其原因有以下几个:钱币拍卖本身就是一种钱币买卖的市场行为,在这种形式的交易中包含着我们所关注的各方面的资料;专项的钱币拍卖会有着数量较大的钱币买卖,有利于获取大量信息;就拍卖会总体而言,是公开化的,拍品、起拍价、成交价都记录在案,便于采集,便于汇总。

面对钱币拍卖会,怀疑的声音是有的,也是我们应予注意的。一是拍卖品中夹杂有伪品,一是拍卖成交价往往偏高。我们认为,拍卖会确有伪品、疑品,但当前其他形式的钱币买卖一样存在着这一问题。而且,钱币拍卖还因受《拍卖法》的规范,受相关管理部门的制约,受社会公众的监督和评价,使伪品、疑品的问题得到限制。像中国嘉德国际拍卖有限公司在一些具体操作中也注意减少问题的发生,如公司专业人员对拍品进行初选,请社会相关专家对拍品做进一步审定和说明;将审定后的拍品拍出清晰的图像照片,拍卖目录有说明、编号,提前公诸于世;在网上公布拍品的信息和图片,图片还具有局部放大功能,便于大家远程了解、观察;在正式拍卖前,举办预展,提供机会让有意购买者近距离观察、审定实物。这些措施对伪品、疑品的防范是起到相当作用的。至于拍卖品的成交价格是有偏高的反映,其原因与成交价中包含买家在落槌价之外还需向拍卖公司交纳 10% 的佣金有关,与发生在少数拍品上的非理性竞拍、哄

抬有关。但后者并不具有普遍性,因为价格的基础是供求关系,是具有共识的市场价位。绝大多数买家在抛出人民币之前是做了充分的物品鉴定和价位预估工作的,盲目的、头脑发热竞拍的情况并不多,这方面因素不宜估计过高。价位走高的主要原因,笔者认为还应与目前大量社会资金流入拍卖市场,进行艺术品包括钱币收藏有关;与拍卖公司的公开化操作,吸引来更多的收藏单位、收藏者、投资者参与竞拍有关。当前的钱币拍卖价在总体上反映了市场价,又反过来开始影响市场价。所以对钱币拍卖会,对钱币的拍卖价应予必要的重视。

因此我们选择了钱币拍卖市场作为调研对象。

调研是以中国嘉德国际拍卖有限公司的相关拍卖作为具体对象的。这个公司已有十多年的历史;它在北京的拍卖行业中占有重要的位置,仅以2004年的成绩而言,其一年内的投拍件套在北京拍卖业中居首位,其全年成交额在北京拍卖业中居第二位[①];它成立了专门的邮品钱币组,注意了公司自身钱币专业力量方面的投入;它形成了固定的、成规模的春秋两季的钱币拍卖,这在国内的拍卖公司中是不多见的;近年它积极组织了一些有名的钱币藏家如马定祥、陈达农、许廷宪等人旧藏的拍卖,保证了拍品的数量,聚拢了人气;同时拍品图录、公司网站上相关信息的披露也是详细及时的,便于信息的采集,这是我们选择嘉德钱币拍卖作为具体调研对象的原因。

调研的依据和统计的方法如下:

本文调查所依据的材料完全取自中国嘉德国际拍卖有限公司网站所公布的内容,并参考嘉德公司在拍卖会之前印制的拍卖目录。采取近三年(2003—2005年)举办的九次钱币拍卖为调研范围,以保证对钱币的种类具有比较大的涵盖面,比较多的数量,也可对一段时间内的动态变化有所了解。

本文的基本统计单位是拍卖公司所制定的"项",每一项包括有拍品号、拍品名称、拍品估价、成交价。一项内大多数是一件拍品,少数一项内含多件拍品者,仍按一项计算。

为统计的需要,对所有的拍品按其性质进行了分类。有的拍品性质有兼项情况的,按其相对主要的一项归类;有的拍品一项含多类钱币的,按其主要钱币归类;总体掌握是一项只归钱币的一个类别,一项只统计一次。

## 二、嘉德钱币拍卖三年总的情况

三年来嘉德正式的钱币拍卖会共进行了九场,计2003年两场,2004年三场,2005年四场;2003年共拍2178项,成交1172项,2004年共拍3541项,成交2541项,2005年共拍3957项,成交2956项。从这些数字统计看,三年来无论是拍卖场次、拍品数量、成交数额都呈明显上升状态。这些数字动态地向我们展示了钱币市场向上的走势。嘉德钱币拍卖2003年成交金额为13055335元,2004年成交金额为18347550元,2005年成交金额为23532190元,每年成交金额递增500万元人民币左右。三年总计拍品项数是9678,成交项数是6689,

---

① 钱冶《北京文物拍卖的数字地图》,《文物天地》2005年2期。

成交比例是 69.13%，成交总金额是 54935275 元。从这三年嘉德钱币拍卖成交情况看其总量和每年的变化，亦可由点看面，略知社会资金向钱币市场，及向文物、艺术收藏品市场流入的情况。各场拍卖会的统计数字见表一。

表一

| 场　　次 | 拍卖时间 | 拍品项数 | 成交项数 | 成交比例 | 成交金额 |
|---|---|---|---|---|---|
| 2003 春拍【钱币】 | 2003.07.12 | 1103 | 617 | 55.94% | 6776150 |
| 2003 秋拍【钱币】 | 2003.11.25 | 1075 | 555 | 51.63% | 6279185 |
| 2004 春拍【钱币】 | 2004.05.15 | 993 | 691 | 69.59% | 10088510 |
| 2004 专场拍卖【中国历代钱币、铜镜】 | 2004.08.21 | 1017 | 836 | 82.20% | 2552110 |
| 2004 秋拍【钱币、铜镜】 | 2004.11.07 | 1531 | 1014 | 66.23% | 5707130 |
| 2005 春拍【马定祥收藏及钱币】 | 2005.05.14 | 881 | 688 | 78.09% | 6077830 |
| 2005 春拍【中国历代古钱币、银锭、铜镜】 | 2005.05.15 | 887 | 735 | 82.86% | 5586790 |
| 2005 秋拍【马定祥收藏、钱币】 | 2005.11.05 | 1081 | 828 | 76.60% | 8263860 |
| 2005 秋拍【陈达农收藏、历代古钱币、银锭】 | 2005.11.06 | 1108 | 725 | 65.43% | 3603710 |
| 合计 | | 9676 | 6689 | 69.13% | 54935275 |

注：2003 春拍【钱币】拍品序号为 2001—3116，但 2291—2300 是空号，又 2943—2946 合拍，故实际拍品为 1103 项。2004 专场拍卖【中国历代钱币、铜镜】和 2005 春拍【中国历代古钱币、银锭、铜镜】两场拍卖会拍品含铜镜，但本表统计不包括铜镜内容。

在三年的拍卖中，许多拍品拍出了相当高的价格，特以表二排出前 20 名的拍品如下：

表二

| 名次 | 拍卖会名称 | 序号 | 名　　称 | 估　　价 | 成交价 |
|---|---|---|---|---|---|
| 1 | 2003 秋拍 | 2683 | 美国印钞公司印刷中国纸钞样本三巨册 | 2880000—3200000 | 3168000 |
| 2 | 2004 春拍 | 3073 | 宣统三年大清银币长须龙壹圆金质样币一枚 | 1500000—2000000 | 1760000 |
| 3 | 2005 秋拍（马） | 3461 | 光绪十六年广东省造光绪元宝"七三反版"样币共 2 套 10 枚 | 咨询价 | 1650000 |
| 4 | 2003 春拍 | 2288 | 民国十八年孙中山像背嘉禾壹圆银币 | 600000—800000 | 726000 |
| 5 | 2004 春拍 | 2895 | 清咸丰户部官票、大清宝钞珍藏集共 110 种 | 450000—500000 | 594000 |
| 6 | 2004 春拍 | 3577 | 清京钱帖 | 480000—600000 | 550000 |
| 7 | 2004 春拍 | 3611 | 中国通商银行纸币藏品集一部 | 1500—1800 | 550000 |
| 8 | 2005 春拍 | 5249 | 辽代会同通宝 | 300000—300000 | 550000 |
| 9 | 2003 春拍 | 合拍品 | 2943、2944、2945、2946 号拍品合拍 | 咨询价 | 506000 |
| 10 | 2003 春拍 | 2030 | 大清银行兑换券大龙票，壹圆、伍圆、拾圆、壹佰圆四等面值 | 300000—400000 | 429000 |
| 11 | 2004 春拍 | 2883 | 光绪二十四年中国通商银行伍拾两票一枚 | 300000—400000 | 396000 |
| 12 | 2003 秋拍 | 2596 | 1995 年台湾光复回归祖国五十周年纪念币一套共八枚全 | 280000—320000 | 385000 |
| 13 | 2004 春拍 | 3589 | 英国伦敦巴布域伟坚逊印刷公司档案原册一册 | 350000—400000 | 385000 |

| 名次 | 拍卖会名称 | 序号 | 名　　称 | 估　价 | 成交价 |
|------|-----------|------|---------|--------|--------|
| 14 | 2005 春拍(马) | 3843 | 明代洪武年间大明通行宝钞肆佰文 | 50000—100000 | 352000 |
| 15 | 2005 秋拍(马) | 3256 | 奉天省造光绪元宝中花十文(小英文版) | 200000—200000 | 341000 |
| 16 | 2004 春拍 | 3201 | 民国十八年孙中山像地球图案一元银币 | 300000—350000 | 330000 |
| 17 | 2005 秋拍(陈) | 4289 | 唐末至五代初期刘仁恭据幽州铸永安一千大型铜样 | 300000—300000 | 330000 |
| 18 | 2005 秋拍(马) | 3223 | 己酉大清铜币中心"汴"二文 | 45000—45000 | 308000 |
| 19 | 2005 春拍(马) | 4045 | 张作霖像民国十五年陆海军大元帅纪念币壹圆 | 270000—300000 | 297000 |
| 20 | 2004 春拍 | 2926 | 光绪三十年河南豫泉官银钱号伍圆票一枚 | 20000—25000 | 286000 |

注:本文所说成交价均含落槌价和佣金在内。本文的货币单位皆为人民币"元"。

本文所说拍品名称有时对原名称稍作简化,如上表第 5 名原名"这部分是我国著名钱币学家马定祥先生生前收集的清咸丰户部官票、大清宝钞珍藏集根据面值、年份、版式、发放地等不同共收集 110 种"。另个别名称中用词明显不准确的,引用时略作修正。

# 三、对钱币拍卖的分类说明

在对三年九场拍卖会作以上总体介绍后,有必要对各类钱币在拍卖会上的表现分别加以说明。

我们的说明主要针对的是成功拍出的钱币,从拍卖情况看,成交的项目最低价格也在 100 元以上,所以一般的低值钱币不能跻身进入拍卖会,故不在此进行讨论。在拍卖中有大量钱币流拍,其原因大致是某些钱币品类与市场需求有距离;出售方对拍品出让价的心理预期过高,所定出的起拍价不能为买家所接受;对拍品的真伪有疑问。

1.古钱类的拍卖情况

中国古钱在传统上是钱币收藏和研究的主体,一贯受到人们的重视。在本文的统计中,古钱被我们分为三类分别进行统计,即先秦钱币、先秦后至清代钱币、历代花钱,三者的拍卖情况分别见表三、表四和表五。

先秦钱币在钱币界一般被视为热点,布币、刀币、圜钱等一直受到大家的追寻,总体看它在拍卖会上的表现是不错的。拍品项数有 1068 项,成交项数达到 893 项,成交金额为 4151125 元。其中布币的数量最多,占一半以上,刀币数量次之(是布币量的一半),圜钱和贝币蚁鼻钱数量较少,这种量的分布应是在一定程度上有助于我们了解品质较好,价格属中高档的先秦各类钱币的存世量大致比例。"先秦其他"指的是所谓磬形币、鱼形币、戈形币之类,其性质是否为货币尚待讨论,但在拍品之中已占到了一定数量。如将先秦钱币中数量大宗的布币和刀币再加以分类,布币的主要类别和数量是:空首布 150 项,方足布 198 项,尖足布 104 项,桥足布 109 项(2004 年秋拍 4089 号战国高安一釿桥足布拍出的布币类最高价是 57200 元);刀币的主要类别和数量是:齐大刀 143 项(2004 年秋拍 4531 号六字刀拍出的刀币类最高价是 132000 元），尖首刀 69 项，明刀 24 项，直刀 19 项，针首刀 16 项。

**表三**

| 品　种 | 拍品项数 | 占拍品比例 | 成交项数 | 成交比例 | 成交金额 | 占总成交金额比例 |
|---|---|---|---|---|---|---|
| 布币 | 593 | 6.13% | 490 | 82.63% | 1583450 | 2.88% |
| 刀币 | 279 | 2.88% | 238 | 85.30% | 1672495 | 3.04% |
| 圜钱 | 88 | 0.91% | 75 | 85.23% | 658185 | 1.20% |
| 贝币蚁鼻钱 | 32 | 0.33% | 27 | 84.38% | 57805 | 0.11% |
| 先秦其他 | 76 | 0.79% | 63 | 82.89% | 179190 | 0.33% |
| 总计 | 1068 | 11.04% | 893 | 83.61% | 4151125 | 7.56% |

**表四**

| 品　种 | 拍品项数 | 占拍品比例 | 成交项数 | 成交比例 | 成交金额 | 占总成交金额比例 |
|---|---|---|---|---|---|---|
| 两汉 | 54 | 0.56% | 38 | 70.37% | 98725 | 0.18% |
| 新莽 | 124 | 1.28% | 101 | 80.80% | 761695 | 1.39% |
| 魏晋南北朝 | 135 | 1.40% | 99 | 73.33% | 154770 | 0.28% |
| 隋唐五代十国 | 152 | 1.57% | 104 | 68.42% | 525415 | 0.96% |
| 两宋 | 276 | 2.85% | 161 | 58.33% | 1234640 | 2.25% |
| 辽西夏金 | 129 | 1.33% | 90 | 69.77% | 1216875 | 2.22% |
| 元 | 136 | 1.41% | 109 | 80.15% | 478555 | 0.87% |
| 明 | 233 | 2.41% | 187 | 80.26% | 319935 | 0.58% |
| 清 | 646 | 6.68% | 445 | 68.89% | 2345365 | 4.27% |
| 小计 | 1885 | 19.49% | 1334 | 70.77% | 7135975 | 12.99% |

　　先秦以后的历代古钱是我国历史钱币的主要部分，三年来的 1885 项纪录可供分析和参考。相对于行用两千多年的历史，作为最主要的货币，这段时期的古钱参拍数量显得不大，且数量又集中于宋、明，特别是清代。这种状态的出现，应与汉代以后历代中央政府统一铸币权，统一钱币规制有关，致使流传后世的钱币形制区别不大，而存世数量则相对巨大，自然影响市场的购买欲望。众多低值的钱币根本跨不进拍卖场的门槛，一些珍稀钱币在拍卖会上又难觅踪影，所以虽有个别钱币拍价较高，但整体而言形成了此类钱币参拍数量并不很大，成交比例亦不很高（尤以两宋和清代钱为低），售出金额只占总额不到百分之十三的情况。这时期古钱拍卖最高的前三名是：2005 春拍 5249 号辽代会同通宝（550000 元），2005 秋拍（陈）4289 号刘仁恭永安一千大型铜样（330000 元），2005 春拍 5442 号咸丰元宝宝泉局当千雕母（275000 元）。

　　古代铜钱中的花钱并非正用钱，非政府铸造，不用于市场流通，而是民间为红白喜事、祛邪、布施等制作的，数量总体不大，历来收藏和研究者不是很多。但通观拍卖记录，发现花钱的拍卖数量和成交数量比预想的要大了不少，最高一枚的售价——2003 春拍 2114 号太平天国双龙戏珠小花钱拍卖价还达到了 192500 元。这显示了花钱的收藏正在升温。

表五

| 品　　种 | 拍品项数 | 占拍品比例 | 成交项数 | 成交比例 | 成交金额 | 占总成交金额比例 |
|---|---|---|---|---|---|---|
| 花钱 | 568 | 5.87% | 399 | 70.25% | 1254220 | 2.28% |

表六

| 品　　种 | 拍品项数 | 占拍品比例 | 成交项数 | 成交比例 | 成交金额 | 占总成交金额比例 |
|---|---|---|---|---|---|---|
| 先秦钱币 | 1068 | 11.04% | 893 | 83.61% | 4151125 | 7.56% |
| 先秦以后钱币 | 1885 | 19.49% | 1334 | 70.77% | 7135975 | 12.99% |
| 花钱 | 568 | 5.87% | 399 | 70.25% | 1254220 | 2.28% |
| 小计 | 3521 | 36.40% | 2626 | 74.58% | 12541320 | 22.86% |

　　综观古钱的拍卖(见表六),其拍品数字占到总数量的三分之一强;总体成交比例接近四分之三,先秦部分成交比例最高,其他两类则相差不少,显示了购买者的兴趣取向;成交金额占总金额的百分之二十二,比例不高,可看出数量不算小的拍品中价值高的品种不多,向购买古钱方向流入的资金不如想象那么大。

　　2.金银币的拍卖情况

　　金银币中包含两个大的门类:银锭类和银元类,此外还包含四个小的门类,特将其拍卖表现分述如下,并以表七、表八、表九表示。

表七

| 品　　种 | 拍品项数 | 占拍品比例 | 成交项数 | 成交比例 | 成交金额 | 占总成交金额比例 |
|---|---|---|---|---|---|---|
| 早期银锭等 | 109 | 1.13% | 75 | 68.81% | 1636195 | 2.98% |
| 五十两元宝 | 157 | 1.62% | 108 | 68.79% | 1237390 | 2.25% |
| 十两元宝 | 34 | 0.35% | 28 | 82.35% | 77440 | 0.14% |
| 圆锭 | 248 | 2.56% | 181 | 72.98% | 352055 | 0.64% |
| 槽锭 | 144 | 1.49% | 77 | 53.47% | 116050 | 0.21% |
| 腰锭 | 19 | 0.20% | 8 | 42.11% | 8910 | 0.02% |
| 云南牌坊锭等 | 65 | 0.67% | 54 | 83.08% | 124120 | 0.23% |
| 小元宝锭 | 15 | 0.16% | 11 | 73.33% | 14025 | 0.03% |
| 其他银锭 | 66 | 0.68% | 43 | 65.15% | 243265 | 0.44% |
| 合计 | 857 | 8.86% | 585 | 68.26% | 3809450 | 6.93% |

表八

| 品　　种 | 拍品项数 | 占拍品比例 | 成交项数 | 成交比例 | 成交金额 | 占总成交金额比例 |
|---|---|---|---|---|---|---|
| 早期中国银元 | 21 | 0.22% | 13 | 61.90% | 242440 | 0.44% |
| 清政府银元 | 89 | 0.92% | 41 | 46.07% | 1237280 | 2.25% |
| 清地方政府银元 | 391 | 4.04% | 247 | 63.17% | 3711895 | 6.76% |
| 民国政府银元 | 304 | 3.14% | 220 | 72.37% | 3768380 | 6.86% |
| 民国地方政府银元 | 97 | 1.01% | 67 | 69.07% | 653840 | 0.12% |
| 合计 | 902 | 9.33% | 588 | 65.12% | 9613835 | 17.50% |

**表九**

| 品　　种 | 拍品项数 | 占拍品比例 | 成交项数 | 成交比例 | 成交金额 | 占总成交金额比例 |
|---|---|---|---|---|---|---|
| 古代黄金货币 | 30 | 0.31% | 22 | 73.33% | 291280 | 0.53% |
| 古代白银货币 | 34 | 0.35% | 24 | 70.59% | 131340 | 0.24% |
| 近代机制金币 | 30 | 0.31% | 16 | 53.33% | 3132800 | 5.70% |
| 近代金锭金条 | 40 | 0.41% | 32 | 80.00% | 327030 | 0.60% |
| 合计 | 134 | 1.38% | 94 | 70.15% | 3882450 | 7.07% |

（1）银锭类

银锭的收藏和研究开始的时间要大大晚于古钱，大概是改革开放以后方才真正兴起。但是令人意外的是近年嘉德钱币拍卖大部分场次都包含了银锭的内容，虽然总体数量和成交金额还不很大，但它作为在中国金融史中起过重要作用又具有多种形态的货币，在钱币收藏领域的兴起是不能忽视的。银锭的价值在于它本身就是贵金属；在于它分散手工浇铸，具有形形色色的地区性形态，具有一定观赏价值；更在于它的文字、制作是考证中国白银货币的使用演变历史、税收制度、铸造工艺的重要实物。在各类银锭中，五十两元宝、四川椭圆锭、云南牌坊锭的戳印文字较多，尤其是早期银锭往往有许多凿刻文字，因而更显珍贵。当然银锭也有其本身的问题，由于是分散手工制作，称重行使，所以银锭制作不够规范，外观精粗不一，易于作伪，购买时要慎重。银锭中早期银锭价格最高，其次是五十两的元宝、方宝。三年来拍出银锭价前三名的是：2004 专场 4007 号元代至元十四年五十两扬州元宝（242000元），2004 春拍 3498 号明代嘉靖十四年袁州府万载县禄米银 50 两（110000 元），2004 秋拍 4007 号明代银作局花银五十两重银锭（110000 元）。在 2004 秋拍中还有一枚 3954 号唐代罗江县天宝五年庸调银肆拾两银饼，应是很值得研究的，可惜中途撤拍，预展也未得一见。

（2）银元类

中国银元是随着西方机制银币的流入，而逐渐发展起来的近代新型货币，它的流通曾挤压了银两货币的使用。民国时期一些收藏者，特别是一些在金融相关领域工作的外籍和中国人士开始对银元进行收藏，但过去很长一段时间集藏银元的人总体规模不是很大。从这三年的嘉德钱币拍卖会看，这一类拍品的品种主要集中在清代地方政府银元和民国时期中央政府银元，这两类银元本身品类较多，受到集藏者的关注，成交主要集中在它们是正常的。银元拍卖的总体状态——占拍品比例 9.33%，成交占总金额的 17.50%，这两个数字是很值得关注的，9.33% 说明银元供应数量较为充分，说明拍卖价格对银元入场有吸引力；17.50% 竟直追古钱类中先秦至清钱币的拍出金额比例。这些数字告诉人们，银元收藏近年来在逐渐发展，已成一个大项。三年来拍出银元价前三名的是：2005 秋拍（马）3461 号广东省造光绪元宝七三反版样币共二套十枚（1650000 元），2003 春拍 2288 号民国十八年孙中山像背嘉禾壹圆银币（726000元），2004 春拍 3201 号民国十八年孙中山像地球图案一元银币（330000 元）。

（3）其他金银币类

在银锭和银元之外，笔者另行将中国金银币归纳为四个小类。一类是古代白银货币，所指是银贝、历代方孔银钱之类，即按器形非银锭和银元的白银货币部分。银贝是否为货币，方孔银钱是否为其时代的流通货币都尚待讨论,但不在本文的讨论范围之内,在此暂归之而已。

其他三小类皆属黄金货币。我国先秦即开始使用黄金为货币,称重行使,至汉而衰,行使直至民国。古代黄金货币所指为楚金版、包金贝、金饼、金锭、方孔金钱之类;近代机制金币所指为与银元制作同时期的机制"金元",此中有一些是银元的金质样币;近代金锭金条所指主要为清末至民国的一些有原料性质的金砖、金锭和为吉庆制作的小金元宝。

以上四类存世数量都不大,价值因其为黄金、白银而不菲,又不易成系列,故集藏有难度。近代机制金币价格尤高,2004 春拍 3073 号宣统三年大清银币长须龙壹圆金质样币一枚拍卖价 1760000 元,2004 春拍 3072 号光绪丙午年造大清金币库平一两样币一枚拍卖价286000 元,2005 春拍(马)4080 号光绪丁未年造大清金币库平一两拍卖价 209000 元。近代机制金币价格走高与银元走俏有明显关系。

归结金银币总体在拍卖会上的表现,可参看表十,拍品数量占总拍品的两成,虽成交比例一般,但成交金额占至总金额的三成以上,可见单价较高,收藏资金指向金银币明显。金银币收藏无疑是当前钱币收藏的一个重点。

表十

| 品　　种 | 拍品项数 | 占拍品比例 | 成交项数 | 成交比例 | 成交金额 | 占总成交金额比例 |
|---|---|---|---|---|---|---|
| 银锭 | 857 | 8.86% | 585 | 68.26% | 3809450 | 6.93% |
| 银元 | 902 | 9.33% | 588 | 65.12% | 9613835 | 17.50% |
| 其他金银币 | 134 | 1.38% | 94 | 70.15% | 3882450 | 7.07% |
| 合计 | 1893 | 19.57% | 1267 | 66.90% | 17305735 | 31.50% |

3.纸币和其他票券的拍卖情况

(1)纸币

纸币拍卖的类别和成交参看表十一,中国的纸币始自宋代,但除元明不多的遗存外,其他绝大多数的实物都是清晚期以后之物。这些纸币时间跨度虽不长,但是处于社会转型,政局动荡,战乱频发,金融变革的时期。这一阶段充斥着各式各样的纸币,为纸币收藏提供了丰富的实物和许多各具特色的题材。从成交看,中、中、交、农四大行的纸币和清末民初商业银行的纸币占据着拍品的主体,但是元明纸币、清中央政府纸币、清地方政府纸币、地方政府银行纸币、在华外国银行纸币等拍品数量虽不是很大,成交却拍出了不错的价格。纸币可以说是整体稳步发展,尤其是清纸币和在华外国银行纸币市场走势可能表现得更好一些。

表十一

| 品　　种 | 拍品项数 | 占拍品比例 | 成交项数 | 成交比例 | 成交金额 | 占总成交金额比例 |
|---|---|---|---|---|---|---|
| 元明纸币 | 17 | 0.18% | 14 | 82.35% | 448360 | 0.82% |
| 清中央政府纸币 | 89 | 0.92% | 78 | 87.64% | 1025200 | 1.87% |
| 清地方政府纸币 | 214 | 2.21% | 142 | 66.36% | 1684540 | 3.07% |

| 品　　种 | 拍品项数 | 占拍品比例 | 成交项数 | 成交比例 | 成交金额 | 占总成交金额比例 |
|---|---|---|---|---|---|---|
| 中央政府银行纸币 | 399 | 4.12% | 242 | 60.65% | 2095280 | 3.81% |
| 地方政府银行纸币 | 240 | 2.48% | 148 | 61.67% | 1078110 | 1.96% |
| 商业银行纸币 | 339 | 3.50% | 216 | 63.72% | 2074490 | 3.78% |
| 民间纸币 | 119 | 1.23% | 82 | 68.91% | 918830 | 1.67% |
| 财政发行的流通券 | 70 | 0.72% | 43 | 61.43% | 86900 | 0.16% |
| 军票 | 63 | 0.65% | 38 | 60.32% | 221210 | 0.40% |
| 日伪货币 | 72 | 0.74% | 45 | 62.50% | 149820 | 0.27% |
| 在华外国银行纸币 | 186 | 1.92% | 133 | 71.51% | 1482800 | 2.70% |
| 混合型纸币 | 7 | 0.07% | 6 | 85.71% | 3176910 | 5.78% |
| 小计 | 1815 | 18.74% | 1187 | 65.40% | 14442450 | 26.29% |

注：混合型纸币指一项中含有两类以上纸币者。

在华外国银行纸币中不含侵华战争时期日本在华发行的纸币，此类归在日伪货币统计。

（2）其他票券

在社会正式行用的纸币之外，拍卖会上还出现了很多其他票券，而且成交情况不错（表十二）。因其总体数量不大，又不是传统收藏项目，往往不为人们所注意，但一经分类整理，却发现它们已成为新的金融票券的收藏门类，其中旧式股票、债券，以至保险单都已成为一些人搜寻的对象。这些票券上往往还印刷有大量发券时的相关信息，其本身即是有价值的研究资料。这些新型收藏门类应还会有所发展，但此类物品数量总体有多大，能最终发展到什么程度则不好预测。

表十二

| 品　　种 | 拍品项数 | 占拍品比例 | 成交项数 | 成交比例 | 成交金额 | 占总成交金额比例 |
|---|---|---|---|---|---|---|
| 代用币 | 60 | 0.62% | 41 | 68.33% | 85580 | 0.16% |
| 汇兑券 储蓄券 | 20 | 0.20% | 12 | 60.00% | 64240 | 0.12% |
| 本票 支票 | 42 | 0.43% | 30 | 71.43% | 120890 | 0.22% |
| 银钱收据 | 18 | 0.19% | 10 | 55.56% | 73150 | 0.13% |
| 股票 | 304 | 3.14% | 188 | 61.84% | 649990 | 1.18% |
| 债券 | 114 | 1.18% | 68 | 59.65% | 170170 | 0.31% |
| 保险单 | 51 | 0.53% | 42 | 82.35% | 69080 | 0.13% |
| 小计 | 609 | 6.28% | 391 | 64.14% | 1233100 | 2.24% |

纸币和票券的合计见表十三，票券的单项价位和总成交金额还远远落后于纸币，但两者相加之后的统计数字是相当有分量的，他们占到拍品总数的25.02%，占到总成交金额的28.53%，是一个不容忽视的大门类。纸币和其他票券之中拍出最高价格的三个单项（单枚）是：2004春拍2883号光绪二十四年中国通商银行伍拾两票一枚（396000元），2005春拍（马）

3843 号明代洪武年间大明通行宝钞肆佰文(352000 元),2004 春拍 2926 号光绪三十年河南豫泉官银钱号伍圆圆票一枚(286000 元)。

表十三

| 品　种 | 拍品项数 | 占拍品比例 | 成交项数 | 成交比例 | 成交金额 | 占总成交金额比例 |
|---|---|---|---|---|---|---|
| 纸币 | 1815 | 18.74% | 1187 | 65.40% | 14442450 | 26.29% |
| 票券 | 609 | 6.28% | 391 | 64.14% | 1233100 | 2.24% |
| 小计 | 2424 | 25.02% | 1578 | 65.09% | 15675550 | 28.53% |

4. 铜元等的拍卖情况

铜元是四种传统钱币集藏之一(为统计方便,同时期普通金属的镍锑类机制币也归入铜元类统计),它与中国机制银元相伴问世,承担了制钱替代者的角色,在清末民初时期中央政府和地方政府大量制作了各式铜元。拍卖会上几枚珍稀的铜元也拍出了较好的价格,2005 秋拍(马)3256 号奉天省造光绪元宝中花十文(小英文版)1641420 元,2005 秋拍(马)3223 号己酉大清铜币中心"汴"二文 308000 元 ,2003 春拍 2179 号奉天省造光绪元宝中花当制钱十文 236500 元。但是铜元收藏毕竟不是一个大类别,从拍卖来看,其拍品数量、成交比例和成交金额数字都不是很大,民国铜元的各项数字则更小了一些。铜元拍卖见表十四。

表十四

| 品　种 | 拍品项数 | 占拍品比例 | 成交项数 | 成交比例 | 成交金额 | 占总成交金额比例 |
|---|---|---|---|---|---|---|
| 清代铜元 | 209 | 2.16% | 113 | 54.07% | 1641420 | 2.99% |
| 民国铜元 | 133 | 1.37% | 76 | 57.14% | 625020 | 1.14% |
| 镍锑类币 | 15 | 0.16% | 8 | 53.33% | 80080 | 0.15% |
| 小计 | 357 | 3.69% | 197 | 55.18% | 2346520 | 4.27% |

5. 根据地货币和当代人民币类

为了保证人民币题材的相对完整性,本文将其与其前身——根据地货币一起单独归类,而未按其中各类材质币分归前面几大类之中。根据地货币和当代人民币拍卖统计见表十五、表十六。

表十五

| 品　种 | 拍品项数 | 占拍品比例 | 成交项数 | 成交比例 | 成交金额 | 占总成交金额比例 |
|---|---|---|---|---|---|---|
| 土地革命时期 | 87 | 0.90% | 64 | 73.56% | 408650 | 0.74% |
| 抗战时期 | 35 | 0.36% | 23 | 65.71% | 79200 | 0.14% |
| 解放战争时期 | 47 | 0.49% | 29 | 61.70% | 102630 | 0.19% |
| 其他票券 | 29 | 0.30% | 22 | 75.86% | 57420 | 0.10% |
| 小计 | 198 | 2.05% | 138 | 69.70% | 647900 | 1.18% |

从表看,根据地货币的拍品数量不大,成交金额也不是很高(土地革命时期币好一些),显示这方面的集藏比较平稳。

表十六

| 品　种 | 拍品项数 | 占拍品比例 | 成交项数 | 成交比例 | 成交金额 | 占总成交金额比例 |
|---|---|---|---|---|---|---|
| 第一套人民币 | 148 | 1.53% | 83 | 56.08% | 1110780 | 2.02% |
| 第二套人民币 | 25 | 0.26% | 20 | 80.00% | 267520 | 0.49% |
| 第三套人民币 | 5 | 0.05% | 3 | 60.00% | 6050 | 0.01% |
| 第四套人民币 | 23 | 0.24% | 9 | 39.13% | 33080 | 0.06% |
| 第五套人民币 | 3 | 0.03% | 1 | 33.33% | 1210 | 0.00% |
| 流通硬币 | 26 | 0.27% | 21 | 80.77% | 31020 | 0.06% |
| 金银币类 | 85 | 0.88% | 48 | 56.47% | 1311420 | 2.39% |
| 其他票券 | 30 | 0.31% | 9 | 30.00% | 42680 | 0.08% |
| 小计 | 345 | 3.57% | 194 | 56.23% | 2803760 | 5.10% |

　　五套人民币纸币的拍卖以第一套为最佳,第一套参拍数量多,交易金额大。第一版人民币壹万圆"牧马"在 2004 春拍(3815 号)和 2005 秋拍(马)(4050 号)中分别拍出 121000 元和 143000 元的高价,第一版人民币 5000 元蒙古包在 2005 秋拍(马)(4049 号)中拍出 88000 元;在 2005 春拍(马)上,第二套全套 13 枚(4681 号)拍出 38500 元,第二版人民币拾圆一张(4680 号)拍出 24200 元。但一至五套成交比例大多不高,很多纸币流拍,如 2005 秋拍(马)(4180)第一版人民币收藏全集六十枚(估价 500000 元)和 2005 春拍(马)(4662)第一版人民币伍佰元瞻德城(估价 120000 元)即无人应拍。显示出此中的供求关系和购者对价位的理性判断。

　　人民币的普通材质流通硬币,包括流通纪念币,进入拍卖会的不多,进入的大多是样币,这与 1996 至 1997 年年中流通纪念币的飞涨情况已不可同日而语了。按当时的记录,"1992 年至 1997 年上半年(两个通知发布前)流通纪念币套币价格竟上涨近 50 倍",1997 年年中 27 套 37 枚面额 50.30 元的钱币市场总价达 4000 元,是其面额价值的 79.52 倍[1]。大大背离常理的炒作不可能持久,当代发行的、数量较大的普通材质的流通硬币、流通纪念币回归到了其应有的价位,如今大多数又因其低价位而被挡在了拍卖场之外。

　　人民币中的金银币是着意为收藏而推出的币种,它由早期的面向国外以创收外汇为目的发行,转而面向国内的收藏已有不短的时间。笔者曾对 1979 年发行之初至 2000 年之间发行的金银币(不包括章)的数量作过统计,总计共发行 233 套 1268 种 20451075 枚。如果加上 2001 年以后五年内发行的约 50 套 200 多种,其数字将会更大。但当代金银币在拍卖会上的表现却令人意外,三年间出现在嘉德钱币拍卖会上的拍品只 85 项,成交比例只百分之五十多,成交金额数也一般。虽有"1995 年台湾光复回归祖国五十周年纪念币一套共八枚全"在表二中占到第 12 位的佳绩,但高价的原因相当部分是此八枚中有四枚是金币,其内更有 1 公斤的金、银币各一枚,贵金属本身的价格对拉高成交价起了作用。拍卖会上人们对人民币中的金银币收藏兴趣不高,出价较低,自然也造成持有者不愿出售。

_____

① 金德平《试谈人民银行对钱币市场的管理》,《中国钱币论文集》第四辑,中国金融出版社 2002 年 9 月。

　　根据地货币和当代人民币类拍品总数共 543 项,总金额 3451660 元,占总成交金额比例为 6.28%(见表十七)。

表十七

| 品　　种 | 拍品项数 | 占总拍品比例 | 成交项数 | 成交比例 | 成交金额 | 占总成交金额比例 |
|---|---|---|---|---|---|---|
| 根据地货币 | 198 | 2.05% | 138 | 69.70% | 647900 | 1.18% |
| 当代人民币类 | 345 | 3.57% | 194 | 56.23% | 2803760 | 5.10% |
| 小计 | 543 | 5.62% | 332 | 61.14% | 3451660 | 6.28% |

### 6.其他

　　在以上五大类之外笔者将其余拍品分为七类,见表十八。港澳台钱币指近现代香港、澳门、台湾的钱币;少数民族地区钱币主要指新疆、西藏地区钱币,外国钱币不包括在华外国银行发行的纸币;纪念章指中外近现代以机器制作的"章"类,古代花钱不在此类;钱范钞版等指与古今造币印钞有关的物品;杂类为一项内跨类过多不宜归入一类者,或一项内虽无跨类而难以归入以上某类者;钱币书籍指与钱币相关的一些书籍和文件。表十八内各项数字可供了解之用。其中特别有三类——外国钱币、钱范钞版、钱币书籍值得注意,目前与这三类相关的绝对数字可能并不大,但它们在以前的钱币收藏中量很小,甚至排不进队伍中来,而今是在它们原有的基础上大大发展了。外国钱币的拍品项数、占拍品比例、成交比例、成交金额等都值得注意。虽然大多数单枚的成交价还只是在几百至四五千元的区间内,但也有个别高位成交的情况。2005 春拍(马)4334 号 1795 年美国银币拍出 253000 元,2004 秋拍 3760 号 1860 至 1862 年日本万延大判金拍出 143000 元。这说明改革开放后国门打开至今,外国钱币的收藏一直在升温,有些收藏者已具备了一定的实力。钱币收藏的发展会向诸多钱币外延不断作出探寻,必然会形成一些新的收藏、研究门类,钱范钞版等与硬币的铸造、纸币的印制相关的收藏正是其中之一。陶范、石范、铜范、叠铸范包、钞版、钞票设计稿等都成了拍卖的物品,成交价多在几千至几万元人民币。第三类是钱币书籍等,钱币收藏到一定阶段常会向系统的整理和研究发展,这是普通收藏的升华。此时就要探求钱币的相关资料,了解他人的研究成果,三年来嘉德钱币拍卖会上钱币书籍的热拍是大家始料未及的。100 项拍品拍出 70%,一本书达到几千元、几万元的售价,许多是估价的几倍甚至近十倍。今将钱币书籍类的前 20 名以表十九列出,这些以重金成交的书,多为发行较早,存世不多的原版书。表明购求者,不单是在购买收藏钱币的辅助资料,更有人把钱币书籍作为一项有发展前途的收藏品种来对待,有了收藏稀缺版本方面的追求。

表十八

| 品　　种 | 拍品项数 | 占拍品比例 | 成交项数 | 成交比例 | 成交金额 | 占总成交金额比例 |
|---|---|---|---|---|---|---|
| 港澳台钱币 | 39 | 0.40% | 28 | 71.79% | 120450 | 0.22% |
| 少数民族地区钱币 | 63 | 0.65% | 42 | 66.67% | 104940 | 0.19% |
| 外国钱币 | 386 | 3.99% | 303 | 78.50% | 1073930 | 1.95% |

续表

| 品　种 | 拍品项数 | 占拍品比例 | 成交项数 | 成交比例 | 成交金额 | 占总成交金额比例 |
|---|---|---|---|---|---|---|
| 纪念章 | 172 | 1.78% | 122 | 70.93% | 388905 | 0.71% |
| 钱范钞版等 | 112 | 1.16% | 75 | 66.96% | 1105995 | 2.01% |
| 钱币书籍等 | 100 | 1.03% | 70 | 70.00% | 686840 | 1.25% |
| 杂类 | 66 | 0.68% | 46 | 69.70% | 133430 | 0.24% |
| 小计 | 938 | 9.69% | 686 | 73.13% | 3614490 | 6.58% |

**表十九**

| 名次 | 场次 | 序号 | 书名 | 估价 | 拍卖价 |
|---|---|---|---|---|---|
| 1 | 2004 春拍 | 3589 | 英国伦敦巴布域伟坚逊印刷公司档案原册一册 | 350000—400000 | 385000 |
| 2 | 2003 秋拍 | 2413 | 《钱录》十六卷抄本共二册 | 35000—60000 | 38500 |
| 3 | 2005 春拍 | 5574 | 清末民初各钱币藏家历代古钱珍稀拓片集《泉币集拓》十册 | 30000—30000 | 33000 |
| 4 | 2003 秋拍 | 2414 | 清代同治年刻本《古泉汇》十六卷、光绪年刻本《续泉汇》五卷 | 20000—40000 | 22000 |
| 5 | 2005 秋拍（马） | 3265 | 《中国银币》原拓十册 | 3000—3000 | 19800 |
| 6 | 2003 秋拍 | 2843 | 《吉林永衡官银钱总号前发行及未发行纸币样本券》一册 | 13000—15000 | 14300 |
| 7 | 2005 春拍（马） | 3925 | 中国泉币学社编印《泉币》杂志原版全套 32 册 | 1500—2000 | 13200 |
| 8 | 2003 春拍 | 3010 | 上海银行上海解款地图一件 | 1000—1500 | 12650 |
| 9 | 2003 春拍 | 3008 | 《泉币》杂志 32 期全套（P） | 2000—3000 | 10120 |
| 10 | 2003 春拍 | 3005 | 同治年《古泉汇》16 册全套（P） | 4000—6000 | 6820 |
| 11 | 2003 秋拍 | 2423 | 线装古代钱谱二十三册（无图） | 4000—6000 | 6820 |
| 12 | 2003 秋拍 | 2426 | 清代同治甲子年《古泉汇》一套二十册（无图） | 6000—8000 | 6600 |
| 13 | 2005 春拍 | 5573 | 同治甲子年李佐贤著《古泉汇》五集六十四卷全本 | 6000—6000 | 6600 |
| 14 | 2005 春拍（马） | 4651 | 冀南银行与太岳贸易公司联合发行之《经济情报》共十余期 | 3000—3000 | 6050 |
| 15 | 2003 春拍 | 3004 | 清代印制各国制币明信片一组四十五件 | 3500—5000 | 5060 |
| 16 | 2005 春拍（马） | 3924 | 耿爱德著《中国币图说汇考》1954 年原版一册 | 1200—1600 | 4620 |
| 17 | 2005 春拍（马） | 3923 | 施嘉干著《中国近代铸币汇考》1949 年原版一册 | 800—1200 | 4620 |
| 18 | 2005 春拍（马） | 3922 | 张家骧著《中华币制史》1974 年台湾再版一册 | 400—600 | 4620 |
| 19 | 2003 春拍 | 3006 | 石印本《古钱大辞典》12 册全套（P） | 3000—5000 | 4510 |
| 20 | 2005 秋拍（马） | 3263 | 《克纳浦机器厂厂史》（英文） | 400—400 | 4400 |

# 四、小结

在调查、了解、统计、分析了 2003 至 2005 年嘉德钱币拍卖的情况之后，以表二十展示总体性拍卖数据，并归纳出一些看法如下：

表二十

| 品　　种 | 拍品项数 | 占拍品比例 | 成交项数 | 成交比例 | 成交金额 | 占总成交金额比例 |
|---|---|---|---|---|---|---|
| 古钱 | 3521 | 36.40% | 2626 | 74.58% | 12541320 | 22.86% |
| 金银币 | 1893 | 19.57% | 1267 | 66.90% | 17305735 | 31.50% |
| 纸币与票券 | 2424 | 25.02% | 1578 | 65.09% | 15675550 | 28.53% |
| 铜元等 | 357 | 3.69% | 197 | 55.18% | 2346520 | 4.27% |
| 根据地货币与人民币 | 543 | 5.62% | 332 | 61.14% | 3451660 | 6.28% |
| 港澳台钱币 | 39 | 0.40% | 28 | 71.79% | 120450 | 0.22% |
| 少数民族地区钱币 | 63 | 0.65% | 42 | 66.67% | 104940 | 0.19% |
| 外国钱币 | 386 | 3.99% | 303 | 78.50% | 1073930 | 1.95% |
| 纪念章 | 172 | 1.78% | 122 | 70.93% | 388905 | 0.71% |
| 钱范钞版等 | 112 | 1.16% | 75 | 66.96% | 1105995 | 2.01% |
| 钱币书籍等 | 100 | 1.03% | 70 | 70.00% | 686840 | 1.25% |
| 杂类 | 66 | 0.68% | 46 | 69.70% | 133430 | 0.24% |
| 总计 | 9676 | 100% | 6686 | 69.10% | 54935275 | 100% |

1. 钱币拍卖已成为当今钱币交易的一种重要方式，其交易品种和金额在逐年扩大，拍卖市场交易的是中、高等级的品种，拍卖会上形成的拍卖价格既受到一般市场价格的制约，又反过来对普通的市场价格形成一定的影响。

2. 从中国嘉德国际拍卖有限公司组织的钱币拍卖来看，其运作正在逐渐规范化，已有了一定的规模，有了一个较为成型的运作模式，对拍品的组织、审核、宣传，及对拍卖过程的把握都积累了一些经验。

3. 拍卖应更严格地执行拍卖法，应坚持以诚信为本，在此基础上拍卖公司才可能取得长足的发展，才可能取得较为丰厚的回报。钱币拍卖今后还要严格把关，尽量防止伪品、疑品参拍；对极个别拍后实际未支付款项的交易，应在随后公布的成交价上予以标注，以免产生误导效果；对拍品的定名要准确、规范。

从嘉德钱币拍卖看中、高档钱币类拍品的表现，可给我们如下钱币交易状况的启示。

4. 当前钱币交易在平稳地向前发展，三年来入场的参拍品、入场的资金在逐年增加，收藏的品种也有所发展，供求两方都处于比较平稳的状态中。

5. 钱币买卖、收藏的主要对象仍是传统的古钱、金银币、纸币。但是原本作为钱币类老大的古钱，现在参拍数量虽仍数第一，但其交易金额却已排在金银币、纸币之后，且相距了不小的一段距离。

6. 当前拍卖价总体较高的热点类别是银锭（主要是早期银锭、50两大锭）、银元、机制金币、清纸币、在华外国银行纸币等，其他的一些类别如清铜元、第一套人民币纸币、刀布圜钱、新莽钱币、宋辽西夏金清钱币中的不少品种也有较好的表现。

7. 钱币市场正呈现多元发展的状态，一些小的收藏门类：花钱、外国钱币、钱范钞版、钱币书籍、股票、债券、纪念章等纷纷涌现,渐成气候,有些今后还可能有进一步的发展。

（附记：2003 年年初工作发生变动,因新工作内容涉及到钱币市场和钱币价格,故开始关注钱币市场,关注钱币拍卖。经三年对嘉德钱币拍卖的考察,包括各场拍卖资料的积累,历次预展的参观,拍卖现场的观察,开始归纳、整理、分类材料,并在此基础上做了一些分析、认识,终成此篇调查报告。希望它能成为反映 2003—2005 年钱币拍卖市场一角的记录。报告对材料的分类、分析只是个人看法,仅供读者参考。）

（本文原载《中国钱币》2006 年第 1 期）

# 从嘉德拍卖看金银币收藏的兴起

2006 年春拍落槌,嘉德钱币拍卖连创新高。该场拍卖总金额高达 27012480 元,远远超过了以往单场成交额最高的 2004 年春拍(10088510 元),甚至超过了 2005 年全年四场拍卖的成交总金额(23532190 元);以往中国钱币单枚拍卖的最高价是 2004 年嘉德春拍拍出的宣统三年大清银币长须龙壹圆金质样币,成交价 1760000 元,此记录在 2006 春拍中却接二连三地被突破,至此,最高价已为成交价 3190000 元的中华民国十五年张作霖像陆海军大元帅纪念壹圆金币夺得;此外铜元类的宣统己酉中心"汴"一文(682000 元)、古钱类的南唐保大元宝背天(528000 元)和契丹文天朝万顺(528000 元)、纸币类的咸丰五年滇藩司钞贰千文(308000 元)也都拍出了不俗的佳绩。

拍卖场展现的是现象,透过现象我们应该探寻的是近一时期钱币收藏的重点和走向。探寻之下感到,当前最使人瞩目的是金银币"板块"的兴起。

传统的钱币收藏被分为四大类——古钱、纸币、金银币和铜元,其中古钱类历来被视为主角。当前钱币的收藏发生了许多变化,钱币收藏的小门类纷纷涌现,传统四大类的内涵和关注程度也有所变化。金银币已由一个"配角"成为钱币收藏中的一个举足轻重的角色。

从嘉德拍卖看金银币收藏的兴起,可参看以下三方面的数字。

第一方面,检点近年 10 场嘉德拍卖单枚成交价的前 10 名(表一),竟然有 8 名是金银币(第 3 号为光绪丁未年造大清金币一两的红铜试样币亦归入此范围),而且 1—7 名全部为机制金银币。于此,今日金银币在钱币市场所占鳌头之位、所受追捧之盛显而易见。

表一:嘉德 10 场拍卖单枚成交价的前 10 名

| 名次 | 场　次 | 编号 | 品　　　　名 | 估　　价 | 成交价 |
|---|---|---|---|---|---|
| 1 | 2006 春拍 | 4340 | 中华民国十五年张作霖像陆海军大元帅纪念壹圆金币 | 咨询价 | 3190000 |
| 2 | 2006 春拍 | 2923 | 袁世凯像共和纪念壹圆银币金质样币 | 咨询价 | 2200000 |
| 3 | 2006 春拍 | 4305 | 光绪丁未年造大清金币一两红铜试样币 | 600000—800000 | 2090000 |
| 4 | 2004 春拍 | 3073 | 宣统三年大清银币长须龙壹圆金质样币 | 1500000—2000000 | 1760000 |
| 5 | 2006 春拍 | 2934 | 孙中山像民国十八年背嘉禾图壹圆样币 | 850000—850000 | 1430000 |
| 6 | 2006 春拍 | 2869 | 北洋光绪元宝库平一两银样币 | 750000—750000 | 825000 |
| 7 | 2003 春拍 | 2288 | 民国十八年孙中山像背嘉禾壹圆银币 | 600000—800000 | 726000 |
| 8 | 2006 春拍 | 4093 | 宣统己酉中心"汴"一文铜元 | 25000—30000 | 682000 |

续表

| 名次 | 场　次 | 编号 | 品　　　名 | 估　价 | 成交价 |
|---|---|---|---|---|---|
| 9 | 2006 春拍 | 4267 | 光绪十年吉林官局制厂平壹钱银币 | 150000—200000 | 638000 |
| 10 | 2005 春拍 | 5249 | 辽代会同通宝 | 300000—300000 | 550000 |

注：本文所依据的基础数字、材料取自中国嘉德国际拍卖有限公司网站所公布的内容，并参考该公司印制的拍卖目录。

第二方面，如果说上一方面是"点"的显示的话，那么还可以看一下 10 场中金银币所取得的"面"的成绩。表二对每一场拍卖的总成交金额、金银币成交金额、金银币在总成交金额中所占比例分别作了统计。从最后的总计数字看，在诸多门类的钱币品种中，金银币这一个门类的拍卖成交金额竟然达到 35532075 元，占到总成交金额的 43.36%！

### 表二：嘉德 10 场拍卖金银币成交金额

| 编号 | 场次 | 总成交金额 | 金银币成交金额 | 所占比例 |
|---|---|---|---|---|
| 1 | 2003 春拍 | 6776150 | 2559740 | 37.78% |
| 2 | 2003 秋拍 | 6279185 | 1773970 | 28.25% |
| 3 | 2004 春拍 | 10088510 | 4384820 | 43.46% |
| 4 | 2004 秋拍 | 5707130 | 2064480 | 36.17% |
| 5 | 2004 专场拍卖 | 2552110 | 649385 | 25.45% |
| 6 | 2005 春拍 | 5586790 | 746900 | 13.37% |
| 7 | 2005 春拍（马定祥） | 6077830 | 2933590 | 48.27% |
| 8 | 2005 秋拍（陈达农） | 3603710 | 757350 | 21.02% |
| 9 | 2005 秋拍（马定祥） | 8263860 | 3766510 | 45.58% |
| 10 | 2006 春拍 | 27012480 | 15895330 | 58.84% |
| 合计 | | 81947755 | 35532075 | 43.36% |

第三方面，从价格变化看，金银币价格涨势强劲。1991 年在美国加州曾拍卖一枚中国奉天癸卯一两，这枚底价为 3.5 万美元的银币最后竞拍至 18.7 万美元成交，当时"在场观众全体起立鼓掌"，认为这一价格"创造了中国钱币集藏史上新的纪录"[①]。后 2004 年嘉德春拍宣统三年大清银币长须龙壹圆金质样币成交价达到 1760000 元人民币；两年后的 2006 年春拍中华民国十五年张作霖像陆海军大元帅纪念壹圆金币，再次刷新中国币单枚成交记录，达到 3190000 元人民币的高价。也许再以同一枚金银币几年里的价格变化作说明，可能更具可比性和说服力。列于表一第 7 位的与列于第 5 位的实际是同一枚民国十八年孙中山像背嘉禾壹圆银币，2003 年春拍的 726000 元的价格在三年后竟跃升至 1430000 元，翻了几乎一翻。唐代罗江县天宝五年庸调银肆拾两银饼曾三次出现在嘉德钱币拍卖的目录上，2004 年春拍为 3502 号，估价 3—4 万元，流拍；2004 年秋拍为 3954 号，中途撤拍；2006 年春拍为

---

3154 号,成交价 132000 元拍出。以上单枚最高成交价的攀升,同枚钱币几年里价格的大幅变化,都说明了金银币涨势之强劲。

透过拍卖现象看金银币集藏,对金银币集藏还有必要作进一步的具体分析。

金银币之内也分为一些不同的类别,不同的类别在拍卖场上的表现有差异,应予分类展示。笔者曾将嘉德拍卖的金银币分为两大类四小类[1],为更全面地反映此类材质钱币的状况,特将原归于人民币、少数民族钱币、外国钱币中的金银币分离出来,即成金银币的两大类七小类。特将其各类在每一场的成交金额统计后列于表三,考虑到大家对各类拍品上拍数量、成交数量、成交比例等情况了解的需要,又制作了表四以备查看。

**表三:嘉德 10 场拍卖各类金银币成交金额**

| 场次 | 银元 | 银锭 | 古代黄金货币 | 古代白银货币 | 近代机制金币 | 近代金锭金条 | 当代金银币 | 少数民族金银币 | 外国金银币 |
|---|---|---|---|---|---|---|---|---|---|
| 2003 春拍 | 1810215 | 446585 | 7700 | 14850 | 0 | 5720 | 258280 | 0 | 16390 |
| 2003 秋拍 | 580250 | 331210 | 0 | 18920 | 0 | 0 | 810150 | 550 | 32890 |
| 2004 春拍 | 1415810 | 567490 | 73150 | 1870 | 2123000 | 20900 | 125840 | 23760 | 33000 |
| 2004 秋拍 | 585420 | 769560 | 126390 | 4620 | 239800 | 64790 | 4950 | 3850 | 265100 |
| 2004 专场 | 42350 | 588005 | 2640 | 14300 | 0 | 0 | 1870 | 0 | 220 |
| 2005 春拍 | 0 | 544940 | 29150 | 51040 | 0 | 121770 | 0 | 0 | 0 |
| 2005 春拍(马) | 1955250 | 0 | 24200 | 0 | 407000 | 0 | 90530 | 1760 | 454850 |
| 2005 秋拍(陈) | 0 | 568810 | 54230 | 20460 | 0 | 113850 | 0 | 0 | 0 |
| 2005 秋拍(马) | 3245660 | 0 | 1320 | 5280 | 363000 | 0 | 8580 | 26400 | 116270 |
| 2006 春拍 | 5775110 | 1022890 | 288750 | 1320 | 7933200 | 247170 | 100650 | 335500 | 190740 |
| 分类合计 | 15410065 | 4839490 | 607530 | 132660 | 11066000 | 574200 | 1400850 | 391820 | 1109460 |

**表四:嘉德 10 场拍卖各类金银币成交比例**

| 品 种 | 拍卖成交金额排名 | 拍品数量 | 占总拍品比例 | 成交数量 | 成交比例 | 成交金额 |
|---|---|---|---|---|---|---|
| 银元 | 1 | 1074 | 9.57% | 744 | 69.27% | 15410065 |
| 近代机制金币 | 2 | 37 | 0.33% | 23 | 62.16% | 11066000 |
| 银锭 | 3 | 967 | 8.62% | 685 | 70.84% | 4839490 |
| 当代金银币 | 4 | 98 | 0.87% | 59 | 60.20% | 1400850 |
| 外国金银币 | 5 | 356 | 3.17% | 282 | 79.21% | 1109460 |
| 古代黄金货币 | 6 | 39 | 0.35% | 29 | 74.36% | 607530 |
| 近代金锭金条 | 7 | 51 | 0.46% | 43 | 84.31% | 574200 |
| 少数民族金银币 | 8 | 62 | 0.55% | 44 | 70.97% | 391820 |
| 古代白银货币 | 9 | 37 | 0.33% | 25 | 67.57% | 132660 |
| 共计 | | 2721 | 24.25% | 1934 | 71.08% | 35532075 |

---

[1] 金德平《嘉德钱币拍卖三年(2003—2005)追踪调查》,《中国钱币》2006 年 1 期。

　　之所以将银元、银锭作为金银币收藏的两个大类，是因为它们在拍品数量和成交数量上都远远领先于其他七类。

　　中国银元是随着西方机制银币的流入而逐渐发展起来的近代新型货币，民国时期一些收藏者，特别是一些在金融相关领域工作的外籍和中国人士首先对银元进行收藏，其后很长一段时间集藏银元的人员总体规模并不大。银元集藏主要是在改革开放以后，特别是近年来才发展起来的。目前银元收藏已明显成为钱币收藏的一个大项。从嘉德钱币拍卖看，这一类拍品受关注的主要是清地方政府银元和民国中央政府银元，这两类银元本身品类较多，受到集藏者的关注是正常的。

　　银锭的收藏和研究其开始的时间要大大晚于古钱，大概是改革开放以后方才真正兴起。但是令人意外的是近年嘉德钱币拍卖大部分场次都包含了银锭的内容，虽然总体数量和成交金额尚不很大，但它作为一类在中国金融史中起过重要作用又具有多种形态的货币，在钱币收藏领域的兴起是不容忽视的。银锭的价值在于它本身就是贵金属，在于它是分散手工浇铸，具有形形色色的历史性、地区性的形态，具有一定观赏价值；更在于它的文字、制作是考证中国白银货币的使用演变历史、税收制度、铸造工艺等的重要资料。在各类银锭中，早期银锭银饼、五十两元宝、四川椭圆锭、云南牌坊锭的文字较多，因而更显珍贵。当然银锭也有其本身的问题，由于是分散手工制作，称重行使，所以银锭制作不够规范，外观精粗不一，易于作伪，购买时要慎重。

　　近代机制金币指与银元同时期制作的机制"金元"，此中有一些是银元的金质样币。近代机制金币成交金额在排名表中名列第二，其价格走高与银元走俏有明显关系。其特点是量少价高，10场拍卖入场数只区区37枚，存世数量少，价格易于相竞而走高。拍出高价者，多为存世量稀少、在货币史上有一定地位的钱币，购者的选择性很强，看准之后不惜重金投入，具有明显的投资型收藏的特点。从表四看，同是近代机制金币也有三分之一强的拍品流拍，说明热中有冷，一定要明辨"是非"、"冷热"，慎重"入市"。

　　正是由于成交金额排名第一、第二的中国银元和近代机制金币中的少数高档品，才引领了金银币"板块"行情的整体上扬。

　　中国当代金银币是1979年开始着意为收藏而推出的币种，早期是面向国外以创收外汇为目的，转而面向国内的收藏界已有不短的时间了，至今共发行近300套约1500个品种。但当代金银币在嘉德钱币拍卖会上出现的拍品数量不大，成交金额数额一般，与其巨大的发行量、存世量相比，其拍卖会上的表现并不理想。

　　外国金银币的收藏与我国改革开放的大形势是相关的。外币的收藏带起了外国金银币的收藏，而外国金银币的收藏也较多面向外国的历史金银币，流落民间的曾在近代中国流通使用过的外国金银币为这一品种钱币的收藏提供了方便。外国金银币的收藏易受国际币市的影响，收藏者要关注国外钱币市场的动态。

　　我国先秦即开始使用黄金为货币，称重行使，至汉而衰，然行使直至民国。古代黄金货币所指为楚金版、金饼、金铤、金叶、方孔金钱之类；古代白银货币所指是历代方孔银钱之类，即按器型非银锭和银元的白银货币部分；近代金锭、金条所指主要为清末至民国的一些有原料性质的金锭、金条和为吉庆制作的小金元宝。此三类存世数量都不大,价值因其为黄金、白银而不菲,又不易形成系列,故集藏有难度。就增值空间而言,古代黄金货币和古代白银货币要大于近代金锭、金条。

少数民族金银币主要是指新疆、西藏等民族地区发行的金银货币,受中外钱币文化的影响,这些地区的钱币呈现交融性,也较多地使用金银为币。一般的收藏者对其中受中原钱币文化影响较大的钱币较易掌握,而受境外钱币文化影响较大的钱币则收藏起来有一定难度。

从当前的钱币市场看,金银币的收藏在兴起,这是不争的事实。随着国运的昌盛,随着人民生活水平的提高、收藏意识的增强,我们期待着钱币市场的欣欣向荣,也期待着更多高水平的收藏者、研究者的不断涌现。收藏的兴起将会促进钱币研究的发展,钱币研究的发展又会指导理性地收藏,祝愿钱币市场今后得到更为全面健康的发展。

(本文原载《中国收藏·钱币》2006 年第 2 期)

# 嘉德银锭拍卖十年(2002 —2011)回顾

　　中国银锭的收藏和研究上世纪八十年代开始起步,随着银锭知识的传播,银锭实物的逐渐面世,至本世纪初慢慢形成了一支银锭集藏队伍;一些有质量的专著和论文的问世,显示了银锭的研究也在拓展中。集藏是研究的基础,研究是集藏的指导,这股收藏银锭的势头随着当下社会收藏热的兴起方兴未艾,特别是刚刚过去的十年,银锭收藏更是走过了一个不断攀升的历程。

　　这个历程可能是银锭收藏圈内的人所关心的,对此一般人往往只是一种笼统的感觉,具体的、实在的、有数字统计的则不易了解到。本文特选取了嘉德银锭拍卖十年(2002—2011年)作一回顾,愿以此作为一个窗口,从嘉德银锭拍卖统计这一侧面来反映十年来银锭收藏的兴起和发展。

　　中国嘉德国际拍卖有限公司在北京乃至中国的拍卖行业中占有重要的位置,多年来它形成了固定的、成规模的春秋两季的钱币拍卖,保证了拍品的数量,聚拢了人气,在钱币收藏界有一定的影响,银锭拍卖成为其固定的板块;同时该公司一直提供有拍品图录,其网站上十年来及时披露有相关拍卖信息,便于采集。这是我们选择嘉德钱币拍卖作为具体调研对象的原因。本文调查所依据的材料即取自嘉德公司网站所公布的内容,并参考其在拍卖会之前印制的拍卖目录。本文的基本统计单位是拍卖公司所制定的"项",一项内大多数是一件拍品,少数一项内含多件拍品者,仍按一项计算。

　　为统计的需要,对所有的银锭拍品按其类别进行了分类,总体掌握是一项只归一个类别,一项只统计一次。十年来嘉德钱币拍卖4万多项,银锭拍卖2800多项,本文所作的是总量上的把握和反映,个别疑品的辨伪和个别拍品原断代归类的订正则不在本文的涉及范围之中。

　　以下特将嘉德钱币拍卖十年的总体情况统计于表一。

表一

| | 钱币拍卖场次 | 拍卖项目 | 成交项目 | 成交比例 | 成交金额 | 成交最高单品金额 | 成交最高单品名称 |
|---|---|---|---|---|---|---|---|
| 1 | 2002 年春拍 | 300 | 130 | 43% | 1040160 | 198000 | 宣统三年大清银币 |
| 2 | 2002 年秋拍 | 385 | 205 | 53% | 1643703 | 176000 | 光绪丙午年造大清金币库平一两 |
| 3 | 2003 年春拍 | 1103 | 617 | 56% | 6776150 | 726000 | 民国十八年孙中山像背嘉禾壹圆银币 |
| 4 | 2003 年秋拍 | 1075 | 555 | 52% | 6279185 | 192500 | 民国二十六年孙中山像布图壹圆样币 |

| | 钱币拍卖场次 | 拍卖项目 | 成交项目 | 成交比例 | 成交金额 | 成交最高单品金额 | 成交最高单品名称 |
|---|---|---|---|---|---|---|---|
| 5 | 2004 年春拍 | 993 | 691 | 70% | 10088510 | 1760000 | 宣统三年大清银币长须龙壹圆金质样币 |
| 6 | 2004 年秋拍 | 1531 | 1011 | 66% | 5707130 | 242000 | 北宋靖康元宝折二 |
| 7 | 2004 年专场拍卖 | 1017 | 836 | 82% | 2552110 | 242000 | 元代扬州元宝五十两银锭 |
| 8 | 2005 年春拍(古钱、银锭) | 887 | 735 | 83% | 5586790 | 550000 | 辽代会同通宝 |
| 9 | 2005 年春拍(马定祥钱币) | 881 | 688 | 78% | 6077830 | 352000 | 洪武年间大明通行宝钞肆佰文 |
| 10 | 2005 年秋拍(陈达农古钱、银锭) | 1108 | 724 | 65% | 3603710 | 330000 | 唐末至五代初期刘仁恭永安一千大型铜样 |
| 11 | 2005 年秋拍(马定祥钱币) | 1081 | 828 | 77% | 8263860 | 341000 | 奉天省造光绪元宝中花十文(小英文版) |
| 12 | 2006 年春拍(马定祥钱币) | 1540 | 1251 | 81% | 27007640 | 2090000 | 光绪丁未年造大清金币一两红铜试样币 |
| 13 | 2006 年秋拍(古钱、金银锭币) | 1043 | 747 | 72% | 14467310 | 1012000 | 民国十五年张作霖像陆海军大元帅纪念壹圆银币 |
| 14 | 2006 年秋拍(李安深纸币) | 1038 | 925 | 89% | 8117780 | 264000 | 宣统辛亥年陕西官银钱号叁两 |
| 15 | 2007 年春拍(古钱、金银锭币) | 1504 | 1118 | 74% | 23642304 | 1904000 | 1867 年香港纹银壹两银币 |
| 16 | 2007 年春拍(李安深纸币) | 655 | 540 | 82% | 6613376 | 694400 | 宣统辛亥年陕西官银钱号拾两 |
| 17 | 2007 年春拍(马定祥) | 817 | 740 | 91% | 25801440 | 6160000 | 孙中山像背嘉禾壹圆银币金质呈样试铸币 |
| 18 | 2007 年秋拍(古钱、金银锭) | 957 | 633 | 66% | 11277056 | 1568000 | 明代"永乐六年银作局"五十两银锭 |
| 19 | 2007 年秋拍(机制币) | 956 | 679 | 71% | 9120944 | 918400 | 光绪丙午年造大清金币库平一两 |
| 20 | 2007 年秋拍(纸币) | 902 | 639 | 71% | 4559856 | 313600 | 光绪二十四年中国通商银行广东通用银元壹圆券 |
| 21 | 2008 年春拍(钱币) | 1058 | 770 | 73% | 12097232 | 2464000 | 袁世凯像中华帝国洪宪纪元拾圆金币签字版 |
| 22 | 2008 年春拍(金银锭) | 204 | 166 | 81% | 10096128 | 2800000 | 嘉靖四十年十月内户部造足色金五十两金锭 |
| 23 | 2008 年春拍(马定祥一) | 749 | 666 | 89% | 14597744 | 1792000 | 光绪丙午年造大清金币库平一两银质试制样币 |
| 24 | 2008 年春拍(马定祥二) | 698 | 626 | 90% | 10257744 | 1344000 | 1895 年湖北省造光绪元宝"本省"库平七钱二分红铜试样 |
| 25 | 2008 年秋拍(历代钱币) | 964 | 650 | 67% | 9987488 | 280000 | 民国二十四年孙中山像船洋中圆银币铜样 |
| 26 | 2008 年秋拍(徐枫纸币) | 1250 | 989 | 79% | 7634872 | 179200 | 光绪三十年江省广信公司银元壹百吊 |
| 27 | 2009 年春拍(丁张弓良) | 784 | 784 | 100% | 8539440 | 694400 | 中华民国军用钞票伍元 |
| 28 | 2009 年春拍(马定祥) | 515 | 437 | 85% | 3563840 | 526400 | 1911 年中华革命军义饷凭单五圆 |

| | 钱币拍卖场次 | 拍卖项目 | 成交项目 | 成交比例 | 成交金额 | 成交最高单品金额 | 成交最高单品名称 |
|---|---|---|---|---|---|---|---|
| 29 | 2009 年春拍(古钱、金银锭币) | 886 | 647 | 73% | 12027904 | 2240000 | 永乐元年十月日朝鲜国贡金银作局制足色金壹锭伍拾两重 |
| 30 | 2009 年春拍(纸币) | 876 | 712 | 81% | 7966672 | 324800 | 第一版人民币伍仟圆蒙古包 |
| 31 | 2009 年秋拍(古钱、金银锭币) | 929 | 746 | 80% | 14135296 | 728000 | 南宋"沈铺记十分金"二十五两金铤 |
| 32 | 2009 年秋拍(黄亨俊纸币) | 1011 | 893 | 88% | 10954832 | 403200 | 2009 首届"历代中国纸币展"纪念金章 |
| 33 | 2009 年秋拍(名家集钞) | 993 | 887 | 89% | 14312816 | 560000 | 第一版人民币伍佰圆瞻德城 |
| 34 | 2010 年春拍(冯乃川) | 700 | 700 | 100% | 6867056 | 1232000 | 宣统二年广西银行伍圆银票 |
| 35 | 2010 年春拍(金银锭币、古钱) | 962 | 813 | 85% | 22940848 | 3528000 | 战国赵大型"武阳"背"一两"三孔布 |
| 36 | 2010 年春拍(纸钞) | 946 | 800 | 85% | 10143168 | 392000 | 光绪三十三年广东钱局光绪元宝成元拾元 |
| 37 | 2010 年秋拍(徐枫 海外集钞) | 580 | 552 | 95% | 8063776 | 313600 | 光绪三十二年江省卜魁广信公司银元钱拾吊官帖 |
| 38 | 2010 年秋拍(纸钞) | 895 | 642 | 72% | 10188864 | 358400 | 咸丰八年永丰官局伍仟文 |
| 39 | 2010 年秋拍(金泉古韵 古钱) | 767 | 690 | 90% | 36349600 | 2240000 | "安阳"方足布铜范 |
| 40 | 2010 年秋拍(金银币 金银锭) | 734 | 674 | 92% | 23061808 | 1568000 | 丙午(1996 年)生肖鼠精制 2000 元纪念金币 |
| 41 | 2011 年春拍(金银锭) | 368 | 303 | 82% | 26550740 | 3105000 | 元代"兴国路"五十两银铤 |
| 42 | 2011 年春拍(机制币) | 688 | 616 | 90% | 13259960 | 920000 | 光绪丙午年造大清金币 |
| 43 | 2011 年春拍(平尾 古钱) | 754 | 698 | 93% | 32710370 | 2300000 | 西王赏宫金质 |
| 44 | 2011 年春拍(王士平纸钞) | 986 | 814 | 83% | 24066510 | 1725000 | 光绪三十四年正月度支部尚书戴泽等奏折及清单 |
| 45 | 2011 年春拍(新中国金银币) | 256 | 224 | 88% | 21772490 | 7705000 | 2000 年中国人民银行发行千禧年纪念金币 |
| 46 | 2011 年秋拍(机制币) | 870 | 669 | 77% | 14429740 | 1150000 | 戊戌(1898 年)江南省造光绪元宝七钱二分银币 |
| 47 | 2011 年秋拍(古钱 平尾) | 788 | 681 | 86% | 16553330 | 977500 | "齐返邦长大刀"背"草"六字刀 |
| 48 | 2011 年秋拍(金银锭) | 280 | 174 | 62% | 11529325 | 1150000 | 明代银作局五十两银锭 |
| 49 | 2011 年秋拍(纸币 王士平) | 913 | 717 | 79% | 18274190 | 1380000 | 光绪二十七年豫泉官钱局五百文 |
| 50 | 2011 年秋拍(新中国金银币) | 324 | 208 | 64% | 4681850 | 218500 | 1985 年中国造币公司发行乙丑(牛)年生肖福牛银样章 |
| | 总计 | 42501 | 33240 | 78% | 625842477 | | |

注:场次区分依据拍卖目录的分册;场次的名称亦据拍卖目录;2004 年、2005 年有 3 场钱币项目与铜镜在一册同场合拍,统计时已将铜镜内容剔除。

从上表来看,嘉德钱币方面的拍卖十年共进行了 50 场,上拍 42000 多项,成交率 78%,

总计拍得 625842477 元。这十年,是它逐渐发展的过程,是它成绩不断壮大的过程,它的表现是钱币市场成长的一个缩影。2002 年,嘉德钱币始与邮票拍卖分开,单独成场,共拍 2 场,拍品共 685 项,拍卖金额共计 2683863 元;而到 2011 年一年中钱币共拍 10 场,10 场拍品共6227 项,拍卖金额共计 183828505 元,拍品数是 2002 年的 9 倍,拍得金额约是 2002 年的 68倍;以单品拍卖价而言,这十年的首尾年都有光绪丙午年造大清金币成为拍场榜首,2002 年这种金币拍卖价是 17.6 万元,2011 年是 92 万元,十年跃升 5.2 倍。十年来嘉德钱币拍卖由一季一场发展为一季多场,由综合混拍发展为分类拍卖,发展出名家专场;金银锭也自 2005年起在场次中单独列项,在 2008 年、2011 年甚至单独成为专场。

在此,统计的仅是嘉德拍卖一家的情况,如果考虑到后来在北京地区渐次成立的其他的拍卖钱币的公司,如华辰、诚轩、华夏国拍等,钱币拍卖、银锭拍卖的总体数量和规模更加庞大。

以下再将十年来嘉德银锭拍卖的基本情况统计列表于表二。

**表二**

| | 钱币总拍卖项 | 钱币拍卖总金额 | 银锭拍卖项 | 占年度拍卖项比例 | 银锭成交项 | 占银锭拍卖项比例 | 银锭拍卖金额 | 占年度成交金额比 |
|---|---|---|---|---|---|---|---|---|
| 2002 年 | 685 | 2683863 | 41 | 6% | 34 | 83% | 119570 | 4% |
| 2003 年 | 2178 | 13055335 | 278 | 13% | 161 | 58% | 777795 | 6% |
| 2004 年 | 3541 | 18347750 | 300 | 8% | 213 | 71% | 1925055 | 10% |
| 2005 年 | 3957 | 23532190 | 282 | 7% | 213 | 76% | 1113750 | 5% |
| 2006 年 | 3621 | 49592730 | 195 | 5% | 184 | 94% | 1937320 | 4% |
| 2007 年 | 5791 | 81014976 | 644 | 11% | 530 | 82% | 10000928 | 12% |
| 2008 年 | 4923 | 64671208 | 298 | 6% | 207 | 69% | 7646128 | 12% |
| 2009 年 | 5994 | 71500800 | 182 | 3% | 137 | 75% | 3109680 | 4% |
| 2010 年 | 5584 | 117615120 | 134 | 2% | 115 | 86% | 6754048 | 6% |
| 2011 年 | 6227 | 183828505 | 461 | 7% | 357 | 77% | 31656165 | 17% |
| 共计 | 42501 | 625842477 | 2815 | 7% | 2151 | 76% | 65040439 | 10% |

从拍卖十年的前后相比较,2002 年银锭拍卖 41 项,成交 34 项,拍得金额 119570 元;2011 年银锭拍卖 461 项,成交 357 项,拍得金额 31656165 元。3 项数字中拍卖数和成交数后者都是前者的 10 倍以上,成交金额数后者更是前者的 264 倍以上。这些数字反映了银锭在拍卖市场数量的迅速放大,实际也反映了需求的迅速放大;而且成交比例相对稳定,大致在 70%—80% 的区间;如果作一简单的计算的话,将拍得金额除以拍出银锭项,2002 年 1 项购得金额为 3517 元,2011 年 1 项购得金额为 88673 元,后者是前者的 25 倍! 这反映了银锭价格的飞速提升。另外,十年来银锭拍卖金额已占到钱币拍卖总金额的 10%,这个数额已比较可观,说明银锭可以当之无愧地在钱币市场中占到一席之地,要是再考虑银元,考虑黄金货币,则金银币的市场地位更要使人刮目相看。

应指出的一点是,银锭拍卖虽总体向上,但在发展过程中存在波动。就拍卖银锭金额最大的 2011 年而言,春拍市场上行,秋拍则明显下滑,春拍银锭上拍 277 项,成交 208 项,成交金额 22341740 元,秋拍银锭上拍 234 项,成交仅 149 项,成交金额只有 9314425 元,只有春拍金额的 41.6%。

在对银锭进行总体统计的基础上,有必要对其进行分时段、分形态的进一步分析。以了解各类银锭出现的数量、价格和需求状况。我们把嘉德十年拍卖的银锭大致按时代做了分类,列于表三。

表三

|  | 拍卖项 | 占银锭总拍卖项比例 | 成交项 | 成交金额 | 占银锭总成交金额比例 |
|---|---|---|---|---|---|
| 唐代 | 28 | 1% | 20 | 1725844 | 3% |
| 宋代 | 144 | 5% | 103 | 3877444 | 6% |
| 金代 | 26 | 1% | 19 | 1635040 | 3% |
| 西夏 | 1 | 0% | 0 | 0 | 0% |
| 元代 | 25 | 1% | 22 | 4528150 | 7% |
| 明代 | 143 | 5% | 95 | 7446703 | 11% |
| 清—民初 | 2448 | 87% | 1892 | 45827258 | 70% |
| 总计 | 2815 |  | 2151 | 65040439 |  |

注:船形银锭使用于唐后期至北宋前期,主要使用时期是唐后期,故将之统计为唐代。

检视表三,可对拍卖的银锭数量有一概念。各时期中唐代、金代、元代银锭相对较少,宋代、明代银锭有一些数量(实际宋锭中几乎不见北宋银锭),绝大多数银锭是清至民国初年的银锭。这与清至民国初年银锭成为社会上的主要货币,大量制作、流通有关,上拍数量的多寡是影响各时期银锭价格的主要因素之一。

清至民国初年流通的银锭被制作成多种形态,拍卖中各种形态的银锭也各有表现,本文对此也作了大致的分类统计,列表统计于表四。

表四

| 银锭类别 | 拍卖项 | 在银锭拍卖数量占比 | 成交项 | 成交比例 | 拍卖金额 | 在清—民初银锭拍卖金额中占比 | 拍出单项平均价 |
|---|---|---|---|---|---|---|---|
| 大元宝 | 536 | 22% | 373 | 70% | 23265940 | 51% | 62375 |
| 方宝 | 32 | 1% | 29 | 90% | 5743110 | 13% | 198038 |
| 中元宝 | 127 | 5% | 113 | 89% | 2660905 | 6% | 23547 |
| 椭圆锭 | 687 | 28% | 552 | 80% | 4467604 | 10% | 8093 |
| 圆锭 | 96 | 4% | 75 | 78% | 1336995 | 3% | 17827 |
| 砝码锭 | 132 | 5% | 109 | 83% | 1066864 | 2% | 9788 |
| 云南牌坊锭等 | 335 | 14% | 263 | 79% | 2790805 | 6% | 10611 |
| 腰锭 | 67 | 3% | 53 | 79% | 350597 | 1% | 6615 |
| 槽锭 | 272 | 11% | 188 | 69% | 722002 | 2% | 3840 |
| 小银锭(小元宝) | 111 | 5% | 93 | 84% | 3111780 | 7% | 33460 |

续表

| 银锭类别 | 拍卖项 | 在银锭拍卖数量占比 | 成交项 | 成交比例 | 拍卖金额 | 在清一民初银锭拍卖金额中占比 | 拍出单项平均价 |
|---|---|---|---|---|---|---|---|
| 其他中国银锭 | 10 | 0.40% | 8 | 80% | 62046 | 0.10% | 7756 |
| 外国银锭 | 43 | 2% | 36 | 84% | 248610 | 1% | 6906 |
| 总计 | 2448 | | 1892 | | 45827258 | | |

表四所说中元宝为十两左右者;椭圆锭为四川等地使用的椭圆形银锭;圆锭含浙江、江苏、湖北、江西、福建等地圆锭;云南牌坊锭等指主要使用于云南,制作有承继性的大槽锭、单槽锭、双槽锭、三槽锭、牌坊锭;小银锭为表内各类以外的,基本是 3 两以下的形形色色小锭,小元宝亦归入其中。

上表展示出,在清至民初的银锭拍卖中,五十两大元宝是主力,拍出金额占到一半以上,上拍项和拍出项均占第二名;方宝上拍数量不多,但表现最佳,成交率达 90%,拍出金额占第二名,平均单品价近 20 万元,为第一名;中元宝成交比例较高,达 89%;椭圆锭上拍数量最多,拍出金额占第三名;小银锭单项平均价竟达 3 万多元,为单项排名的第三名,为拍出金额的第四名,这一统计结果出人意外,经再次核对无误,而且在核对中发现其拍出的 93 项中有 34 项拍卖价超过 3 万元,有 12 项超过 10 万元,如八宝赏赐银等;云南牌坊锭等上拍较多,它与圆锭一起成为平均单项价格过万的银锭。

表三、表四所列各时期、各形态银锭虽是对一家拍卖公司的记录和统计,但基本反映了拍卖市场上银锭数量构成情况,也为我们估算各类银锭存世的大致比例提供了参考。

为便于大家了解近年来高价位银锭的价格,列于表五的是嘉德银锭拍卖十年单品价格的前 20 名。

表五

| 场　次 | 编号 | 银　锭　名　称 | 拍卖价 |
|---|---|---|---|
| 嘉德 2011 春金银锭 | 1530 | 元代"兴国路"五十两银锭 | 3105000 |
| 嘉德 2007 秋(古钱金银锭) | 5477 | 明代"永乐六年银作局"五十两银锭 | 1568000 |
| 嘉德 2011 年秋金银锭 | 1518 | 明代"银作局"五十两银锭 | 1150000 |
| 嘉德 2011 春金银锭 | 1278 | 清代"牙厘总局宣统二年十一月官钱局"五十两银锭 | 782000 |
| 嘉德 2011 春金银锭 | 1263 | 清代江西"万安县光绪贰拾玖年十月江西官银号伍拾两"方宝 | 690000 |
| 嘉德 2011 春金银锭 | 1451 | 明代"当涂县"五十两银锭 | 609500 |
| 嘉德 2011 春金银锭 | 1282 | 清代江西"新淦县嘉庆五年九月伍拾两匠卢缦"方宝 | 598000 |
| 嘉德 2007 秋(古钱金银锭) | 5473 | 明代"内承运库花银"二十五两银锭 | 560000 |
| 嘉德 2011 春金银锭 | 1439 | 清代江西"万载县宣统叁年正月江西官银号伍拾两"方宝 | 517500 |
| 嘉德 2011 春金银锭 | 1393 | 清代江西"万载县同治伍年拾月伍拾两匠万载"方宝 | 483000 |
| 嘉德 2011 春金银锭 | 1539 | 清代湖南"新宁县光绪十捌年十二月万逢源"五十两银锭 | 460000 |
| 嘉德 2011 年秋金银锭 | 1327 | 清代江西"万年县光绪贰拾陆年冬月祥泰银伍拾两"方宝 | 460000 |
| 嘉德 2011 年秋金银锭 | 1552 | 清代江西"馀干县道光伍年伍月伍拾两匠罗振"方宝 | 460000 |

| 场　　次 | 编号 | 银　锭　名　称 | 拍卖价 |
|---|---|---|---|
| 嘉德 2011 春金银锭 | 1461 | 清代江西"万年县光绪拾伍年玖月伍拾两匠余顺"五十两方宝 | 437000 |
| 嘉德 2010 秋金银币金银锭 | 8534 | 清代江西"万年县光绪贰拾伍年正月伍拾两匠余顺"方宝 | 425600 |
| 嘉德 2011 春金银锭 | 1436 | 金代"张德成"五十两银锭 | 402500 |
| 嘉德 2011 年秋金银锭 | 1521 | 清代陕西"光绪年月会镇魁兴"五十两银锭 | 402500 |
| 嘉德 2008 春金银锭 | 4796 | 元代"平阳路征收课税所"五十两银锭 | 392000 |
| 嘉德 2008 春金银锭 | 4954 | 明代"永乐六年银作局"五十两银锭 | 392000 |
| 嘉德 2011 春金银锭 | 1262 | 清代河南"利市仙官来"五十两吉语开炉锭 | 368000 |

　　以上对嘉德拍卖十年 50 场 4 万多项拍卖一一作了记录和分场合计,特别是提取出其中 2800 多项银锭作了整理、分类、统计。因工作量过大,也限于自己的水平,故不免会有疏漏,只能说是力图提供一家拍卖公司十年银锭拍卖的大体情况,作一个反映,留一份记录。本文内容仅供参考。

(本文原载《中国钱币》2012 年第 3 期)

# 西夏文与西夏钱币

　　西夏是古代我国境内的一个少数民族政权,其地域"东尽黄河,西界玉门,南接萧关,北控大漠",包括今宁夏、甘肃大部、陕西北部、内蒙古西部和青海东北部,建州郡二十有二,首府兴庆(今银川市),境内有党项、汉、藏、契丹、回鹘等族。这一地区以前长期受汉、蕃(藏)势力的控制,在10、11世纪由于宋朝国力日弱,吐蕃又内乱不已,李继迁、李德明和李元昊祖孙乘势崛起于西北。先曾受宋、辽封号,李元昊继立后自立年号,不久于1038年筑坛受册,即皇帝位,国号大夏(史称"西夏"),对抗宋王朝。其国历十朝,享国190年,至1227年为蒙古大军所灭。

　　西夏的主体民族是党项族,西夏语指的就是党项族的语言。建国前,西夏地区受汉、蕃影响通行汉文和藏文,后来,李元昊为了强调本民族的文化特色,在其建国前夕创制了一套书写本民族语言的文字——蕃书,即后世所称的西夏文。《元史·夏国传》载:"元昊自制蕃书,命野利仁荣演绎之,成十二卷,字形方整类八分,而画颇重复。"西夏文制成后,西夏统治者大力推行,《西夏书事》曾记载:"元昊既制蕃书,尊为国字,凡国中艺文诰牒尽易蕃书。"所以西夏文广为流布,在政府和民间行用,并用西夏文翻译了大量汉、藏、回鹘文典籍和佛经。蒙古军灭西夏时,当地人民受到了残酷的杀戮,幸存者迁徙、融合于其他民族之中,故而党项语逐渐消亡,西夏文亦渐渐无人识得而湮没无闻了。

　　几百年后,一次偶然的机遇使西夏文再度被人发现,得以重见天日。1804年,清代学者张澍因病回甘肃武威故里休养,闲中与朋友至当地清应寺游玩,发现了寺中一座久已被砖砌死的碑亭。好奇好古之心使张澍执意要庙中僧人打开被封了许多年的碑亭,看看里面的石碑。拆下正面的砖,显露出的是一座高大的石碑,上刻许多无人识得的方块字。张澍认定碑阴一定也有字,又让人拆去背面的砖,背面果然刻有汉字。最末一行是建碑的日期——"天祐民安五年岁次甲戌十五日戊子","天祐民安"是西夏年号,武威又是西夏国故地,那么正面那种方块字必然是西夏文无疑了。这样,随着这块西夏—汉文合璧的"重修凉州护国寺感应塔碑"的发现,西夏文也重新面世了。

　　其后一些大的考古发现大大丰富了西夏文研究的史料。1908年沙俄地理学会派出科兹洛夫为首的探险队来到我国。根据一则传说,是说古代的一位将军,曾据守一座"黑水城",城破前他把全城金银财宝埋于枯井中,引兵突围,全军覆没。科兹洛夫于是带队寻到内蒙古的哈拉浩特,哈拉浩特在蒙古语中是"黑城"的意思,他们为找到这批财宝进行了两次发掘,财宝未见,却意外地在城内找到了一个大书库,其中绝大多数是西夏文献。这些书被运回沙俄首都彼得堡,那里成了迄今为止世界上收藏西夏文献最多的地方。1914 年英国探险家斯坦因又到黑水城掘走一大批文献。1917 年宁夏灵武出土一批西夏文佛经,后为北京图书馆收藏。七十年代甘肃武威一山洞中又发现了一批西夏文资料,宁夏博物馆也在贺兰山麓的西夏陵园清理出两千多块西夏文碑的残片……大量的发现丰富了西夏文的研究材料。

　　从西夏文材料的发现到今天对西夏文这种死文字有所认识,中外研究者经过了一段艰难的摸索过程。在发现的西夏文文献中,有三部出于黑城的典籍——《番汉合时掌中珠》、《音同》、《文海》,对识读西夏文起了关键作用。其中的《番汉合时掌中珠》是党项人骨勒茂才于西夏仁宗乾祐二十一年所著,为党项人与汉人相互学习对方语言、文字所用的启蒙书。全书 37 页,正文纵列 4 行,显示汉文与西夏文的音义对照(见图)。横行右起第一的汉字是给右起第二的西夏字注音,右起第四个西夏字是给右起第三个汉字注音,而中间两个汉字、西夏字是相互注义。如此就使我们知晓了右起第二个西夏字的读音和意义,也知道了右起第四个西夏字的读音。这样得以掌握了一批西夏语常用词。在此基础上再利用西夏文的字典《文海》、《音同》的释义、注音等,并参照一些汉文——西夏文对译的文字材料,更推而广之地又认识了一批字,从而大致认识了西夏文。从今天的研究结果看,西夏文属表意文字体系,形体方正、结构复杂,总计约有六千余字,是仿汉字而创造的。文字由点、横、竖、撇、捺、拐、提等基本笔画组成,构字吸取了汉字六书的一些原则,以会意、形声为造字的主要方法。通过对西夏文字的研究,学者们大都认为西夏语应属汉藏语系的藏缅语族。对西夏语的研究现在只能说有了一个大致的轮廓,尚有不少难题需要解决,不少空白需填补。

　　随着西夏学的深入和西夏文献、实物的不断出土、发现,西夏钱币的面貌也逐渐为人们所认识。最早涉及的西夏钱的著录是南宋洪遵的《泉志》,其书卷十一载有一“梵字钱”,刻本《泉志》附有一钱图。在重新发现了西夏文后,有人对照此钱图文字,始定此钱为西夏钱。但是否就可认定写于宋绍兴十九年的《泉志》就已著录西夏钱尚有疑问。洪遵指其钱为“梵字钱……文不可辨,大抵类屋驮、吐蕃钱”。而与宋长期并立的西夏国,其极具特色的文字,作为南宋人的洪遵应有个基本认识,不会指为梵字钱,并去比附屋驮、吐蕃钱,连类别也区分不清;更重要的是《泉志》一书在成书后的几百年一直无刻本,抄本在流传过程中失去原书所附钱图。至明万历年间沈汝纳、胡孝辕始搜集各本,嘱徐象梅编辑附图,所以今见《泉志》之图并非原作,很难说徐象梅附此西夏钱图于“梵字钱”有什么根据。然而,说明代万历时的《泉志》刻本有西夏文钱图应是没有问题的。后来乾隆时梁诗正等的《钦定钱录》、道光时初尚龄的《吉金所见录》、咸丰时李佐贤的《古泉汇》等对西夏钱币续有增补,将西夏的西夏文钱补充至三种,并著录了西夏的八种汉文钱:元德通宝、天盛元宝、乾祐元宝、天庆元宝、皇建元宝、光定元宝及天盛元宝铁钱、乾祐元宝铁钱。这些钱谱虽著录了西夏文钱,却不能释读,这个难题是由罗振玉父子解开的。1914 年罗福苌《西夏国书略说》始将最早见于《泉志》的一品解读为“大安宝钱”(图 131),另两品解读为“天庆宝钱”和“乾祐宝钱”,并又著录了一品西夏文"福圣宝钱"。书中明确说："此为以前古泉学家所未知,此悉抚印于册,以告世之治古钱学者。"加上后来又发现的西夏文"贞观宝钱"、汉文"元德重宝"(图132)和"大安通宝"钱,已知的西夏钱币计有西夏文钱5种,汉文钱10种,总计15种。

这15种钱大都为近年来发现的一些西夏钱币窖藏所证实。如1979年和1980年贺兰山西夏钱币窖藏出土西夏文大安宝钱、乾祐宝钱、天庆宝钱,汉文天盛元宝、乾祐元宝、天庆元宝、皇建元宝和光定元宝钱;1981年7月内蒙古林西县三道营子村发现的钱币窖藏中有一枚大安通宝隶书平钱,同时出土的还有西夏文大安宝钱;1982年4月包头郊区一处西夏铁钱窖藏出土大量乾祐元宝铁钱和天盛元宝铁钱;1983年7月在武威师范学校的一处西夏钱币窖藏出土天盛元宝、皇建元宝、光定元宝钱;1984年9月银川贺兰山滚钟口一处西夏钱币窖藏出土行书乾祐元宝和篆书光定元宝钱;1985年春宁夏盐池萌城乡一西夏窖藏出土西夏文福圣宝钱、大安宝钱、天庆宝钱,汉文天盛元宝、皇建元宝、光定元宝钱;1986年武威大坝河一西夏钱币窖藏中发现西夏文天庆宝钱,汉文天盛元宝、皇建元宝、光定元宝等;1987年2月内蒙古乌审旗陶利乡发现一处钱币窖藏,出土西夏钱币5种,有西夏文福圣宝钱、大安宝钱、汉文天盛元宝、乾祐元宝和隶书元德通宝;此外在内蒙古伊克昭盟出土有真书元德通宝;1979年内蒙古鄂托克旗和1983年甘肃武威近郊都出土了元德重宝钱。

这样除西夏文贞观宝钱外,有14种钱都得到了出土证实。第15种贞观宝钱的记载见于《泉币》第3期赵权之文,此钱发现于1940年,据说近年来此种钱又有发现,具体情况如何,尚待了解。

参考其他材料,我们可以知道西夏当时的生产力发展程度虽比不上中原地区,但也达到了相当的水平。西夏地区畜牧业兴盛,保护农耕,一些手工行业相当发达,而其经济结构不平衡,粮食、丝绸、百货的不足,又促使其大力开展商品交换,与宋、辽、金以至通过丝绸之路与中亚发展贸易。正是在自身商品经济发展,开展对内对外贸易的形势下,西夏大量使用了货币。

从西夏故地出土的多批钱币窖藏和西夏天盛年间专门制定的《天盛旧改新定律令》规定的钱币法来看,西夏以货币交易为主,辅以物物交换。其货币种类有铜钱、铁钱、白银与交钞。其中铜、铁钱是其主要货币。

涉及西夏铸钱的材料只有一条,《宋史·夏国传》载天盛十年(1158)"仁孝乃立通济监,命监察御史梁惟忠掌之,铸天盛永(笔者按:应为元)宝钱"。这说明天盛年间设立了西夏专门的铸钱机构,较正规地铸钱,但这并不排除天盛以前西夏自己也铸钱币,只是此前可能未立专门铸钱管理机构,铸量也较少罢了。从发现的西夏钱看,天盛后的钱远多于天盛前的,应是钱监设立前后不同情况的反映。

现知的西夏钱中,铸造时间最早的是西夏文福圣宝钱,一般认为它是毅宗李谅祚福圣承道年间所铸,但也有一种看法认为此钱应释读为禀德宝钱,不属年号钱,而可能是西夏建国时期作为独立政权的标志而铸的,此可备一说。

西夏国虽自己铸有钱币,但总的数量并不大,这一方面是西夏境内缺少铜矿资源,另一方面宋钱大量流入西夏,基本解决了西夏的货币需要。所以出土的西夏钱币窖藏中,所见钱币绝大多数为宋钱及汉唐等前代钱币,少量的为西夏、辽、金钱,这应是其时其地货币使用状况的实际反映。

　　西夏铸有铜钱、铁钱,但从出土看,基本不见两种钱混同窖藏。大致而言大宗铁钱的出土屡见于西夏故地的东部,即今河套地区,常与北宋铁钱混藏,而西夏兴庆府以西窖藏出土则多为铜钱,这应与西夏政府规定铜钱、铁钱分区流通政策相关。

　　西夏钱币制造精工,钱文书法遒劲秀美,并有多种书体书写的对钱,如乾祐元宝有行真对钱,光定元宝有篆真对钱等,这些应是受到宋钱制作的影响。西夏冶炼铸造技术高超,管理严格,铸钱量小,防止了粗制滥造,保证了西夏钱币的质量。

### 附表

| 帝　　王 | 年　　号 | 在位时间 | 铸造西夏文钱 | 铸造汉文钱 |
|---|---|---|---|---|
| 景宗(李元昊) | 显道(3) | 1032—1034 | | |
| | 开运(1) | 1034 | | |
| | 广运(3) | 1034—1036 | | |
| | 大庆(3) | 1036—1038 | | |
| | 天授礼法延祚(11) | 1038—1048 | | |
| 毅宗(李谅祚) | 延嗣宁国(1) | 1049 | | |
| | 天祐垂圣(3) | 1050—1052 | | |
| | 福圣承道(4) | 1053—1056 | 福圣宝钱 | |
| | 都(6) | 1057—1062 | | |
| | 拱化(5) | 1063—1067 | | |
| 惠宗(李秉常) | 乾道(2) | 1068—1069 | | |
| | 天赐礼盛国庆(5) | 1070—1074 | | |
| | 大安(11) | 1075—1085 | 大安宝钱 | |
| | 天安礼定(1) | 1086 | | |
| 崇宗(李乾顺) | 天仪治平(4) | 1086—1089 | | |
| | 天祐民安(8) | 1090—1097 | | |
| | 永安(3) | 1098—1100 | | |
| | 贞观(13) | 1101—1113 | 贞观宝钱 | |
| | 雍宁(5) | 1114—1118 | | |
| | 元德(9) | 1119—1127 | | 元德通宝 元德重宝 |
| | 正德(8) | 1127—1134 | | |
| | 大德(5) | 1135—1139 | | |
| 仁宗(李仁孝) | 大庆(5) | 1140—1144 | | |
| | 人庆(5) | 1144—1148 | | |
| | 天盛(21) | 1149—1169 | | 天盛元宝 天盛元宝(铁) |
| | 乾祐(24) | 1170—1193 | 乾祐宝钱 | 乾祐元宝 乾祐元宝(铁) |

续表

| 帝　　王 | 年　　号 | 在位时间 | 铸造西夏文钱 | 铸造汉文钱 |
|---|---|---|---|---|
| 桓宗(李纯祐) | 天庆(13) | 1194—1206 | 天庆宝钱 | 天庆元宝 |
| 襄宗(李安全) | 应天(4) | 1206—1209 | | |
| | 皇建(2) | 1210—1211 | | 皇建元宝 |
| 神宗(李遵顼) | 光定(13) | 1211—1223 | | 光定元宝 |
| 献宗(李德旺) | 乾定(4) | 1223—1226 | | |
| 末主(李睍) | 宝义(2) | 1226—1227 | | |

(本文原载《中国钱币》1993 年第 2 期)

# 略谈中国历史上的纪念币

　　中国的钱币文化源远流长,发行含有纪念意义的钱币也有着很长的历史。中国历史上的纪念币开启了当代纪念币的先河,当代纪念币是历史纪念币的发展,因此董理和了解中国历史上的纪念币很有必要。

　　纪念币,顾名思义是具有纪念意义的货币,它的基本要素,一是货币——须是能作交易媒介在市场流通使用;二是有其特定的纪念性目的——是为纪念某事、某人或某物而发行。

　　检点中国历史上的纪念币,大致而言有以下这些。

　　齐拓邦长大刀。春秋战国时期的齐国,主要是以青铜材质的齐刀为货币,诸种齐刀中有一种铭文为"齐拓邦长大刀"的(图 133),此刀的释读至今尚有不同的看法,主要的分歧在第二字,分别释为"拓、造、返"等。释"拓邦"者认为此刀是为"开拓封疆"而造;释"造邦"者认为此刀是为"开邦建国"而造;释"返邦"者认为此刀是为逐燕"复国"而造。但是不管释读为何字,此刀币的铸造都是为了纪念齐国历史上的一件大事,故这种珍稀的六字刀应属纪念币,而且它应是所知中国历史上最早的纪念币。

　　麟趾金和马蹄金。战国以来,我国就使用黄金货币。在汉武帝时发生了几件祥瑞之事,《汉书·武帝纪》太始二年(前 95 年)载:"往者朕郊见上帝,西登陇首,获白麟以馈宗庙,渥洼水出天马,泰山见黄金,宜改故名。今更黄金为麟趾、马蹄,以协瑞焉。"颜师古注:"武帝欲表祥瑞,故普改铸为麟趾马蹄之形以易旧法耳。"为纪念这几件祥瑞的事,将金币铸作新的形态,所铸新形态金币为两种,即底部圆形、上部收束、中空的麟趾金(图 134),底部椭圆形、上部较为敞开、中空的马蹄金(图 135)。

　　年号钱。中国早期的方孔圆钱多以重量表示名称,如半两、五铢等;至唐代钱币变为宝文名称,即名称前两字多为年号,后两字为通宝、重宝等,新的宝文钱是随朝廷使用新年号而铸行的;明、清两朝一个皇帝只使用一个年号,故明、清宝文钱又是随新帝即位而铸行的钱币。年号钱严格来说不是纪念币,但它在发行之始有昭示、庆贺新年号启用、新皇帝继位的含义。如乾元重宝、崇宁通宝、至正通宝、洪武通宝、乾隆通宝等。

　　近代随着西方造币技术的引进,将钱币与纪念性事件、人物相结合的观念也逐步被大家所接受,因此从民国成立开始,渐渐地在机制的银币、铜币、金币,以至纸币上出现了纪念性的内容。这些纪念性的内容多与当时的重大历史事件相关联。

　　1911 年 10 月 10 日武昌起义爆发,全国纷纷响应。1912 年 1 月 1 日孙中山在南京就任中华民国临时大总统,昭告了清政府统治的结束,中华民国的建立。为纪念这一事件,发行了多种中华民国开国纪念币。

孙中山像中华民国开国纪念币(元年版)。民国元年(1912年)南京造币厂铸造,计有壹圆(图137)、贰角两种面额银币。

孙中山像中华民国开国纪念币壹圆银币(十六年版)。民国十六年(1927年),孙中山像中华民国开国纪念币壹圆银币再次由南京、天津、浙江、四川等造币厂铸造,版式与元年版有所不同,被称为十六年版。

黎元洪像中华民国开国纪念币壹圆银币。民国成立时,黎元洪当选为中华民国临时政府副总统,此币是民国元年武昌造币厂铸造,币中人物有戴帽(图138)和免冠(图139)两种版式。

袁世凯像中华民国开国纪念币壹圆银币。民国成立不久孙中山被迫让位,1912年3月袁世凯就任中华民国临时大总统,不久南京造币厂铸造了此袁像开国纪念币(图140)。

除以上几种之外,还有民国元年天津造币厂造的中华民国开国纪念币二十文、十文、五文铜币,民国元年山西铸造的中华民国开国纪念币壹枚(十文)铜币,以及民国十七年天津造币厂造的孙中山像中华民国开国纪念币壹角银币(试铸样币)等。

推翻清政府,建立民国,除了开国的意义外,同时也是推翻了中国几千年的封建统治,建立了共和制的政体,一些纪念币即以纪念共和为主题。如民国三年天津造币厂造的袁世凯像中华民国共和纪念币壹圆银币(图141、图142),民国年间天津造币厂造的中华民国共和纪念币十文铜币。

中国银行共和纪念兑换券壹圆样票。中国历史上的纸币纪念钞极为少见。此券是聘请美国制版名家海趣设计,券面中为袁世凯戎装像,两侧双狮,上书中国银行共和纪念兑换券(图143);券背主景为长城(图144)。这一纪念钞并未得正式流通发行,存世仅见极少不同印色的样票。

袁世凯窃取民国总统大权后复辟帝制。1915年12月12日,袁世凯发表接受帝位申令,成立所谓的中华帝国,改1916年为洪宪元年。这一短暂的闹剧也在近代纪念币上留下了记录,可以见到湖南省造洪宪元年开国纪念中华银币壹角。

袁世凯复辟帝制的窃国行径遭到了全国的反对和声讨,1915年12月25日云南唐继尧、蔡锷、李烈钧等联名宣布云南独立,发布讨袁檄文,组织护国军政府,护国战争爆发。货币中有以下品种记录了这段史实。

民国五年富滇银行拥护共和纪念币。这是中国近代纸币纪念钞中的一种,这套纸币发行于民国五年(1916年),是当时云南将军唐继尧为表示拥护共和,护法讨袁而由云南的富滇银行发行,共有壹圆(图145)、伍圆、拾圆3种券别。正面上书"拥护共和纪念币",下书"富滇银行兑换券",中间是面额,右为唐继尧像。

唐继尧像拥护共和纪念金币。民国五年云南造币厂铸造,正面唐继尧头像,书"军务院抚军长唐"(图146),背铁血十八星旗和五色旗,上有"拥护共和纪念金币",下有"当银币拾圆"(图147)。此币还有民国八年版,又民国九年还发行了"当银币伍圆"的同类金币。

唐继尧像拥护共和纪念银币。民国七年云南铸造,币面唐继尧头像有正面和侧面两种版别,文字为"军务院抚军长唐",币背上书"拥护共和纪念",下书"库平三钱六分"。

除了记录中国近代史上这些大事的纪念币以外,还有一些事件也在货币上被记录了下来。如:

湖南省宪成立纪念壹圆银币。民国十一年湖南省为纪念省宪成立而铸造,有两种版别,其一正面为时任湖南省省长的赵恒惕的头像,其二正面是嘉禾中的三横画,寓省宪成立日之民国十一年一月一日。银币之外,为纪念省宪成立湖南还发行了当廿(图 148、图 149)、当十、当五铜币。

革命军北伐胜利纪念贰毫银币。民国十六年福建省造。民国十六年七月国民革命军出师北伐,十二月攻占福建,此币上书"国民政府"、"民国十六年"、"革命军北伐胜利纪念"、"贰毫银币"等字样。

黄花岗纪念银币。民国十七年、二十年、二十一年福建省分别铸造了黄花岗纪念币,以纪念黄花岗七十二烈士,面值有"每五枚当一圆"(贰角)和"每十枚当一圆"(壹角)两种。

相对来说,近代中国的纪念币所纪念的多为事件,纪念人物的较少(没有面值的纪念章则有不少用来纪念人物),所见到的人物纪念币有以下几种:福建省中华民国十六年造总理纪念币壹角和贰角银币共三种(贰角面额的银币有两种版式,一为孙中山先生正面头像,一为侧面头像);徐世昌像中华民国十年九月纪念币银币,这是民国十年天津造币厂为时任中华民国大总统的徐世昌 67 岁寿辰特铸的纪念币,正面徐世昌半身像,背面居仁堂外景及"仁寿同登"字样(图 150、图 151);段祺瑞像中华民国执政纪念币,民国十三年天津造币厂为纪念段祺瑞出任中华民国临时执政所铸,正面有"中华民国执政纪念币"字样,背面嘉禾图中有"和平"二字;张作霖像中华民国十六年纪念币,此币民国十六年天津造币厂铸造,正面是奉系军阀张作霖戎装半身像,背面是龙凤图、"纪念币"和英文一元币值。与此币类似的还有同时期的张作霖陆海军大元帅纪念币和大元帅纪念币两种。

严格说来,中国货币史上有意识地铸行纪念币,并具有纪念币的观念是在民国时期开始的。民国的纪念币见到有金币、银币、铜币、纸币,但以银币的种类为多(有些银质纪念币曾打制有极少量的金质和铜质样币)。与民国时期发行的大量货币品种相比较,民国所发行的纪念性货币品种并不多。对于纪念币要注意与同时期的纪念章相区分,一般将币面注明"纪念币"或注明面额者视为纪念币钞;对于纪念币也要注意与当时以及后来制作的假币、臆造币相区别。上世纪 30 年代,当时的国民政府实行了整顿币制、整理货币发行权、发行法币等措施后,民国纪念币的发行就基本停止了。

(本文原载《内蒙古金融研究增刊》2011 年第 1—2 期)

# 《春秋左传》中玉璧的使用

《管子》一书中有"(先王)以珠玉为上币,黄金为中币,刀布为下币"的说法,曾引起学术界对古代珠玉在当时是否具有货币功能这一问题的关注。浙江余杭县良渚文化遗址中所出大量玉璧,又使人们关注起这一问题。

为了有助于搞清这一问题,我们从头至尾查阅了上海人民出版社 1977 年所出《春秋左传集解》一书,于其全部五册中,一一登录涉及玉璧的语句,欲从前后文语义中求得玉璧的使用情况,从而归纳、分析、求证玉璧在《春秋》、《左传》时代是否具有货币功能。

《春秋》是鲁国官修的史书,按鲁国十二个君主的顺序,简略记载了春秋时期自公元前 722 年到前 481 年的史事;《左传》解释《春秋》,又对《春秋》中简略的史实作较详细的记叙,并比《春秋》增多 27 年。原相传《左传》为鲁国史官左丘明所著,也有学者认为书中内容可能不出于同一作者之手,似成书略晚,完成于战国初年。晋代杜预(222—284 年)著《春秋左传集解》,汇集前人对《春秋左传》的注释,上海人民出版社即是据杜预书(并附唐陆德明《经典释文》有关注文),标点出版,并更名为《春秋左传集解》。由于此书时代较准确,记事清楚,内容丰富,包含有丰富的历史资料,其对春秋时期有关玉璧使用的记录,有着相当的可靠性。

据我们的查录、统计,《春秋左传》中,玉字用作物品使用者("玉人"之类不计),共 46 处(同一句中所指相同,用法相同,虽出现两个以上"玉"字,仍作一处计,以下统计同此),其中 10 处"玉"与"帛"组成常用的固定词组"玉帛"。"璧"使用 19 处,言及环圭璋璜等玉器者共计 12 处。另外以材质名言玉者如琼瑰瑾瑜等计 5 处。考虑到假定玉使用为货币,则应有某种一定形状(玉似不可能为称量货币),故单以材质"玉"泛指,而不明其器型,不知其为礼器、兵器、佩饰、工具等者,不易具体分析其用途,不做本文考察对象;玉璧出现的频率从统计看,远远高出其他形态玉器,更值得重视;也因良渚文化中大批量出现了玉璧,故本文将查考的目标主要放在《春秋左传》中玉璧的使用上。

有关"璧"的 19 处记录,时间发生在鲁国桓公、僖公、成公、襄公、昭公、哀公年间,基本跨越春秋整个时期;所述事件涉及晋(3 处)、郑(2 处)、宋(4 处)、鲁(6 处)、楚(4 处)。

璧这种玉器,器形平圆,中有孔,《尔雅·中二·释器》曰:"肉倍好谓之璧,好倍肉谓之瑗,肉好若一谓之环。"所以璧的形制璧肉宽度应为中间璧孔的二倍。

《说文》:"璧,瑞玉,圜也。"

那么,璧这种具有祥瑞色彩的贵重玉器在《春秋左传》中的使用情况如何呢?璧在 19 处的使用大致可归纳为四类情况。

第一，璧作为上对下的赏赐，下对上的进献，地位平等者之间馈赠的礼品。如：

"文王将死，与之璧，使行。"（僖公七年，261页）

"公享晋六卿于蒲圃……贿荀偃束锦，加璧，乘马，先吴寿梦之鼎。"（襄公十九年，952页）

"乃馈盘飧，实璧焉。公子受飧反璧。"（僖公二十三年，333页）

"韩厥执絷马前，再拜稽首，奉觞加璧以进。"（成公二年，642页）

"许男面缚衔璧……'昔武王克殷，微子启如是，武王亲释其缚受其璧而祓之。'"（僖公六年，259页）

"王亲释其缚，受其璧，焚其榇。"（昭公四年，1246页）

"宋人或得玉，献诸子罕而告曰：'小人怀璧，不可以越乡。纳此以请死也。'"（襄公十五年，925页）

第二，璧作为祭祀中，设誓取信的礼器。如：

"子犯以璧授公子曰：……公子曰：'所不与舅氏同心者，有如白水。'投其璧于河。"（僖公二十四年，339页）

"乃遍以璧见于群望曰：'当璧而拜者，神所立也，谁敢违之？'既乃与巴姬密埋璧于大室之庭。"（昭公十三年，1373页）

"当璧犹在，假而不反，子其无忧乎？"（昭公元年，1173页）

第三，璧作被谋取、窃夺的贵重物品。如：

"周谚有之：'匹夫无罪，怀璧其罪。'"（桓公十一年，103页）

"己氏曰：'杀女，璧其焉往？'遂杀之而取其璧。"（哀公十四年，1832页）

"叔仲带窃其拱璧，以与御人。"（襄公三十一年，1154页）

"昇余而大璧！"（哀公十七年，937页）

第四，璧作换取他物的交换品。如：

既入焉，而示之璧，曰："活'我，吾与女璧。'"（哀公十四年，1832页）

"求崔杼之尸，将戮之，不得……崔氏之臣曰：'与我其拱璧，吾献其柩。'"（襄公二十八年，1106页）

"三月，公会郑伯于垂，郑伯以璧假许田。"（桓公元年，65页）

"郑伯以璧假许田，为周公祊故也。"（桓公元年，66页）

"晋荀息请以屈产之乘，与垂棘之璧，假道于虞以伐虢。"（僖公二年，238页）

纵观这19处用法，可以看到，在春秋时代，璧这种玉器具有祥瑞和贵重的性质，受到人们（主要是贵族阶层）的重视和喜爱，较广泛应用于上层的馈赠、祭祀、索求和交换活动之中。

应该指出的是，玉璧在以上交换活动中，看不出具有中介物的性质，看不出它以一般等价物的身份参与交换，它是直接作为被交换双方之一参与交换。

我们知道，货币是人类社会发展到一定阶段的产物，判定一物品是否为货币，应以一定的标准去衡量。货币是固定地充当一般等价物的特殊商品,它的五项职能是:价值尺度、流通手段、贮藏手段、支付手段和世界货币。其中前两项为基本职能。在《春秋左传》中第四种作用所见五条璧的使用情况,都应属以物易物或以物易"事"——换取承诺,在交换活动中,未看到璧显示出任何价值尺度、流通手段之类的职能。因此,据《春秋左传》的资料,看不出璧在春秋时代具有货币职能,看到的是,璧在春秋时期是一种在多种场合经常被使用的,受人们普遍重视和喜爱的贵重玉器。

从另一方面,与春秋较广泛使用的金属货币相比较,玉璧本身所具有的一些特性也限制了它货币职能的承担。玉璧价值高,玉料来源有限,取运不便,虽在贵族阶层有一定使用和积贮,但要使之成为正式货币在社会上流通,必须具有相当的社会保有量,玉璧似不具有这样的数量。玉璧平薄,玉料又较脆,从质地看容易在行用中破碎,也不宜作货币流通使用。玉璧因玉料来源不同、批次不同,必然出现玉料质地的不同,因而同样形制的玉璧也会造成价值不同;玉璧又有大小不同,如上文所引"畀余而大璧"、"与我其拱璧"、"窃其拱璧"等都说明璧有大小之别,大小璧之价值也会不同;玉璧要通过玉人加工制作,玉人技艺高低不同,制作工艺的精粗,又必然影响玉璧价值的低昂。由于玉璧存在着这些成色不一、大小不一、加工技艺不一,易破碎、来源有限等局限,玉璧似不宜用作为称量货币,也不宜计枚使用(玉璧存在的这些问题,也同样存在于其他形态的玉器制品上)。

从《春秋左传》中的有关史料和玉璧本身的特点来看,春秋时期它似乎并未作为货币使用,不具有货币的地位。可以考虑,当时人们是把玉璧之类玉器与龟甲、珍珠等一起视为财富看待的。

(本文原载《良渚文化玉璧研究论文集》,由金德平、于放撰写)

# 《方镨考》序

继 1996 年出版《晚清传奇货币——云南牌坊锭考》和 1999 年出版《滇银图鉴》二书之后，戴学文先生又完成了其新作《方镨考》。有幸先期品读此书，掩卷之后，愿把读书时的一些想法记之于下。

白银称量货币（亦可简单的统称为银锭）曾在中国货币历史上占有极其重要的地位。然而，在钱币学、货币史的研究中，白银称量货币长期未占据其应有的位置，致使此种主要历史货币的品类、使用情况大多至今尚不明晰。鉴于这种状况，近 20 年来始有当代的一批学者、收藏者从不同的角度整理、介绍、研究白银称量货币，并取得了一些成果。

戴先生研究银锭的角度主要是从银锭的区域性器型特点出发，一步步对不同形态的银锭作深入的探究。对牌坊锭是如此，对方镨锭（砝码锭）亦是如此。

我对于方镨锭也曾有所关注，感觉其研究难度颇大。方镨锭使用的地域范围广，各地域内之品种类别多，而考订分类时则会遇到种种困难：缺乏相关史料的文字记载；方镨锭上戳记文字相对简单，可提供的信息量少；最大难处在于留存于世的方镨锭数量少，收集实物资料不易。举例而言，我统计过中国嘉德国际拍卖有限公司 2003 年春至 2006 年春的十场钱币拍卖的情况。十场共计拍卖银锭 967 项，其中方镨锭为 41 项（42 枚），仅占银锭总量的 4.24%！此数字应可折射方镨锭存世量之少。因研究难度大，故使人望而却步。对发表的有关各类银锭的文章数量我也曾作过大致统计，涉及方镨锭的资料性文章约有近十篇，而专论方镨锭的论文我则未见一篇。因此，见到戴学文先生方镨锭的专著，深感其中的分量与艰辛。

《方镨考》一书做的是开创性工作，书中对方镨锭做了系统整理，溯其源，探其流，定其位。经充分考证后，《方镨考》提出了许多观点，如认为后来被称为砝码锭的银锭是源于明代的金花银。"这些自明正统时期即已折付金花银的南方省份，入清之后所流通的所有或部分银锭之造型，仍传承着早期金花银的风格。"并认为其后的流变是在两广、福建、江西、安徽、湖南等地，因"朝向区域化与差异化的发展，方镨的外形因地区而有所不同……方镨在各地也走向规范化，产生了各自的区域标准"。对于其地位，认为："方镨锭是一种通过长时间的发展与演化，曾经在中国南方盛行的银锭类型。方镨的重要性，恐怕也是各类银锭之最，因为它几乎贯穿了整个中国银锭的发展史，也深远地影响了每一个曾经流通过它的省份，这是中国银锭之中所绝无仅有的。"这些看法无疑值得重视。

任何一类货币皆有其时、空位置，有其形制特点、具体用途，《方镨考》最为难能可贵的是直面这些问题,去探索,去回答。作者结合实物的器型特点,结合戳记的数量、位置、内容,广征博引诸方面资料,构架出方镨锭的一个完整体系。全书分为十章,第一章述说方镨锭的由来,第二章至第八章分述广西、广东、湖南、福建、江西、安徽等省及待考方镨,第九章讲方镨的辨伪,第十章讲方镨的分类与评价。纵横清楚,条理明晰。所论的主体是各省方镨,于每一省份内又按用途的不同再加分辨。例如对广东的方镨锭,即利用所搜集到的 130 枚银锭资料,进一步分析为藩纹、关纹、盐纹、州县官镨、十三行商铸官镨等,一一辨明特征。这一体系的构架,使原本纷繁、面目并不清晰的方镨锭系统得以为人们所了解和掌握。有了这一体系,亦可便于集藏者将所见、所持的各类方镨锭对号就座,进而得知所持方镨锭的名目和存世多寡等情况。

读戴先生书的同时也感受着他研究的谨严:大量收集实物信息,排比、分类,找出规律,而后再得出结论;资料收集范围极其广泛,广征博引于国内和国外的历史文献、当代资料;引用文字、论说所据实物多注明出处,以备读者进一步求考;每章之后大多有近三分之一的篇幅用以列出注解、附录。

正是这种科学谨严的学风,锲而不舍的精力投入,终使方镨锭研究取得了的丰硕成果,也同时推进了人们对白银称量货币的认识。

希望泉界能多几个像戴先生这样的人,希望今后能多读到几本像《方镨考》这样的书。

(本文原载《中国钱币》2006 年第 4 期)

# 漫谈钱币文章的写作

文章写法,法无成法,并无一定之规,很难以一种"八股"程式去框定它。但写文章又有其内在的规律和要求,顺之则成,逆之则败,写钱币方面的文章也是这样。所以,这是一个外在形式可不拘一格,而内在表现须谨严的事,也是一个不易谈的题目。

内蒙古钱币学会的同志为推动自治区内钱币研究工作的开展,一再邀我讲讲这个题目,盛情难却,根据多年来工作的实践和体会,尝试漫谈之。

## 一、钱币文章写什么

凡与古今中外钱币学、货币史等相关的都可列于写作题目之内。

我曾有意地注意各个时期的钱币文章,发现文章所论对象也有一个发展的过程。早期文章所论,多为清代以前的古钱,时代越早,存世越少,越为论者关注。我想这可能有两个原因,一是时代越早的钱币,其所含文化内涵越厚,故研究、欣赏的余地越大;二是时代越早,存世量可能少一些,物以稀为贵,容易得到人们的重视,而被述诸文字。因此,中国的古钱长期被作为文章的主题。

但随着时代的发展,人们认识领域的拓宽,纸币、金银币和近代机制币等也大量进入钱币研究者的视野,将其列入钱币研究和收藏范围。

过去曾有一种看法,认为钱币学研究的是退出流通领域的钱币,将当代钱币、正在流通的钱币,摒除于钱币论题之外。近年来,我们经过讨论明确,钱币学应包括当代钱币,当代钱币是中国钱币不可分割的一个重要组成部分,我们不应割裂钱币历史,而应该将研究当代钱币、服务当代金融作为我们的一项重要工作。

随着对外改革开放的加强,外国钱币的收藏方兴未艾,这也带动了外国钱币的介绍和研究,这对推进"洋为中用",借鉴国外先进经验,了解国门之外的钱币大有好处。

各种各样的钱币是社会政治、经济、文化、科学、历史的折射和体现,故可从钱币的形制、成分、制作技术、文字书法、古代地域、度量衡、防伪措施等,涉及到更广泛的相关研究领域。

过去钱币研究偏重于钱币个体,自提倡钱币学与货币史研究相结合之后,许多钱币文章注意到从宏观上研究钱币,从"史"的角度研究钱币的发展、演变。

凡此种种,都说明了今天钱币研究对象的广泛,钱币文章可作多方面的取材和探索。

## 二、钱币文章如何写

1.写作者需具备的基本素养和条件

应具备基本的文字写作能力；一定的研究和思辨能力；拥有比较独到的材料，包括实物和文字材料。

应对中国钱币从古到今的概况有个大致的了解，钱币发展的脉络可从如下几本书中获得：彭信威《中国货币史》（上海人民出版社）、丁福保《古钱大辞典》（中华书局）、马定祥批注《历代古钱图说》（上海人民出版社）、孙仲汇等《简明钱币辞典》（上海古籍出版社）、高英民、张金乾《中国古代钱币略说》（地质出版社）。以上这几本书涵盖时代较长，或长于货币史，或长于钱币学，有的以论述取胜，有的以图谱见长，有的以讲义为底本，便于入门，既可在学习时通览，又可以遇到问题后查核。只是这几本书多出版时间已久，有些不易买到。

2.文章的写作

（1）根据自己独到的材料，就某一问题形成自己初步的想法，即形成一个议题，探索这方面研究的空白点，并用自己的材料对此有所说明、补充、解决。

（2）广泛查阅与此议题相关的前人的成果和已知的实物、文字资料。

首先可从一些书中查阅与此议题有关的章、节、段，因书的涵盖面一般较宽，所以对各个具体问题一般不会过于深入，所以只能提供一个概括的了解。

其次要查寻此议题前人所发表过的专题论文以及相关的出土报道等。这些论文是对该专题专门研究的产物，出土资料是形成看法的基础、根据，必须重视。如何寻找相关论文和出土资料？《中国钱币》杂志自创刊以来已发行 70 期，集中了上世纪八九十年代大量学术成果，已发表论文、资料、知识共 2000 多篇，涉及各个方面，绝大多数钱币议题都有涉及，可以查阅。中国钱币编辑部曾编辑过《〈中国钱币〉50 期总目索引》，其中收入《中国钱币论文集》第一辑、第二辑的论文，并按时代、门类加以排列，可方便的查找相关篇目的名称、作者、刊期，继而找到有关文章。50—70 期的文章，可根据《中国钱币》每两年整理刊发的索引去找。很多省级刊物也发表了大量有价值的文章，这些刊物大多有其地域的或历史的侧重方面，也可作相关查寻。如《内蒙古金融研究·钱币专刊》就发表了不少元代、辽代等有价值的钱币研究文章，要搞元代、辽代钱币研究议题时，就要注意这本刊物。解放前值得重视的文章，很多发表在三四十年代的两种杂志上，一是《古泉学》（共 5 期），一是《泉币》（共 32 期），也可查阅。找到相关论文后，还可据其文章、注释引用的资料找到更多的相关材料。

（3）学习、思考，进一步形成自己的见解和文章思路

阅读他人成果的过程，是一个学习的过程，可以了解某些问题在现阶段达到的研究水平、研究的历史过程、主要观点和所依据的材料来源。

阅读他人成果的过程，也是一个思辨和深化自己认识的过程。通过自己与他人认识的对比，通过对材料的进一步掌握，原来朦胧的、初步的思考必然会提升到高一层次，或是自己的认识得到升华；或是否定了自己原先的想法；或是发现自己的想法重复了前人的论说。后两种情况可以搁笔，前一种情况则可以修改，明确自己的议题，充实自己的材料，形成自己的

观点。

（4）具体编出写作提纲，撰写文章

文章写作时，要突出自己文章的价值点。写作时要量体裁衣，小题不宜大作，有几分材料说几分话，材料不够则待积累够了再说话。

如果材料充分、观点扎实，大题则需大作。文章应交待清论题、相关研究情况、目前存在的问题、自己的观点、所依据的材料，并作出严谨的推理、论述，文章要注意条理清楚，文字紧凑，引用材料一定要准确，引文需注明出处，以备别人核查。

## 三、钱币文章写作应注意的几个问题

### 1. 必须立足于自己的长项

钱币研究各地有各自的长项，不同的收藏研究者，也因其收藏研究方面的不同而各有所长。写文章就要展其所长，避其所短，在人无我有，人有我长的基础上做文章。有长项，就容易有地利或人和，就有获得实物、资料和信息的优势，就有了写好文章的先决条件。如新疆就立足于丝路货币、中亚货币、新疆地区历史货币的研究；浙江就立足于南宋货币、太平天国货币、越国货币、浙东抗币等的研究；内蒙古则在元代、辽代、金代和西夏货币、草原丝路货币等研究方面作出了不少成绩。作为个人，金融界的可多作当代、近代货币的研究；文博界的可多注意馆藏珍品钱币的考证；考古界的可谈谈有确凿出土记录的钱币；专题收藏有成绩的可作相应的研究，这种研究也可使收藏者认识再上一个层次。有些其他学科研究者，旁及到钱币领域，常会有交界处问题的突破，如研究会党史者谈会党钱币，研究数学史者研究金币上的记数符号等，这也是从各自的优势出发由学科交织处取得进展。

### 2. 文章有无价值，关键看是否有新观点、新材料、新方法

作者的文章必须要通过编者、读者的审核，审核的尺度是该文章有无新意。炒冷饭之作、重复之作没有发表的价值。文章要通过媒体发表，编辑部的编辑负有把关之责，要发现好的文章，完善有价值的文章；要通过一篇篇优秀之作，来推进钱币学、货币史学科建设的发现、发展、创新；要向读者推荐、奉献有质量，能使读者得到收益的文章，这样也使出版物本身具有了生命力。但是文章有"新意"不能是无中生有，而必须言之成理，持之有故，有根有据。文章的新观点、新材料、新方法常常是相互联系的，但只要有一方面的突破，即有了成文和发表的价值。

所谓新观点，是对钱币方面的问题提出新的看法。如李逸友在《元代中期的钞法制度》一文中就提出，元中期纸钞制，其钞本已由白银变成了纸币、盐引这种有价证券，进入了流通领域等，这些就是他通过自己的研究得出的新观点，丰富了我们对货币史的认识。

所谓新材料，是据以研究的新的实物或文字材料。研究的进步说到底要靠事实为依据，钱币研究主要靠钱币实物和新发现的钱币史料。中国钱币的时间、空间跨度大，种类多，涉及学科广，故可有层出不穷的发现；当前，各地大搞基本建设，促成了大量钱币出土；钱币收藏者队伍史无前例的壮大，有了一大批发现、寻找新材料的群众队伍。这都为新材料的发掘

提供了条件，为钱币研究的进步提供了条件。前些年内蒙古的卫月望先生就作为一个有心人，对呼和浩特市东郊白塔回廊积尘中发现的壹拾文中统元宝交钞进行反复研究，认为该钞是当今世界上发现的时代最早的小额纸币，在国内外引起很大反响，可据以了解中国早期纸币的情况。一般来说，只要有了有价值的新的钱币材料，就比较容易成文，可据以写出研究性的或介绍性的文章，就有面世的价值。

所谓新方法，是指对旧材料采用了新的处理方法，从而得出了新的结论。例如近年来，科技检测手段引入钱币研究领域，对金属的成分分析方法运用到了钱币研究之中，搞清了许多传统研究方法不易搞清的问题。又如王雪农、刘建民在研究安泽出土的一批半两钱时，突破了以大小、轻重、文字气息分期的传统方法，以钱币上的铸茬为研究的切入点，结合铸造方法的演进，将此批钱币作出前后分期断代，即是以新方法研究钱币的实例。

3.注意论据的准确性

文章的灵魂是论点，论点是否站得住依靠的是论据，所以论据的真实、准确至关重要。常有观点新颖，论说充分之作，而其论据错误或不准确，因此不能发表，或发表后即被驳倒。发生此类问题的原因，一方面是实物上认识不准，误甲为乙或认假为真。现在各类钱币的假币很多，不少还制作精良，所以须先做好辨伪防伪的工作。另一方面书面材料的根据也有个辨识问题，有时新论点是从某项说法生发而来，如此说法是公认的则无问题，如此说法未经证明，尚有争议，以之为据，即使自身文章写得再好，基础不稳，也很难成立；还有的论据出问题是因引用不准，或所见不广造成，前者可通过查原书，避免辗转引用发生断章取义的文字错误，后者要注意结论产生于调研之后，而不是相反。多看、多查、多讨论，当有好处。

4.不要轻易去碰"老大难"问题

对钱币史有所了解的人，往往知道一些钱币学上存在的"老大难"，即长期以来，争议不休，难于统一，受人关注的问题。不少初学者、爱好者也对此类问题兴趣浓厚，常见长篇累牍，欲解千百年疑案的稿件。此类题目，一般不去触及为好。前面多少研究者、专家正正反反，争来论去都说不清的问题（如赤仄五铢、白金三品等），不能想象一朝被人轻易解开。有些问题的解决可能还尚待时日，要待实物的再发现，要待认识水平的再提高，要待相关学科成果的辅助。

5.有些文章写作要适当作一些社会调研

写文章一般关注文字材料、实物材料，但实际上适当向有关人员作一些社会调研是有必要的，尤其是近代、当代钱币问题研究。很多问题的研究如近代货币、根据地货币研究，还有知情老者健在，调查所得的材料即可直接用于文章之内。当代钱币涉及方方面面，许多人有接触、有经验、有想法，调查者可据以开阔眼界，掌握材料，形成观点，集思广益来写好文章。

6.要从读者阅读、理解角度出发，去组织写作文章

研究者研究问题会有一个思路，他往往会以这个思路去写成文章；研究者有时对某一课题经过长期思考，对其中一些内容认为已不成其为问题，应是众所周知，而不向读者作必要的交待，这些都可能影响文章的阐述和作用。要在研究完成之后考虑到，如何书写文章，如何便于读者了解和理解这一成果，所以写作时必须从引导读者进入某个问题，从由浅入深地

理解这个问题着手,把自己的论述逐步展开。

以上谈了一些钱币文章写作中应注意的问题,不一定准确、全面,仅供有志写作钱币文章的同仁参考。

*(此文原载《内蒙古金融研究》2000 年增刊第 2 期,根据笔者一次讲座内容整理写成)*

# 访问欧洲博物馆感言

2003 年 12 月 5 日至 12 月 16 日,中国博物馆学会组织人员赴欧洲进行考察,中国钱币博物馆的金德平、于放也参加了这个代表团。代表团参观了德国慕尼黑的德意志博物馆、宝马汽车博物馆、不莱梅的海外博物馆,以及法国卢浮宫等,并与一些博物馆的同行进行了座谈。

走出国门,在看到丰富的博物馆展品的同时,我们更关心的是欧洲同行们是如何搞好博物馆,搞好展览,更关注的是隐含在展品后面的理念性内容。虽然出访时间不长,接触还不深入,但是我们感到收获良多。

我们对自己的博物馆也下了相当的功夫和心血,当然我们有自己的特色,有自己的成功处。然而我们感到,相比之下,我们与所参观的博物馆是有差距的,而且差距明显。差距在哪里?是展品的数量、质量?展陈水平?博物馆管理?确实,这些方面存在着差距,但最大的差距可能是各相关方面"理念"的落后。

一旦指导思想"落伍",实际工作必然表现出很大的差距。以下就几方面的差距试作分析。

## 一、办馆的指导思想

一个馆的第一要务是给自己的馆"定位","定位"正确、明确,则可摆正本博物馆在社会中的位置,开展相关的诸项工作,起到不可替代的作用,收到良好的社会效果。

在与德意志博物馆同行座谈时,他们明确表示,德意志博物馆是一座具有百年历史的科技博物馆,其办馆思想是将当代科技与科技发展史相结合加以展示,每个人都有权走进博物馆来利用这个博物馆,要让博物馆在为社会提供相关服务方面发挥积极作用。

在这一指导思想下,德意志博物馆办有形形色色的各学科的展览馆:能源馆、生命科学馆、交通工具馆、造纸技术馆、陶瓷馆、钟表馆、医药馆……形象地展示各学科当代和历史上的诸多代表物品;博物馆建有专门的资料室,按各学科门类分卷宗收集整理有价值的资料,包括原始的设计图、物品照片、设计人情况等;资料对大众开放,馆内设有大型阅览室,供查询者和研究者在此使用本馆资料;部分资料经过制作还上了互联网,对社会开放,可在馆外通过点击,从分类、作者、论著名称查到有关介绍(深入的查找资料和复制资料则适当收费);馆内的电影厅放映有关学科的电影和录相;馆内有各学科的专业人员,指导陈列和资料收集工作。

面向社会，为社会服务的意识带来了大量的参观者，也带来了经济上的巨大收益。德意志博物馆是当今德国最大的科技博物馆，展厅内人头攒动，其中学生占了相当比例（学生票半价）。很多参观者来自慕尼黑以外的地方，2004年预计博物馆的门票收入将达到500万欧元。德意志博物馆还实行会员制，个人会费43.5欧元/年，团体会员512欧元/年，学校类团体会员0.5欧元×学校学生人数/年，会员制使博物馆更广泛、更稳定地联系了一大批观众，也保证和方便了更多的人充分利用博物馆。

德意志博物馆紧密服务于社会，服务于科技的研究和普及，它的经费主要源于政府的拨款。现在它一年的经费预算是3500万欧元，其中85%来自所在的巴伐利亚州政府，其余部分来自门票、会费、捐助，以及少量出租房屋、办服务部等收入，这使博物馆在经济上有了保障（3500万欧元经费，1800万用于员工工资，1000万用于水电设备等固定开支，700万用于一些新的投入）。

在机构和人员组成上，德意志博物馆共有工作人员400人左右，其中管理和技术后勤保障部门100多人，各展示场馆120人，图书馆30—40人，研究所有6名专业人员，并配备一些助手，还聘有外单位的兼职人员，市场部（搞宣传、联络等）5人，还有一个拉赞助的办公室。

在办固定陈列的同时，该馆每年还推出几个专题展览，2003年是建馆一百周年，他们办了5个专题展。

无疑，德意志博物馆是一个成功的博物馆，其成功表现在陈列展览、图书馆、机构设置、经费保障等等，但是其成功的深层原因在于"办馆思想"——突出特色内容：当代先进科技与科技发展史的挖掘、整理和展示；明确服务目的：紧密为社会的科技研究和普及服务，让大众更直接、更方便地利用博物馆的资源。他们办馆思想的精髓是从本馆的特色出发，为社会需求服务，为广大观众服务。这种以社会需求为根本出发点，安排通盘工作的作法，是中国大多数博物馆尚未认识、尚未实行的。

## 二、办展的指导思想

办馆思想的最基本和最直接的表现是在博物馆的陈列和展览上。

为社会服务，为观众服务的办馆思想突出体现在办展思想上。举办展览的内容应为社会关注，为观众喜闻乐见；展览的形式应便于观众理解，有助于观众知识水平的提高。做到这两点，博物馆即可通过展陈尽可能多地吸引参观者，提升博物馆的影响，有效地宣传各博物馆的特色性内容。

我们曾比较仔细地参观了不莱梅海外博物馆的陈列，这是个人文社科类的博物馆，介绍的是德国和欧洲之外的各洲、各国的情况。在中国馆中，我们发现并无中国历朝历代的演变历史、典型器物的展示，而是非常直观地复制出中国人的生存状态：居住的房屋（包括厅堂、卧室、书房、祠堂、厨房），婚丧嫁娶的仪仗队伍，中国的乐器、青铜器、唐三彩、钱币、蒙古包、财神、独轮车、毛主席像章，以及中国妇女脚的演变，农业学大寨等等。这些中国人的生活状态是观众所感兴趣的,这些展示也是观众所能理解的。

在所参观的博物馆内总能看到大批学生参观者,德意志博物馆办展的一个基本考虑是让博物馆成为学生的第二课堂。海外博物馆专设了教育科,以结合学校教育,他们的参观者中有一半是学生,即使是成年参观者,大都在学生时期也曾来过这个博物馆。在海外博物馆新改建的澳洲馆中,我们看到许多学生拿着博物馆分发的答题卷子在观察展品,书写答案;拿着博物馆分发的地图在馆内寻找某岛、某市;进入"从澳洲归来的货船"的船舱,点检运到德国的澳洲特产;看着贵妇的帽饰羽毛,在认识澳洲特产的鸟类;在触摸屏上点按,观看随点按凸显变色的各种澳洲鱼类……精心选择展品,在展示中拉近展览与参观学生的距离,使参观者充满参与感的直观的展示,达到了学校课堂上不易达到的效果,也使博物馆的影响深入人心。

在面向广大一般参观者的同时,他们也考虑到了部分研究者和收藏者的需要,展品要丰富,具有档次,表现的思想内涵要到位,使有一定层次的参观者看后有收益。在不莱梅博物馆中,我们还参观了另一类陈列,即他们的"库房式陈列"。在另一处地下的展厅中,排列着大量的玻璃展柜,其中分类摆放着大量的展品,有鞋柜、帽柜、玉雕柜、铜鼓柜、琉璃建材柜……也有可抽拉的横式、竖式屉柜,内放一张张画像。此类陈列无一字说明,只在每件陈列品下有一藏品编号。据介绍他们的馆藏品10%在外面展厅,25%左右在此陈列,其余在库房。"库房式陈列"每月内部开放一次,以后计划每周开放一次。这种藏品式展示应是外面公开展示的一种补充形式。展览考虑到普及性与提高性的结合,展览的目的很明确——为广大观众服务,观众参观后收获的大小,是衡量展陈是否成功,博物馆是否成为社会有机组成部分的第一标准。

## 三、展陈形式要使用"博物馆语言"

博物馆的展陈必然采用某种展陈形式,用以表达一定的思想内容,在一定的空间中如何组织、表现展品,如何掌握和充分运用展陈特有的"博物馆语言",是搞好陈列的关键性问题。运用得好可以避免图册式的展示,避免平铺直叙式的罗列,避免缺乏节奏、变化式的平淡,避免不顾观众吸收、理解度的堆砌,而在形式上吸引观众,促进观众的兴趣,提高观众的关注度,帮助观众理解内容。

在宝马汽车博物馆我们就能略窥其形式设计的苦心。

在状似四缸汽车发动机的宝马总部大楼不远处,是圆柱形的宝马汽车博物馆。一楼是服务性、销售性的部分。购票后坐电梯到二楼即可看到展览内容。一辆辆宝马汽车、摩托车环绕展厅周围摆放,没有展柜、展板,没有设计图、零件图等,全部是实物,由你去看;圆柱形的展厅是为大型展品的环行摆放而专门设计制造的;车辆后面是深兰色的山峦背景和车道似的简单线条,柔和而略暗的光线洒在汽车上;按生产年代的先后将有代表性的车型有序地排放着,有的是整车,有的车去掉了面向观众的车门,有的是车辆的纵剖面;观众脚下走的是圆弧形延展的上坡路,观众看着四周的宝马车,走着螺旋上升的路,感悟到宝马车质量和技术的一次次提升;每辆车旁只有一块记录年代和车型的铭牌,没有其他的文字说明,但你如果对某款车感兴趣,可将购票时取得的耳机连接到所展示车旁边的一个设备,在四种语言中选择一个按键,设备的屏幕上就会出现相关的动态图景,耳边就会响起柔和的说明语言;展览的末尾还有汽车模拟驾驶器,让观众对着车窗外变换的街景过过驾车瘾;顶层有一放映厅,在宽敞的大厅内,让观众坐在舒适的座椅中,看着屏幕上用影视语言介绍的宝马公司和宝马车;下楼的电梯直通底层,不走回头路,无重复感。从展品是大型汽车的特点出发,以时代发展为线索陈列展品,在空间、背景、光线、展线,以及其他辅助手段上,全力为宣传宝马车和宝马公司进取、创新精神服务,全力为打动观众的视觉观感、印象观感服务。

## 四、展陈内容要有明确的思想内涵

一般的陈列、展览往往流于展品的堆砌和罗列,往往会简单地以时间或类型为序摆放,配以一般性的文、图、表说明,展示即告完成。展陈缺乏明确的主题,大多观众看后抓不到"纲"、"线",参观收获不明显。其问题根源或者在于主办者具体展陈要表达什么思想内涵不明确,或者在于主办者虽有要表达的思想,但立意缺乏高度和深度,自然也就谈不到展陈语言的深刻内涵,自然也引不起观众的兴趣。

宝马汽车陈列,他们摆出的是宝马汽车,但不是办汽车展,他们是要宣传宝马汽车公司技术的一次次提升,宣传宝马的不断进取精神和取得的成绩。

卢浮宫的陈列,不单单是为展示一幅幅画像,一座座的雕塑,而是展示人类的文明,展示西方绘画、雕塑等艺术的发展轨迹。展览题目的确定,主题的提炼,通过展品和辅助手段对展陈思想加以表现,这些是办好具体展览的主要工作。相对而言,通史性的陈列往往受实物多而场地有限的限制,不易做深层的展开,专题展览则有更大的发挥空间,要求思想主题更加深入和明晰,然后才可能办出高水平的展览。

在主题明确方面这次访欧参观对我们的几点启示:

第一,在本博物馆特色和专业范围内,选择社会和观众的关注点,举办新颖而有特色的专题展览,好的主题内容的确定是展览成功的前提保证。

第二,展览主题内容的选择不能代替展览主题思想的提炼,明晰、深入的展览主题思想是一个展览的灵魂、核心。这就要求展览大纲的撰写者首先应是此专题的研究者,要研究这一主题内容的现状、历史、前人和当代人的研究成果;关注这一主题内容与政治、经济、文化环境的互动关系,关注这一主题内容与参观者生活发生的相关联系,"立体"地去展示事物;同时撰写者还要研究将要展出的展品,认识它们的价值,考证它们的真伪,探索它们隐含的事物发展的规律性,辨识它们在发展序列中的位置。卢浮宫摆出的一尊雕像之所以被认定为是希腊罗马神话中的维纳斯,背后是有着深厚的考古论证基础的;在显著位置摆放蒙娜丽莎画像,是因为认识到了它在绘画史上的地位,达·芬奇在他的那个时代,绘制此画时是较早地使用了构图的金字塔造型原理,使用了合理的明暗对比比例,使用了近景、远景的和谐处理等。

第三,展览主题思想的确定,主题思想在展览中的表述,包括表述的形式,选用的展品等,一定要考虑观众这个"受体",内容表达要线索清晰,以展品说话,便于参观者了解和理解,给参观者留下感悟的"空间"。

# 后　记

　　金紫银青,是说高纯度的黄金会隐隐地泛起紫色光泽,高纯度的白银则会透出淡淡的青色气息。美轮美奂的金银自古以来就吸引着人们的目光,被用来制作高档器饰,它们也很早就进入了货币领域。

　　金银货币,特别是曾在中国历史上长期、广泛使用的白银货币,其发展的历史如何? 有着什么形态、特点? 广阔的相关领域吸引着我去探索;长期在博物馆地下库房工作,金银实物给我提供了第一手的资料,使我得以撰写出许多分时期、分类别的银锭类专题研究文章。这一部分是本册书稿的主要内容。

　　金银货币之外的钱币文章,有些是涉及钱币学史的,有些是谈钱币市场的,还有些是属于钱币杂议的,基本上是从多年来所写文章中挑选出的感觉还有些价值的东西。

　　其中中国钱币学史是以往钱币研究的薄弱环节,这是我十余年钱币杂志工作期间关注的一个重点,我特选取清代、国外作者的著名钱币著作和民国时期的两种有影响的钱币杂志,对前人的工作分别做出了评述、介绍;钱币市场的状况一直以来少有深入的建立在调查统计基础上的分析,书中的四篇文章可略补这方面的空缺,这是我后来做博物馆征集保管工作时的又一个关注点,我力求以大量基础资料的收集和分类分析以保证文章的客观性,也为某些时期的钱币市场状况留下记录。

　　所选文章大部原已发表过,但由于二十多年来散入各处,不易找寻,此集特搜寻集中于一处,按内容调理顺序,以便阅读;此次编辑中并对文章作了个别文字性修订;有些文章过去是以笔名达津发表的,也收入集中;个别文章是与他人共同撰写的,本集只收入我作为第一作者的,并在文末注出合作者。

　　多年来,我的工作和研究得到很多朋友的关心,此册《金紫银青——金银钱币的研究与收藏》的出版也得到了多方面的帮助,戴志强先生为本书作序,黄锡全先生、姚朔民先生审阅了书稿,中华书局俞国林先生、秦淑华先生、陈乔先生以及相关工作人员为本书的出版做了大量的工作,在此一并对他们致以深深的谢意。

金德平<br>2013 年 5 月